CARO CANDIDATO

Blucher

CARO CANDIDATO

Analistas do mundo todo propõem reflexões pessoais sobre a formação, o ensino e a profissão de psicanalista

Fred Busch

Tradução
Tania Mara Zalcberg

Título original: Dear Candidate: Analysts from around the World Offer Personal Reflections on Psychoanalytic Training, Education, and the Profession

Caro candidato: analistas do mundo todo propõem reflexões pessoais sobre a formação, o ensino e a profissão de psicanalista

Publisher Edgard Blücher
Editores Eduardo Blücher e Jonatas Eliakim
Coordenação editorial Andressa Lira
Produção editorial Catarina Tolentino
Preparação de texto Bárbara Waida
Diagramação Roberta Pereira de Paula
Capa Leandro Cunha
Imagem da capa iStockphoto

Blucher

Rua Pedroso Alvarenga, 1245, 4º andar
04531-934 – São Paulo – SP – Brasil
Tel.: 55 11 3078-5366
contato@blucher.com.br
www.blucher.com.br

Segundo o Novo Acordo Ortográfico, conforme 6. ed. do *Vocabulário Ortográfico da Língua Portuguesa*, Academia Brasileira de Letras, julho de 2021.

Dados Internacionais de Catalogação na Publicação (CIP)
Angélica Ilacqua CRB-8/7057

Caro candidato : analistas do mundo todo propõem reflexões pessoais sobre a formação, o ensino e a profissão de psicanalista / organizado por Fred Busch ; tradução de Tania Mara Zalcberg. – São Paulo : Blucher, 2023.
320 p.

Bibliografia
ISBN 978-65-5506-763-7

1. Psicanálise I. Busch, Fred II. Zalcberg, Tania Mara

23-1649 CDD 150.195

Índices para catálogo sistemático:
1. Psicanálise

Meus agradecimentos aos muitos candidatos com quem mantive conversas e que inadvertidamente plantaram a semente para este livro. Além disso, meu reconhecimento a Cordelia Schmidt-Hellerau, que respondeu com prazer e entusiasmo imediatos quando pela primeira vez ponderei a ideia deste livro. Por fim, minha gratidão aos colaboradores que responderam tão positivamente quando os convidei a participar deste projeto.

Quando Heinz Kohut pediu a Anna Freud que dissesse o que considerava essencial para tornar-se psicanalista, ela respondeu que do seu ponto de vista para tornar-se psicanalista era ter grande apreço pela verdade, isto é, pela verdade pessoal e pela verdade científica. Ela considerava que o apreço pela verdade deve ser superior a qualquer angústia diante do aprendizado de fatos inquietantes acerca do mundo interno ou do mundo externo de alguém.[1]

[1] Meus agradecimentos a Harriet Wolfe, que chamou minha atenção para essa carta descoberta por Robert Galatzer-Levy.

Conteúdo

Introdução

Caro candidato,

Como candidato do primeiro ano, lembro-me de participar da reunião inicial do que se tornaria nossa organização local de candidatos. Nós nos encontramos na casa de outro candidato e perguntei-me por que nos reuníamos ali e não no instituto, onde aconteciam todas as outras reuniões. Quando começamos, senti, embora não tenha sido dito diretamente, que essa reunião não era algo que alguns membros seniores do instituto aprovariam. Ninguém escondia o fato de que estava acontecendo, mas ninguém sugeria também que gritássemos que isso tinha ocorrido. Felizmente, dali em diante as coisas mudaram muito.

Foi nesse primeiro encontro que percebi a importância de os candidatos se reunirem para falar da sua formação. Minha crença fortaleceu-se mais ainda ao participar da minha primeira reunião do nosso grupo nascente de candidatos nacionais, em que foi revelador ouvir a respeito das diversidades na formação e na experiência dos candidatos em seus institutos. *Um tema que será lido em muitas das cartas é que, sem a oportunidade de ouvir sobre os diferentes modelos de formação, e sobre como pensar o trajeto para se tornar psicanalista, a visão pode tornar-se paroquial, limitando a capacidade de refletir sobre essas importantes questões.* Nesse contexto, trago com grande prazer essas cartas de um grupo respeitado de analistas seniores que partilharão suas experiências pessoais com você. Espero que isso contribua para sua maneira de pensar sua formação pessoal e talvez amplie a conversa entre seus colegas analistas em formação. A capacidade de *refletir* acerca da formação de uma perspectiva ampla será crucial ao pensar em como refinar a formação de futuros candidatos, pela qual em última instância muitos de vocês serão responsáveis. Assim, fiquei motivado a trazer-lhe essas cartas que, espero, você considere inspiradoras e instigantes e te ajudem a pensar em sua própria formação e entrada nessa profissão fascinante.

Os escritores dessas cartas são das três regiões da Associação Psicanalítica International: América Latina, Europa e América do Norte. Eles acolheram com grande entusiasmo meu convite para participar deste projeto. Aparentemente, toquei em uma questão importante e as pessoas sentiram uma vontade intensa de compartilhar suas experiências, memórias e reflexões com os candidatos. Muitos colaboradores mencionaram o enorme prazer de escrever essas cartas. Penso que foi uma chance de refletirem sobre questões que não estavam em primeiro plano em seu pensamento, mas, uma vez ativadas, fizeram surgir um acervo de ideias preciosas que podem até tê-los surpreendido. Será possível ver nessas cartas o entusiasmo que esses analistas têm por seu trabalho, seu compromisso com a profissão, sem fugir das complicações do que significa tornar-se psicanalista. Tenho certeza de que poderia ter dobrado ou triplicado o número de analistas dispostos a escrever cartas e apenas limitações de espaço impediram-me de fazê-lo.

Ao ler estas cartas, será possível encontrar muita sabedoria sobre a formação psicanalítica e a profissão de psicanalista. Elas ajudaram-me a refletir, uma vez mais, sobre minha experiência pessoal de formação. Há algum tempo percebi que, quando candidato, muitas vezes considerei que os seminários eram ensinados com indiferença. Em retrospecto, parecia que os seminários teóricos não exploravam totalmente a profundidade do significado do que líamos. Além disso, o pensamento clínico não estava integrado à teoria clínica, de modo que muitos mitos clínicos acabaram sendo ensinados como fatos clínicos. Eu sempre soube que essas experiências desempenharam um papel significativo no tipo de professor e supervisor que me tornei, ressaltando aquilo de que senti falta em minha formação. Como tal, *é um exemplo de como o que se vivencia como déficit na formação pode incitar a pensar sobre o que faltou e tentar influenciar como a formação pode ser melhor.* Por outro lado, observei candidatos identificando-se inconscientemente com a flacidez de pensamento e deixando de continuar o desenvolvimento, o que significa uma perda para eles e para o instituto.

De minha parte, acredito que, ao adentrar a formação analítica, valorizei em excesso minha experiência como psicoterapeuta e, para mim, não foi tão fácil distinguir entre fazer psicoterapia e psicanálise. Mais tarde escrevi a esse respeito (Busch, 2010). Ao começar a formação psicanalítica, eu era professor universitário e lecionava pensamento psicanalítico para residentes de psiquiatria e estudantes de pós-graduação em Psicologia, e achava que sabia mais sobre psicanálise do que em retrospecto percebo que sabia. Olhando para trás, acredito que apenas muitos anos após me formar tive noção do que significava ser psicanalista. Passaram-se ainda alguns anos antes de *me tornar* psicanalista, e a jornada continua. Para alguns, esta afirmação será libertadora; para outros, pode ser desencorajadora. Achei estimulante perceber que estamos sempre em processo de *nos tornarmos* psicanalistas. Fazer isso significa estar aberto a um processo de aprendizagem ao longo da vida e testar as próprias ideias em discussões com colegas, publicações e participação em reuniões nacionais e internacionais. Muitos colegas reiteram essa ideia neste volume.

Como editor deste livro, achei prudente não classificar nem colocar as cartas em qualquer ordem, portanto, as cartas se apresentam tal como as recebi. Posso garantir que há sabedoria em todas essas "cartas". Acho que várias agradarão de forma diferente cada pessoa, como aconteceu comigo. Acreditei, no entanto, que seria importante misturar cartas de diferentes regiões geográficas, para ver se seria possível observar as diferenças de culturas psicanalíticas.

Finalmente, deixe-me dar-lhe boas-vindas calorosas a essa profissão incrivelmente interessante, mas complicada. Às vezes, isso surpreenderá você e, em outras, confundirá. Se puder manter-se aberto à ampla gama de experiências futuras, nossa profissão o recompensará.

Deixe-me terminar com o melhor conselho que posso dar-lhe durante sua formação e vida como psicanalista, com uma citação atribuída a Isaac Babel: "Quem tem sede de conhecimento precisa estocar com paciência".

Fred Busch (Chestnut Hill, Massachusetts, EUA)

1. Arthur Leonoff

Ottawa, Canadá

Caro candidato,

É uma honra compartilhar este momento de retrospecto da minha formação psicanalítica. Essa tarefa dá um empurrão valioso em direção ao *après coup*, reimaginando o passado ou ao menos como eu poderia vivenciar esse passado, na expectativa do que vem a seguir. Na verdade, sempre há um "a seguir". Uso a palavra "imaginar" para destacar o *aspecto criativo e dinâmico do recordar*. O que recordo parece estar vivo no presente. Assim como a metáfora capta o conhecido para antecipar o desconhecido, o passado abre portas para o desafio atual.

De qualquer modo, minha recordação é o concentrado do que vivenciei durante meus anos de instituto, em comparação a algo empírico ou enciclopédico. Ao compartilhar isso com você, realizarei um "dever duplo", comunicando algo do que no meu caso constituiu a formação psicanalítica e, em segundo lugar, o que isso significa para mim hoje em termos de identidade e até de ambição. Talvez possa ajudá-lo a imaginar sua própria carreira em desenvolvimento.

Por mais que em vários momentos eu tenha sentido necessidade de refletir sobre minha formação analítica, de revisitar seus valiosos ensinamentos, também precisei elaborar experiências de desilusão. Sempre há algo a lamentar, a perda da inocência, uma disfunção familiar que ameaça minar o que é mais precioso. Isso poderia descrever a formação psicanalítica, mas também retrata a vida tal como é vivida – o precioso e o profano menos em tensão combativa e mais como necessidade de elaborar um meio-termo inevitável.

Ingressei na formação psicanalítica aos 38 anos como psicólogo que tinha começado a ler Freud durante a faculdade, mas tinha encontrado aplicação real e excitante nas obras de inspiração analítica de David Rappaport e Roy Shafer sobre metapsicologia e testes projetivos. Em minha formação como psicólogo num hospital psiquiátrico, fiquei surpreso que as apresentações de casos clínicos eram adiadas se eu ainda não tivesse concluído a formulação dinâmica que a equipe clínica estava ansiosa para ouvir e da qual dependia. Compreender o paciente como pessoa jamais era garantido, conforme aprendi. Foi algo que aguçou meu apetite.

Para mim, nunca teria sido suficiente desfrutar simplesmente da busca intelectual da psicanálise. Precisaria ser algo que me tornasse melhor clínico, com escopo e experiência mais amplos. Por isso candidatei-me à formação para me tornar psicanalista.

Na época, e provavelmente até agora, não estava claro para mim qual seria o destino da minha identidade como psicólogo, mesmo que a profissão de psicólogo fosse a porta de entrada e a estrutura legal na qual eu poderia exercer a prática e ganhar a vida. No final, tem sido uma relação ambivalente, mais necessidade do que escolha. Se eu pudesse, teria desistido totalmente. A psicanálise tem sido meu *métier*, perspectiva e identidade de trabalho. Meus colegas e amigos incluem psicanalistas que conheci ao redor do mundo todo. Quaisquer que tenham sido as brechas nesse alicerce, as decepções encontradas ao longo do caminho, foram amenizadas pelo carinho, pela consideração de colegas que povoam nossa profissão em qualquer parte do mundo onde trabalhem. Podem ser seu principal apoio quando soprarem os ventos da desilusão, como inevitavelmente acontecerá. *Olhe além do seu local.*

Assim, no meu caso, a psicanálise foi menos a identidade formada e mais o reencontro de algo que inerentemente já me definia. A formação foi apresentada pelo instituto no exato momento em que o imaginei por meio das minhas aspirações e autoexpressão pessoal. Nesse sentido, a psicanálise sempre serviu como objeto subjetivo que é tanto eu quanto não eu. É muito pessoal, o que a torna especial.

Se tornar-se analista é um processo transformador, como parece ser, tanto o instituto quanto o candidato devem fazer sua parte. Isso tem a ver com a ação centrípeta da formação analítica, que cria o fermento a partir do qual a identidade psicanalítica pode evoluir. Embora raramente discutida, a composição da classe é importante. Entrei para uma turma de dez. Meus colegas candidatos eram brilhantes, criativos e bem-sucedidos. Foi emocionante e dinâmico e, para mim pessoalmente, um alívio. O instituto mostrou-se justamente o terreno fértil que eu buscava.

Ao revisitar o currículo e os analistas que nos ensinaram, a reminiscência reforça o quanto a dedicação deles ao ensino da psicanálise ampliou suas contribuições muito reais. Vinham professores de perto e de longe para complementar a pesada carga do corpo docente local em meu pequeno instituto. Robert Langs e Peter Swales, o controverso estudioso de Freud, vieram de Nova York. Tivemos alunos de Kohut para nos ensinarem psicologia do *self*, um analista de crianças de formação britânica para um ano de observação de bebês e crianças pequenas, e um estudioso de história da medicina para nos apresentar as origens vienenses e francesas que fizeram surgir a psicanálise. Em retrospecto, tudo isso era importante. Era a educação que eu sempre quis, e eu a prezava tanto quanto hoje. Era tanto fundamental como aspiracional, o que é muito abrangente.

A psicanálise entra pelos poros intelectuais e emocionais, onde se mistura com outras influências para criar um amálgama singular. Comecei minha análise pessoal quatro anos antes de entrar no instituto e continuei durante os quatro anos seguintes de formação. O que não foi solucionado na primeira análise foi sanado em um segundo tratamento de três anos. Se eu não tivesse feito o segundo tratamento, teria dificuldade de acreditar em análise. Eu precisava que funcionasse para mim onde era mais importante. Tenho a impressão de que as carreiras analíticas devem construir-se com base em uma análise pessoal sólida. Assim, deve ser boa, não apenas suficientemente boa. Muito depende simplesmente disso.

As desilusões têm sido mais difíceis de superar, mas há um benefício importante nesse trabalho. Faz parte da sabedoria. A inspiração por trás do instituto foi um chefe perturbador do departamento de psiquiatria da universidade, que, em sua liberalidade, importava talentos de todo o mundo analítico, apenas para se indispor rapidamente com eles em contendas hostis. Na melhor das hipóteses, o fato de esse analista ser o "pai" do instituto era problemático. Ele quase nada teve a ver diretamente com a minha formação, mas sua presença era desconcertante, uma fonte de cisão e rancor que por anos agitou-se sob a superfície e causou enorme impacto no instituto. Os analistas didatas que eram fundamentais para a implementação da formação precisavam manter certa paz com ele, o que inevitavelmente os colocava ao lado dele nos conflitos fragmentadores que minavam a coesão da pequena comunidade analítica.

Apesar da turbulência que envolveu nossa formação, havia uma bolha protetora permitindo que a classe aprendesse em conjunto de forma relativamente desimpedida. Houve até uma queixa formal à Associação Psicanalítica Internacional (IPA) que foi investigada e considerada sem valor. A verdade é que recebíamos um ensino psicanalítico excelente, por mais defeituosa que fosse a embalagem. Isso se devia à elevada qualidade do ensino, à gestão cuidadosa do Comitê de Formação e à qualidade dos candidatos.

A segunda fonte de desilusão, que poderá contradizer um pouco o que eu disse anteriormente, foi a revelação de que ninguém menos que o diretor do instituto vinha tendo relações sexuais com uma jovem desfavorecida que era sua paciente. Para os candidatos em análise pessoal com ele (eu não era um deles), isso deve ter sido desastroso. Ele supervisionou meu primeiro caso e, apesar de tudo, devo admitir que aprendi muito com ele. Também participou pessoalmente de todos os seminários, ao longo dos quatro anos, prática que nunca vi duplicada. Recordo que essa mácula desastrosa veio à tona após a conclusão dos seminários. Senti-me muito mal pela paciente e pela confusão e dor que ela deve ter vivenciado.

Seria melhor se eu pudesse dizer que toda a comunidade analítica local e o que restava do Comitê de Formação uniram-se em torno dos candidatos cercados. Infelizmente, não foi o que ocorreu. Houve apenas um silêncio ensurdecedor e ocorreu um abafamento quase imediato. Isso incluiu a forclusão do nome dele e, até certo ponto, da sua existência. Ao refletir sobre esse manejo da situação, percebo que isso teve muito a ver com o desamparo e a interrupção da destrutividade desencadeada. Representou um profundo ataque à sua profissão; seu desejo de despedaçá-la e escapar de qualquer prisão em que se percebesse vivendo. Foi menos uma lição sobre a potencial destrutividade da sexualidade do que sobre como a destrutividade pode usar a sexualidade para dar vazão à sua fúria niilista.

Esses ataques a pacientes e colegas, à Sociedade e ao instituto e, em última análise, à própria psicanálise são especialmente difíceis para os candidatos. A destrutividade ricocheteia nas fileiras e ameaça envenenar o poço em que os candidatos bebem avidamente. No entanto, e pode ser surpreendente, o que mais me atingiu foi a passividade do meu instituto. A mensagem inconfundível era que a análise pessoal é a ferramenta multifuncional para lidar com qualquer adversidade. Em outras palavras, converse a esse respeito com seu analista. Algo que perdeu totalmente o sentido. Era uma resposta defensiva e de autoproteção inadequada. No mínimo, contudo, impulsionou-me a ser mais ativista em minha vida e minha carreira. Embora os psicanalistas não sejam um cardume de peixes nadando em ritmo coletivo, nossa responsabilidade ética deve ir além do consultório. Acho que isso estimulou meu envolvimento amplo e significativo na IPA, a que sou imensamente grato.

Assim, esse acontecimento adverso não destruiu o "bom" nem me privou da oportunidade de ser analista. Há algo sobre o *élan vital* da psicanálise, o fervor intelectual e a aspiração clínica de ajudar as pessoas, que cria seu próprio impulso animador e voltado para o futuro. Não se tratava de curar pelo tempo, mas de investir em uma forma psicanalítica de trabalhar e pensar que preservasse e fomentasse mesmo em meio à desilusão. Isso só se aprofundou e ampliou com a experiência, o ensino e o estudo.

A psicanálise com certeza pode ser nostálgica, mas, se mergulha no passado, o faz com uma temporalidade que une passado, presente e futuro. Não posso dizer que o que esse mentor incorreto fez era impensável. Na verdade, era o oposto – muito pensável, o que o torna especialmente assustador. Essa história perseguiu a psicanálise desde o início, embora muitas vezes repudiada como idiossincrasia perversa de algumas pessoas. Se esse incidente foi mais a expressão de um trauma coletivo, o pensável deslizando facilmente para o factível, então o risco à identidade é uma espécie de nostalgia defensiva, idealizando e lavando um passado que talvez nunca tenha existido. A psicanálise tem seus detratores externos, com certeza, mas seus verdadeiros inimigos vêm de dentro, dos seus próprios membros. Isso não era algo que eu estivesse preparado para saber na época, mas poderia ser resumido como: "a psicanálise jamais consegue escapar da condição humana, da qual só pode ser reflexo".

Sou grato por ter tido um pai muito bom em minha vida. Éramos amigos íntimos até sua morte, quando eu tinha 60 anos e ele, 92. Se sou nostálgico é graças a esse homem e a essa experiência vivida na infância. Jamais seria Freud ou seu xará, o diretor de formação desviante. Além disso, o "bom" estava firmemente representado em meu ego de trabalho e aprendizado, e nem mesmo essa desilusão arrasadora destruiu a base que havia começado a se formar antes mesmo de eu entrar no instituto.

Além do mais, nunca terei espaço nem tempo em minha vida para abordar ou lamentar todas as desilusões acumuladas ao longo do caminho, incluindo todas as ocasiões em que não consegui viver de acordo com meus padrões e expectativas pessoais. Afinal, optei por adotar a psicanálise, com todas as suas fragilidades, como um empreendimento muito humano que faz muito mais bem do que mal ao mundo. Certamente é possível adentrar o trauma coletivo desorientador, que é profundo e intergeracional, mas existe também o sonho coletivo, algo extremamente vibrante e resiliente. A disposição para a destrutividade existe em todos os aspectos da vida humana. A psicanálise não é exceção.

Agora entendo melhor por que os analistas trabalham bem até e durante a velhice. Certamente, muitas vezes há uma questão financeira, trabalhamos "por demanda", limitados pelas horas do dia e pela energia, mas esse não é o principal motivo. Há o encanto de ser analista – a capacidade de ajudar profundamente as pessoas, de levá-las a mudanças mais profundas, de aprender o que antes era incognoscível, e enquanto isso refinando cada vez mais a capacidade analítica, que continua a crescer. É difícil para mim imaginar desistir enquanto houver pacientes dispostos e ansiosos para trabalhar comigo e lucrar com o que nós, enquanto grupo de clínicos comprometidos, temos a oferecer.

Lembro-me de estar em uma conferência quando era um jovem analista, a reunião anual da Sociedade Psicanalítica Canadense. O falecido dr. Henry Kravitz, analista didata sênior de Montreal e um de meus supervisores, discutia um caso. Ele pedira ao apresentador para fazer uma pausa após ouvir o início da apresentação, que ouvia pela primeira vez. O que se seguiu foi um surpreendente desenvolvimento da dinâmica, um eloquente retrato clínico oferecido como uma série de hipóteses. Quando o apresentador continuou, ficou claramente evidente para o público que o que o dr. Kravitz tinha previsto se confirmava totalmente no material clínico que se seguiu. Na época, pensei "Quero ser capaz de fazer isso um dia".

2. Michael Diamond

Los Angeles, EUA

Caro candidato,

Quero compartilhar algumas reflexões que podem ajudá-lo a tirar o máximo proveito da sua formação psicanalítica. Recordações do meu tempo de candidato ao prosseguir de psicoterapeuta para psicanalista, bem como experiências sucessivas como analista, professor, supervisor, escritor e membro ativo de uma vibrante comunidade analítica, desempenham um papel importante para dar forma à minha contribuição para este livro único e muito necessário.

Agora que você se abriu para um modo de vida totalmente singular como psicanalista, é útil lembrar que ser analista não só exige trabalho duro e enorme responsabilidade, como também talvez encarne a mais pessoal das carreiras – a saber, um meio de vida que Freud considerava uma profissão "impossível", pois aparentemente era marcada por "resultados insatisfatórios" (dados seus ideais irrealizáveis). Além disso, como candidato, as demandas temporais, financeiras e pessoais/familiares são amplas e, consequentemente, *paciência* – consigo próprio, com os pacientes e com o processo de aprendizagem analítica – é tudo! Espero esclarecer que os desafios de ser candidato definirão o curso para uma jornada excepcionalmente rica e duradoura, embora muitas vezes cheia de tensão, que mudará a direção de sua vida, proporcionando enormes oportunidades de constante aprendizado e crescimento pessoal. Será possível surpreender-se ao descobrir, enquanto trafega no domínio da psique, que pode haver grandes mudanças nos tipos de relacionamento que você tem e, talvez, no tipo de pessoas com quem você escolhe passar seu tempo. Por muitas razões, então, o papel de sua psicanálise pessoal – além de leituras, trabalhos do curso e experiência clínica supervisionada – torna-se fundamental para navegar pelas trilhas à frente.

Como a condição de candidato em si dá ensejo a conflitos e regressões inesperados, a escolha do psicanalista para a análise pessoal torna-se vital. Portanto, é aconselhável fazer entrevistas com vários possíveis analistas antes de escolher alguém a quem seja possível possa confiar seus aspectos mais primitivos – alguém que, conforme a observação de um candidato, "pode suportar sua *loucura*". Ainda assim, dadas as limitações inerentes das análises didáticas, você poderá até querer fazer uma segunda análise pós-formação (em geral com um analista não ligado ao seu instituto de formação).

O que se inicia ao se tornar candidato se desenvolverá como um projeto de carreira em que se espera que sua capacidade de trabalhar com material inconsciente e compreender a vida psíquica se amplie. No entanto, trata-se de algo que invariavelmente testará sua capacidade de tolerar incertezas, confusão, insegurança e sentimentos intensos, muitas vezes de maneiras que ocasionam enorme *vulnerabilidade*. Além disso, especialmente por meio de experiências úteis de supervisão e da sua análise pessoal, será necessário contar com sua capacidade de tolerar decepções, responsabilidades e administrar o investimento narcísico em seu trabalho, muitas vezes com grande *solidão* interna. Apesar da intimidade no espaço analítico, estamos inexprimivelmente sozinhos nos aspectos mais profundos e importantes do nosso trabalho. Sua solidão como analista deve tornar-se a âncora em que você afinal pode encontrar seu caminho, muitas vezes em meio a condições turbulentas e desconhecidas que o fato de ser candidato pode ajudá-lo a aprender a aceitar e até mesmo tolerar com curiosidade.

Freud deixou muito claro (em seu *Esboço da psicanálise*, publicado postumamente em 1940) que o trabalho da sua vida na abordagem da "psique" havia sido dedicado a compreender da maneira mais completa possível o mundo da *alma* do homem. Ele estava convencido de que, apesar da linguagem da metapsicologia, deve-se pensar (e, eu acrescentaria, *relacionar-se com*) a alma para compreender seu sistema. Como muitas vezes é possível sentir-se dominado por termos e conceitos psicanalíticos complexos, bem como pela sobrecarga de experiências, é útil considerar que o trabalho clínico envolve fundamentalmente a *alma*, que, de acordo com o pensamento de Freud (que surge do ponto de vista de John Stuart Mill) implica "aquilo que *sente*".

A partir desse nexo de trabalho analítico vivo experiencial com a alma, a psicanálise exige que se tente fazer contato com o que pode estar ocorrendo no mundo interno amplamente inconsciente do paciente para propiciar o que se reflete como "*experiência de ser compreendido*". Algo que contrasta com *obter compreensão* por meio da atividade interpretativa do analista, inteligente, mas inerte, baseada em teoria, distante do envolvimento emocional significativo. Exige muito mais que simplesmente tentar fazer os pacientes se sentirem melhor ou livrá-los de sentimentos, sintomas ou partes indesejadas do eu. Em suma, não há como escapar da *natureza pessoal* do trabalho psicanalítico bem-sucedido que traz desenvolvimento psicológico por meio do contato emocional direto, criando um *novo modo de se relacionar* tanto com a nossa mente quanto com a de nosso paciente.

Como guia e investigador mais experiente e ousado da vida psíquica, a humanidade, a integridade, a compaixão e o compromisso corajoso do analista para compreender o funcionamento mental inconsciente trazem vida à psicanálise. À medida que encontre seu caminho como candidato, seu enfoque deve ser a imersão na *escuta* ao paciente, em vez de *buscar escutar* a confirmação de ideias teóricas ou apaziguar seu supervisor ou professor. Isso é mais fácil dito do que feito e é especialmente desafiador em virtude dos aspectos de avaliação referentes ao fato de ser candidato. Persistência e fé no desenvolvimento pessoal são necessárias, apesar de vivenciarmos momentos frequentes de "não saber", de repetição sem fim, repetidas decepções, limitações perturbadoras e experiências intensas de contratransferência. *Vergonha* – tanto entre candidatos e até mesmo entre analistas mais experientes – ocorre com frequência ao expormos nosso trabalho e limitações a colegas e supervisores. No entanto, saiba que certo nível de coragem, resistência, disciplina e determinação persistente, bem como a consequente e merecida fé na psicanálise, ajudarão a manter um espaço de reflexão e abertura com a maioria dos pacientes (e com você).

Portanto, volto à ideia fundamental de desenvolver *paciência*, que é de vital importância para quem for jovem no ofício. Embora, como analistas, nosso ramo seja de palavras e linguagem, muitos eventos que ocorrem na complexa e estruturada intimidade do espaço psicanalítico são inicialmente inexprimíveis, ocorrendo em um território no qual nenhuma palavra jamais entrou. Como intérprete do inconsciente de outra pessoa, é necessário aprender a permitir que suas opiniões interpretativas (ou seja, hipóteses) amadureçam e se desenvolvam, o que, como aprendi, *não pode* ser pressionado nem apressado. Há uma espécie de procriação materna ou paterna muito semelhante a dar à luz; portanto, a *arte* do trabalho cotidiano de análise que ultrapassa a técnica se assemelha à *gestação* que permite o amadurecimento e a geração de uma compreensão profunda.

Como psicanalista iniciante, a incumbência é criar o *espaço reflexivo interno* necessário que utiliza o que foi estimulado dentro de você para entender seus pacientes. Isso exige que se cultive abertura para a surpresa, bem como receptividade para a *não* compreensão. Se tudo correr bem, você terá apoio durante grande parte de sua formação para desenvolver e manter sua *curiosidade*, sua *capacidade de observação* (sem necessariamente entender) e sua *aceitação* da experiência humana. À medida que você aprende a acreditar com mais ceticismo e a duvidar com empatia, seu sucesso como candidato e futuro analista dependerá em parte de seu senso de contenção, seu equilíbrio narcísico e sua integridade.

O fato de estar conduzindo a análise de supervisão oficial enquanto ainda está em análise pessoal é um desafio. Fazer parte de uma "família" instituída com dinâmicas pessoais e de grupo extremamente carregadas libera transferências negativas e regressões potentes que exigem um tempo enorme de elaboração. Pode haver longos períodos de dúvida quanto ao valor da psicanálise (ou do analista didata), bem quando seus pacientes do caso de supervisão oficial questionam seu trabalho, geralmente muito antes de você adquirir a confiança duramente conquistada no processo analítico em si. Acreditar na psicanálise em meio a resistências sociais e pessoais pode exigir uma "fé cega" ao mesmo tempo que se tolera enorme tensão na solidão. Embora você possa até se sentir "diferente" de alguns dos entusiastas do seu grupo, é útil saber que a maioria dos analistas experientes resistiu a tensões semelhantes durante seu período de formação analítica.

Uma questão específica ao iniciar o trabalho analítico diz respeito ao papel desempenhado pelas inevitáveis *idealizações* e *identificações*. É necessário internalizar ideais e aspirações analíticas para dar apoio ao trabalho clínico e reforçar as funções analíticas durante o processo de aprendizagem, o que implica se identificar com professores e analistas admirados. A formação envolve a exposição a conceitos e pensamento intelectual brilhantes, bem como a tendência a idealizar ideias e pensadores carismáticos da psicanálise. Na verdade, antes de atingirmos nossa visão singular do trabalho analítico por meio da experiência, precisamos confiar em figuras de autoridade enquanto nos identificamos com os ideais analíticos das teorias às quais estamos expostos e valorizamos. Nesse contexto, ambições intelectuais e aspirações clínicas muitas vezes produzem sentimentos de inadequação, bem como de competição e de inveja, especialmente em nosso próprio grupo e em relação a professores, supervisores e analistas didatas.

Dada a proliferação de sistemas teóricos e o desenvolvimento de ideias psicanalíticas em diferentes comunidades culturais, os candidatos são continuamente desafiados a questionar novas formas de pensar que competem para dar forma à teoria e à prática. Enquanto alguns candidatos tendem mais para a teoria, outros podem não ser e, no entanto, ser igualmente ou mais habilidosos na clínica (talvez com trabalho mais intuitivo). Se possível, tente não ser duro consigo mesmo quando confuso pela multiplicidade (de nomes) e pela complexidade (de casos e conceitos) à medida que você aprende a respeitar sua mentalidade própria e seu jeito de ser psicanalista. Acredito na utilidade de perceber que os conceitos e as teorias aprendidos ao longo da formação (e da vida após a formação), quando forem posteriormente integrados à sua técnica analítica, precisam apenas ser *mantidos de forma leve* (e não rígida) no contexto clínico, em que a vinculação de alma para alma é primordial. Conseguir sua visão singular do trabalho analítico requer tempo e experiência consideráveis para poder diferenciar-se suficientemente das figuras de autoridade e apaziguar o domínio dos ideais internalizados a que no início era necessário agarrar-se para obter apoio.

Considero benéfico permanecer ciente da *tensão* inerente ao fato de ser psicanalista, que deve ser tolerada e administrada. Indiscutivelmente, cria-se uma tensão persistente, em especial para analistas iniciantes a respeito de seu trabalho ser ou não genuinamente "psicanalítico". De fato, desde o início o debate permanente sobre o que é psicanálise está presente. É preciso aprender a aceitar a vivência da tensão necessária para tolerar o paradoxo e viver em uma transição entre realidade histórica e verdade psíquica. Leva bastante tempo, que testará sua capacidade de tolerar incerteza, ambiguidade e insegurança, para aprender a sustentar e utilizar essa tensão de forma criativa (e com humildade e liberdade psíquica suficientes).

Portanto, espero que você possa ser gentil consigo mesmo para nutrir firme paciência, resiliência e coragem persistente ao se defrontar com os limites de sua compreensão e perícia – talvez o que Samuel Beckett descreveu como capacidade de *falhar melhor*. Idealmente, tanto sua formação didática quanto sua análise pessoal aumentarão sua capacidade de reconhecer e se relacionar com o próprio narcisismo sem recorrer com excessiva facilidade a grandiosidade, retaliação, ação excessivamente zelosa e prematura e/ou retirada defensiva à inatividade. Adquirir uma relação mais saudável com seu narcisismo permanecerá crucial tanto para sua capacidade de analisar quanto para a de viver satisfatoriamente nas comunidades psicanalíticas mais amplas.

De fato, seus colegas de classe, de profissão e a comunidade psicanalítica mais ampla geralmente são vitais para o sucesso como analista. Desenvolver perícia exige em geral uma equipe de colegas – um grupo de irmãos e irmãs analíticos – para nos conter, apoiar e desafiar ao longo das pressões inevitáveis e dos benefícios profundos e inúmeras vezes misteriosos do trabalho. Os analistas mais bem-sucedidos precisam trabalhar com colegas comprometidos com seus pontos de vista e psicodinâmicas singulares. Ainda assim, como Freud e Bion nos lembram, o coletivo analítico, especialmente na vida do instituto com seus sistemas regressivos, compõe-se de complicados processos e dinâmicas de grupo que em geral permanecem bastante inconscientes; assim, o apoio de colegas e mentores de confiança pode ser decisivo.

Finalmente, *não* é incomum, durante o período como candidato, vivenciar feridas dolorosas, narcísicas e decepções inquietantes – muitas vezes por meio de interações com professores, supervisores, colegas e, ocasionalmente, até com o analista pessoal. Colegas de confiança e mentores experientes, bem como amigos e parceiros tornam-se ainda mais importantes ao navegar na complexa dinâmica da trilha analítica. Permanecer curioso e ressoante em relação ao mundo ao redor, ao mesmo tempo que se abre para uma vida interior cada vez mais profunda, proporciona a oportunidade e o privilégio consumados de tornar-se mais receptivo ao sofrimento humano, e ao mesmo tempo mais aberto à ternura, tanto em nosso trabalho quanto na inefável preciosidade da vida em si.

Para encerrar, desejo com fervor que você tenha uma viagem pujante, bem como suficientemente benigna e duradoura!

3. Roosevelt Cassorla

São Paulo, Brasil

Caro candidato,

Outro dia, você me contou eufórico que um dos avaliadores do seu relatório clínico disse: "Seu texto está perfeito. Nada tenho nada a perguntar nem acrescentar". Você estava orgulhoso e sei que quis partilhar sua alegria comigo. Estranhou que eu não me mostrasse feliz e, como temos uma relação de confiança, perguntou-me o que tinha acontecido. Inicio este diálogo por meio da escrita, mas estou certo de que o aprofundaremos quando nos encontrarmos.

Sua percepção estava correta. Senti-me impactado e constrangido e, naquele momento, não consegui pôr em palavras meus pensamentos. Explico: um trabalho psicanalítico "perfeito", mas que não estimula questionamentos e problematizações, não pode ser um bom trabalho. Não existem sessões ou textos impecáveis. Já me defrontei com situações em que me pareceu que o apresentador maquiou suas intervenções. A maquiagem esconde, mas também revela. O ouvinte com treino psicanalítico duvida que o relato seja verdadeiro.

Como eu o conheço, tenho certeza de que você se apresentou de forma genuína. Não temos como saber os motivos que levaram o seu avaliador a não poder "sonhar" o seu material e ampliar significados.

Lembro-me de uma situação durante minha formação em que o trabalho de um candidato foi reprovado. O principal avaliador disse que não conseguiu ler o trabalho porque lhe dera sono. Acrescentou que a correlação com a teoria estava pobre e o trabalho deveria ser refeito. Não quero cansá-lo com detalhes, mas a instituição percebeu que a reprovação era injusta e refletia problemas pessoais. Os candidatos se articularam, e contribuímos para que o regulamento do instituto fosse modificado de forma a impedir situações negativas similares. Esse episódio, junto com vários outros, pouco a pouco levou à democratização da instituição. Como candidatos, sentimos orgulho de termos contribuído para essa transição.

Imagino você curioso querendo saber como conseguimos fazer isso. Não sei exatamente, mas fomos muito afortunados por termos constituído um grupo unido e soubemos argumentar de forma vigorosa, controlando os arroubos agressivos da juventude. Como você sabe, em qualquer grupo humano a geração mais jovem identifica e revela conluios que se repetem de forma rígida, sem que a geração mais velha se dê conta do que se passa.

Não é fácil avaliar o que ocorre à nossa volta, principalmente quando fazemos parte do que vivenciamos. O psicanalista é observador e também participante do campo analítico. Ele tenta objetivar sua subjetividade. Tanto na clínica como nos grupos institucionais, o candidato participa de um emaranhado de identificações projetivas cruzadas que influenciam sua forma de perceber os fatos. Por isso, é importante que os grupos reflitam a respeito do que se passa.

Percebo que, nos parágrafos anteriores, tentei estimular seu envolvimento com a instituição psicanalítica. Há amplo espaço para isso e, se não existisse, deveria ser conquistado. Penso que o candidato pode e deve fazer política, no sentido de agir para o bem-estar do grupo. Vivenciar esses fatos enquanto se está em análise pessoal ajuda o desenvolvimento pessoal, tanto das instituições quanto da psicanálise em si. Além disso, proponho que você ultrapasse a instituição e se envolva com a sociedade, para buscar formas de tornar a psicanálise útil para mais pessoas.

Talvez você discorde. Talvez me diga que a verdadeira psicanálise somente pode ocorrer nos consultórios, com análises de alta frequência, o que envolve o atendimento de pessoas financeiramente privilegiadas, ao menos em nosso meio. Mas tenho certeza de que o conhecimento psicanalítico também é útil em trabalhos com a comunidade, nas instituições de saúde, educação, com pessoas desvalidas, violentadas etc. Nosso desafio é ampliar o uso da psicanálise. Não me preocupo com o que é "verdadeiro" ou "falso" quando essa dicotomia se aproxima do pensamento fanático.

Não sei se o que você está lendo agora é do seu interesse. É um dos problemas da comunicação unidirecional. Também da escrita psicanalítica. Tenho notado que alguns candidatos têm dificuldade de escrever seus relatórios e primeiros textos científicos. Um fator óbvio é a ação de um superego severo impedindo a escrita de qualquer coisa que não seja "perfeita". Outro fator, relacionado ao primeiro, é a dificuldade de elaborar lutos. O autor quer escrever "tudo" e tem dificuldade de escolher quais os aspectos importantes. A escrita criativa, como a vida, depende da capacidade de elaborar lutos.

Não é fácil tomar consciência de nossas limitações. Jamais seremos os psicanalistas que, em um mundo ideal, gostaríamos de ser. Nossas análises nunca serão "completas", pois nossa mente é infinita e está em permanente transformação. Não será possível conhecer todas as teorias e acompanhar seus desenvolvimentos. E precisamos lembrar que a vida não é só psicanálise. Se for, algo está errado.

Isso me leva ao seu desconforto com a palavra "candidato". Você me conta, com humor, que um paciente lhe disse que você havia sido rebaixado, de "doutor em Psicologia" tornou-se um simples "candidato". Você e seus colegas se preocupam com a possibilidade de que prováveis pacientes duvidem da capacidade e da experiência profissional do "candidato". Recordo que essa palavra vem do latim *candidus*, que significa branco e, por extensão, pureza e inocência. Era a cor das togas usadas pelos postulantes nas funções públicas. Imagino que, em Roma, eles esperavam que os candidatos, uma vez selecionados, trabalhassem honestamente para o Estado. Como você vê, a idealização dos candidatos e das instituições é antiga. Sei de situações em que os candidatos defenderam com sucesso que sua denominação passasse a membro "filiado".

A instituição, às vezes, desconfia das reivindicações dos candidatos e passa a "analisá-las". Penso que é uma perversão do conhecimento psicanalítico. A análise do candidato deve ocorrer no *setting* adequado, com seu analista.

Lembre-se de que ser candidato da Associação Psicanalítica Internacional (IPA) é um privilégio. Além do conhecido tripé – análise didática, trabalho clínico supervisionado e estudo aprofundado da teoria –, valorizo o quarto eixo: pertencer à instituição. Percebo que você não está suficientemente informado das várias atividades que a IPA, a Organização Internacional de Estudos Psicanalíticos (IPSO) e as federações regionais oferecem aos candidatos. Intercâmbios, supervisões e grupos de discussão com analistas de diferentes sociedades, bolsas de auxílio financeiro, grupos de trabalho etc. Muitas dessas atividades acontecem online. A IPA é sem dúvida uma das instituições globais que aproveita isso mais criativamente.

As instituições psicanalíticas têm se mostrado mais generosas, transparentes e criativas. Além de fatores socioculturais, penso que essas mudanças refletem também desenvolvimentos do conhecimento psicanalítico. Valoriza-se o que ocorre no campo analítico, entre os membros do par, o que cada membro "provoca" no outro. Os movimentos meticulosamente estudados pelos quais os membros do par se encontram e desencontram. Esses movimentos revelam/ocultam as formas como a mente se constitui, bem como seus déficits. Essa ênfase técnica e teórica levou a se reconsiderar a pessoa do analista, sua capacidade intuitiva e imaginativa. Seu *setting* interno. O analista, diante de situações difíceis, é estimulado a realizar experimentos enquanto observa cuidadosamente suas consequências. Percebo que os analistas estão mais livres para observar e pensar, abandonando ideias rígidas. Essa liberdade faz o candidato beneficiar-se ainda mais da análise pessoal.

Dessa forma, observamos a redução do pensamento dogmático e da adesão acrítica a determinada teoria psicanalítica, por vezes considerada a única verdadeira. Devemos lembrar que as teorias são construções hipotéticas destinadas a dar sentido à experiência clínica. Essas teorias podem e devem ser alteradas ou substituídas por construtos que façam mais sentido. Felizmente, o aspecto religioso da psicanálise está desaparecendo. A identidade do psicanalista não recebe mais o adjetivo de um autor clássico (Klein, Kohut, Bion etc.). Ele é quem é; tem uma identidade própria em que, sem ser eclético demais, aproveita o que faz sentido para si, desenvolvendo sem cessar sua capacidade criativa. Que bom ser candidato nesse momento do desenvolvimento da psicanálise!

Ainda precisamos estar alertas para as tensões do populismo e do fanatismo que têm se infiltrado nas democracias atuais. Sabemos que governos autoritários dificultam o desenvolvimento da psicanálise. Corre-se o risco de que as instituições psicanalíticas se tornem repressivas, embora parte dos analistas resista.

Lembro-me de um colega checo nos contar sobre o uso clandestino da psicanálise durante o regime comunista. O professor de psiquiatria mais conceituado do país afirmava que a psicanálise era um bom tratamento. Mas com uma ressalva: desde que se jogasse fora tudo o que Freud havia escrito! Infelizmente, êxodos em massa de psicanalistas têm sido comuns. A filiação à IPA facilitou a inserção de colegas em outros países.

Você não viveu essas situações e talvez não possa imaginá-las. Intuo, porém, que você e seus colegas precisarão lidar com elas. Como você sabe, Eros e Tânatos estão sempre em luta, e isso nunca termina.

Então, vamos acolher o diferente e dar boas-vindas ao estrangeiro que bate à nossa porta, aceitando-o como é. A psicanálise nos ajuda a desenvolver a hospitalidade, tanto para o outro quanto para partes de nossa mente. Hospitalidade e ética se interpenetram e, sem elas, não seríamos psicanalistas (nem seres humanos dignos). O trabalho psicanalítico com o hóspede inicialmente indesejável nos ajuda a desenvolver criatividade amorosa entre hóspede e anfitrião. Nem sempre isso é possível, e devemos ficar atentos às fantasias de onipotência paralisante.

Os mais velhos costumam dizer que não se arrependem do que fizeram em sua vida. Essa observação, que parece sabedoria, muitas vezes me parece defesa resignada. Não é o meu caso: sinto que me deixei contaminar pela "peste" psicanalítica (nas palavras de Freud) de tal forma que arrisquei sacrificar outros aspectos da minha vida. Pelo que sei a seu respeito, você está correndo um risco semelhante, não é? Pude observar o que acontecia comigo usando a psicanálise. A "peste" transformou-se em remédio.

Ser psicanalista é fascinante. Temos o privilégio de sermos desafiados o tempo todo e de dar sentido a muitas vidas (assim como à nossa). Isso nunca termina. Que você possa usufruir tudo o que a formação analítica tem a lhe oferecer.

4. Eric Marcus

Nova York, EUA

Caro candidato,

Recebo com prazer está oportunidade de falar da profissão que amo e à qual dediquei minha carreira, que assumiu muitas formas, ilustrando os variados usos do conhecimento psicanalítico.

Esperei muito tempo para fazer a formação psicanalítica. Eu quis experimentar medicina, psicologia social e trabalho psiquiátrico com pacientes muito graves, bem como com neuróticos. Interessei-me em saber como a mente funciona nos indivíduos e nos grupos. Quis observar as relações de acordo com o modelo biopsicossocial e usá-lo para fazer o que mais amo – responsabilidade pessoal no cuidado ao paciente. Minhas experiências profissionais mais emocionantes são de atendimento ao paciente. Então, pratiquei medicina meio período por dez anos enquanto fazia pós-graduação em etnologia teórica pesquisando cultura hospitalar comparativa, depois fiz residência em psiquiatria e depois administrei uma unidade de diagnóstico neuropsiquiátrico de pacientes internados com foco em falhas de tratamento, dos quais um grupo é de pacientes com doenças graves dos eixos 1 e 2, principalmente transtornos de humor e de caráter. A seguir, fiz formação psicanalítica, que aprofundou meu trabalho em todas essas áreas e permitiu o aprofundamento da trajetória a uma profundidade de outra maneira não alcançável. E a cada ano fica melhor. Observo cada vez com mais clareza os processos que organizam a vida mental em todas as suas maravilhosas formas. Minha capacidade de ajudar fica cada vez melhor. A satisfação é cada vez mais gratificante. A formação psicanalítica é uma dádiva que continua generosa.

Dito isso, a formação não é fácil. É demorada. É difícil do ponto de vista financeiro. Exigente emocionalmente. Implica confronto consigo próprio. Ajuda se você quiser muito, se seu interesse for irresistível, se você gostar de atender ao paciente, se necessitar pensar em profundidade sobre a mente. Na formação, você aprende teorias difíceis, trata pacientes desafiadores, recebe supervisões de maneira pessoal constrangedora e lê-se literatura emocionante, mas aparentemente interminável e densa. Pelo fato de o estudo ser tão exigente do ponto de vista pessoal, encontra-se muitos egos inflados, é preciso adaptar-se a ter a grandiosidade humilhada. *Ignore o engrandecimento do ego.* O campo é teoricamente desmembrado, como tendem a ser todos os campos em crescimento, e há muitos debates acalorados. Aproveite o show e não confunda verdade com *Turm und Drang*[1] teórico. Não se deixe levar pela isca emocional da pedagogia. Concentre-se no seu aprendizado. Aprenda com todos.

Integrar a teoria e desenvolver seu estilo de trabalho clínico são tarefas para a vida toda.

---

[1] Movimento literário ocorrido na Alemanha no final do século XVIII. O nome, que pode ser traduzido como "tempestade e ímpeto", deriva da peça homônima de Friedrich Klinger (1752-1831). Recuperado de: https://biblioteca.pucrs.br/curiosidades-literarias/voce-sabe-o-que-foi-o-sturm-und-drang/ [N.T.].

Mantenha seu bom senso e seus valores. Mantenha sua individualidade. O tratamento é de ser humano para ser humano, de ser humano com ser humano. Cada analista e cada par analítico faz isso de forma diferente. Essa é uma atração enorme para nossa espécie de cuidadores. Você desejará desenvolver a si e à sua sensibilidade no que se denomina seu instrumento analítico, sua capacidade emocional de ajudar o paciente. Exige treino da capacidade de tolerar intensidade: de afetos, de imagens, de desejos, de invejas, de ódios, de sonhos e fantasias, em nós e em nossos pacientes.

O mais crucial dos elementos tripartites da aprendizagem – análise pessoal, supervisão, aulas e leituras –, o mais crucial e catalisador é a análise pessoal. Quanto mais melhor. Quanto mais profunda melhor. Leva tempo. *Não termine cedo demais. Dez anos é o mínimo!* Quando você tiver um supervisor que admire ou um professor que respeite, pergunte quanto tempo durou a análise deles. Fiz duas análises: uma análise de tratamento, antes da formação, que durou dez anos e uma análise didática de oito anos durante e após a formação. Os professores e profissionais de psicanálise que eu considerava com o melhor e mais profundo conhecimento e que eu mais admirava geralmente tiveram longas análises.

Supervisão. Ah, supervisão. O único modo de aprender a fazer algo. O que aprendi? Como aprendi? E a que preço? Pensemos primeiro no preço. O preço é humilhante. Não importa quão inteligente você seja, não importa quanto leia, fazer algo é muito diferente. *Exige um longo período de aprendizado até você aceitar que será infinito, e isso é uma coisa boa. A melhor atitude para a supervisão é querer aprender, não querer demonstrar como você é inteligente e o que sabe.* Não difere de qualquer aprendizado complexo ou de qualquer aprendizado, aliás. Mas há desafios específicos em nosso trabalho. Aprender psicanálise exige muitos anos. Exige abertura para aprender sobre si e sobre os outros. Exige capacidade de tolerar não saber. Mas isso também é desafiador em virtude do compromisso que assumimos, do desejo intenso de ajudar os outros e da ansiosa necessidade de saber ao fazer. É a supervisão que pode ajudá-lo. Nas melhores supervisões você se sente acompanhado. A supervisão se expande em um vínculo orientador que pode apoiar e ser duradouro.

Então, o que aprendi? Aprendi a habilidade de adentrar de maneira empática a experiência emocional de outro ser humano em profundezas cada vez maiores do inconsciente. Aprendi a usar essas informações para ajudar os pacientes a retomarem seu crescimento e seu desenvolvimento normais. Aprendi a escutar de maneira muito ativa e a vivenciar isso como um fazer. Como aprendi isso? Tive oportunidade de fazer supervisão com um analista clássico com a visão preconceituosa de que, por eu ter atendido antes da formação psicanalítica, com certeza minha técnica deveria estar contaminada pela psicoterapia mais ativa praticada por um psiquiatra geral. Em nosso primeiro encontro, portanto, ele me proibiu de falar com o paciente nos dois primeiros anos! Perguntei se dois anos não seria um jeito exagerado de demonstrar seu ponto de vista. Ele repetiu: dois anos. Era a minha chance de ir embora. Eu nunca faria uma coisa dessas, nem precisava. Minha identidade consolidada como médico e como psiquiatra geral não exigia concordância com uma ideia tão bizarra. Mas então pensei que talvez houvesse um jeito de experimentar o aprendizado da disciplina que ele exigia enquanto ajudava o paciente. Então, eu perguntei: "Posso dizer: 'Oi, entre'?". Ele disse: "Eu não me importo com isso". Eu disse: "Posso dizer: 'Ah, e oh, e hmmm e hah'?". Ele disse: "Não me importo com isso". Eu disse: "Posso dizer: 'desculpe, o tempo acabou'?". Ele disse: "Não peça desculpas". Como minha paciente era uma mulher jovem, volúvel e falante, que tinha repetidos traumas em seu desenvolvimento e precisava muito compartilhá-los com alguém, pensei que, com o ambiente sustentador expresso por minhas declarações empáticas, o enquadre poderia dar-lhe sustentação e realmente beneficiá-la se simplesmente contasse sua história de vida. Portanto, foi o que fiz. E transcorreu muito bem. No final de apenas um ano, meu supervisor disse: "Agora você pode falar". Eu perguntei: "O que eu digo?". Ele ressaltou que nesse momento eu estava tão saturado com a história, as atitudes e as reações dela que, quando tivesse algo a dizer, provavelmente estaria no caminho certo e ele ressaltaria de que maneiras eu havia errado. Traduzi para mim que ele ressaltaria de que maneira eu poderia ter dito melhor. E assim progrediu essa longa análise que durou até depois da minha qualificação como analista. Foi muito útil para o crescimento da minha paciente e para o meu crescimento como analista e como pessoa. Desde então, não tenho dificuldade para ouvir atentamente, em silêncio empático comunicativo, durante os minutos ou sessões que forem necessários para permitir que os pacientes desenvolvam sua história e aprofundem seu vínculo emocional com ela. Para permitir que os pacientes se vinculem e formulem o que precisam expressar. E tenho muito mais condições não apenas de entender o que é dito, mas também de saber quando e como formular o que ajudará os pacientes a entenderem ainda melhor e catalisar a descoberta da próxima camada. Meu relacionamento com meu supervisor transformou-se em amizade calorosa que durou muitos anos. Acho que o ponto de virada para ele ocorreu quando após a minha qualificação, depois de apenas 4 anos e meio, ele supôs que eu abandonaria a paciente que pagava pouco e precisava de uma longa análise. Fiquei chocado e ofendido com essa suposição e disse a ele que eu era médico e consideraria deixá-la um abandono e uma violação da minha identidade profissional mais profunda e que a paciente e eu tínhamos um compromisso mútuo com o tratamento. Ele disse: "Outros candidatos fazem isso". Respondi: "Eu não". Isso o tocou, embora eu não soubesse por que, pois para mim era o esperado. Mais tarde ele próprio me contou que tinha sofrido abandono materno. Isso espelhava os repetidos traumas da paciente, que eram traumas de abandono materno. Ao refletir em minha análise, na minha história também há um pouco desse abandono. Isso ilustrou para mim, desde o início, as ressonâncias e as rimas emocionais sincréticas e profundamente comoventes que ocorrem quando seres humanos conectam sua vida emocional entre si.

Então, como apliquei a psicanálise? De muitas maneiras: à teoria da mente, à neurofisiologia da representação, à medicina narrativa e à pesquisa em ciências sociais na educação médica. Dispersão? Não; tudo em torno da ideia de alterações simbólicas da realidade. O mais divertido foi a pesquisa em ciência social do ensino médico em que estudei a capacidade para desenvolver empatia médica colecionando sonhos de estudantes de medicina sobre a faculdade e a residência médica. Tive a oportunidade de ser responsável por todos os cursos de ciências humanas na faculdade de medicina onde leciono. Eu os entremeei em uma sequência integrada usando os sonhos para identificar experiências traumáticas de ensino de desenvolvimento progressivo e a necessidade psicológica subjacente para que o currículo pudesse ser menos traumático para a capacidade empática.

Um pequeno conselho sobre limites profissionais – nunca interprete as pessoas significativas: esposas, maridos, parceiros, filhos. Fazer isso é uma intrusão agressiva e pode provocar intensa transferência negativa e deformar a relação. Se você usar sua formação analítica nas relações humanas comuns, faça-o aumentado sua compreensão empática, não com interpretações que, fora da situação analítica, tendem a basear-se em conteúdo manifesto reducionista. Desistir de interpretar nossas relações é uma forma de amor e preocupação nas relações humanas – assim como o amor e a preocupação na análise requerem interpretação, mas com a oportunidade de preparar longamente o paciente e ser capaz de lidar com as complicações do seu método.

Dedique tempo aos seus relacionamentos, seu parceiro na vida, seus amigos, seus filhos, seus animais de estimação. Fiz muitas coisas, nenhuma mais satisfatória do que criar filhos. Com eles aprendi o desenvolvimento humano. Com eles aprendi sobre mim mesmo e minha própria história de desenvolvimento. E aprendi como a dedicação amorosa pode ser intensa. As carreiras psicanalíticas não devem ser usadas para evitar as conexões nas relações sociais. Evite tornar-se a pessoa que ensina o que não se pode fazer. Seu trabalho com os pacientes e sua capacidade de ajudá-los se revelam a partir de quem você é, não apenas do que você sabe. A análise desse vínculo emocional humano é o poder de cura que Freud descobriu.

5. Cláudio Laks Eizirik

Porto Alegre, Brasil

Caro candidato,

Quando penso em você, vários rostos me vêm à mente: meus alunos da faculdade de medicina; os residentes de psiquiatria e psicólogos que supervisionei ou orientei em seus estudos de mestrado e doutorado; os muitos candidatos que foram ou são meus pacientes; os alunos de supervisão ou de seminários; minha filha, que está concluindo sua formação analítica; e eu como jovem candidato cheio de entusiasmo, ansiedades, sonhos, esperanças e uma fé quase cega na psicanálise.

De todas essas pessoas, a que imagino conhecer melhor sou eu, então vou conversar com você olhando para o meu passado, para o presente que compartilhamos e para o futuro, em que você viverá.

Ao olhar para trás, para quando fiz minha formação analítica, em meados dos anos 1970 e início dos anos 1980, o que vejo é um mundo muito diferente. O que quero dizer é que o mundo parecia maior naquela época, as comunicações eram mais difíceis (por exemplo, tínhamos de ler Freud em espanhol ou inglês, ao contrário de hoje em que temos excelentes traduções para o português), as viagens eram mais caras e, no Brasil, vivíamos sob uma ditadura militar, contra a qual muitos de nós tomamos diferentes tipos de atitude. Alguns dos meus colegas foram torturados e mortos. Outros expressaram sua oposição de forma mais cautelosa, mas sempre havia um preço a pagar.

Deixe-me dar um exemplo. Quando fui aprovado em concurso público para professor da faculdade de medicina, um dos muitos agentes do serviço de inteligência que estavam espalhados em todas as instituições disse ao reitor da universidade que eu (e vários outros) não poderíamos ser contratados, pois éramos pessoas subversivas. O reitor não aceitou e arriscou seu trabalho para nos contratar a todos. Só tomei conhecimento dessa situação muitos anos depois, mas esse corajoso professor permaneceu como um bom exemplo de integridade e da importância primordial da democracia. Esta é a minha primeira observação para você: somos antes de tudo cidadãos e tudo o mais, inclusive ser analista, só vem depois. A história nos diz que a psicanálise só pode existir em regimes democráticos, sofrerá em regimes autoritários e foi proibida durante o nazismo e o stalinismo. Por isso sempre me preocupei muito com o mundo e o país em que vivemos, como me preocupo hoje, e muitos analistas compartilham as mesmas preocupações e visões políticas claras sobre a necessidade de preservar e lutar pela democracia, em um momento em que temos tantos líderes e grupos corruptos e perigosos no governo de vários países.

Acho que o ambiente social e político tem influência direta em nossas instituições, entre elas as psicanalíticas. Quando me formei, havia poucos analistas em formação, e o conteúdo teórico predominante era mais rígido do que o cenário pluralista de hoje, e os sentimentos paranoicos entre os candidatos eram mais fortes do que os atuais, pelo que vejo. Por exemplo, os candidatos raramente faziam comentários nas reuniões da Sociedade, e alguns permaneceram como participantes silenciosos por muitos anos. É claro que algumas pessoas sentem-se mais à vontade para participar do que outras, mas o clima predominante não era tão convidativo quanto hoje. Um desenvolvimento importante foi a constituição de associações de candidatos, em cada instituto e em cada país, e a criação da Organização Internacional de Estudos Psicanalíticos (IPSO).

Aqui vai minha segunda sugestão para você: tente participar das reuniões do seu instituto e da Sociedade, ouse fazer perguntas e comentários nos seminários, e não aceite nada sem tirar suas dúvidas, quando for o caso. Se você acha um conceito estranho, injustificável ou até ridículo, compartilhe suas ideias e peça esclarecimentos. Um de meus colegas disse-me recentemente que quando um artigo deixa de retratar extensivamente os principais conceitos de Freud, sempre há colegas que se consideram os guardiões da catedral e, às vezes, reagem como inquisidores. Não se sinta intimidado. Freud não era assim; ele sempre foi capaz de questionar, mudar e discutir. A vontade de passar de um analista ou supervisor para outro era algo impensável quando eu era candidato. Na verdade, não me lembro de uma única situação desse tipo. Não acho que seja um processo fácil, mas hoje é visto como possível e necessário quando o par analítico não trabalha bem junto.

Algo que possivelmente permanece semelhante àqueles tempos, e duvido que isso mude algum dia, é a extraordinária experiência da análise pessoal e, quando funciona bem, as possibilidades e avenidas quase infinitas para sentir, pensar e transformar mente e alma. É uma experiência muito comovente, também, quando posso testemunhar e compartilhar o florescimento da função analítica de novos candidatos; é como se eu vivesse junto com eles o que aconteceu comigo há tantos anos. A supervisão é outra oportunidade fascinante para candidato e orientador redescobrirem, em cada caso, o método analítico e construírem conjuntamente formas de compreender e de dar sentido a cada narrativa que se constrói no campo analítico.

Assim como as mudanças no mundo, a psicanálise também mudou internacionalmente, e sua principal instituição, a Associação Psicanalítica Internacional (IPA), nos últimos anos tem sido uma instituição aberta, pluralista, acolhedora, que soube reconhecer que temos ao menos três modelos de formação; que o mais antigo deles, o modelo Eitingon, poderia tornar-se mais flexível; que nossa formação continua sólida; que nossos congressos são ótimas oportunidades para entrar em contato com muitos colegas criativos; e que estamos cada vez mais ativos na comunidade por meio de vários comitês diferentes, todos com candidatos ativamente envolvidos.

Desde quando eu era candidato, tentei incluir-me na comunidade psicanalítica. Quando alguém visitava nossa Sociedade, e pedia-se que alguém apresentasse material clínico, eu estava sempre disponível. Você pode pensar que teria sido expressão da minha ganância. Em vez de responder que a sua interpretação é maluca, vou concordar com você. Sim, eu estava (e continuo) sempre com vontade de aprender mais, não só por meio da leitura, mas também da vivência de experiências clínicas e institucionais. Acredite, essa atitude foi gratificante, e aprendi muito. Valorizo esses momentos como inspiradores até hoje e frequentemente os uso para ensinar a prática analítica.

Desde aquela época, houve muitos desenvolvimentos teóricos e clínicos, por exemplo, a crescente inclusão da mente do analista no campo analítico e a importância da contratransferência, dos devaneios, das encenações, das transformações e assim por diante. Eu lhe disse antes que no começo minha fé na psicanálise era quase cega. Várias décadas de trabalho contínuo e dezenas de casos de análise depois, posso dizer que hoje tenho uma visão mais realista das possibilidades e das limitações do nosso método.

Atualmente, atendemos pacientes mais regredidos; às vezes trabalhamos com pacientes que também consultam psiquiatras e estão sob medicação; e, na minha opinião, ousamos explorar níveis mais profundos da mente e atender analiticamente, por exemplo, a pacientes idosos. Como escrevi há alguns anos, para mim a psicanálise é um trabalho em andamento; não está e nunca estará pronto; e hoje somos melhores analistas do que Freud, Abraham, Ferenczi, Klein, Winnicott, Bion, Lacan, Green, Mahler, Erikson, os Baranger, Racker e tantos outros. Como isso é possível? Porque temos todos eles conosco, em nossa mente e na sala de análise, bem como nossos analistas, supervisores, professores e muitos pensadores analíticos atuais que não param de nos estimular com suas ideias e mentes criativas. E você, meu caro candidato, e seus colegas serão melhores analistas do que somos hoje, porque você terá mais esses mestres além dos atuais.

Às vezes, podemos nos envolver tanto em nossa carreira analítica e em suas muitas dimensões, por exemplo, as institucionais, que podemos descuidar de algumas áreas fundamentais de nossas vidas. Antes eu lhe disse que todos nós somos primeiro cidadãos, e depois outras coisas, mas talvez agora eu devesse me corrigir e dizer que, de fato, somos primeiro seres humanos e depois todas as outras coisas, inclusive cidadãos. O ser humano precisa ter relacionamentos amorosos, e os primeiros se encontram em nossa família, e depois nas pessoas que amamos e que serão nossos parceiros, nossos filhos, netos e amigos. A meu ver, essas relações são também indispensáveis para alguém ser um bom psicanalista. Há também outros tipos de relações, as relações com literatura, poesia, música, cinema e assim por diante. Não é raro vir à minha mente, no intuito de compreender algo durante uma sessão, o verso de um poema, a frase de um romance ou de uma canção.

Assim, permita-me lembrá-lo de que, apesar do fascínio tantas vezes encontrado em nosso método e suas grandes possibilidades, não se esqueça de viver sua vida, com sua família e seus amigos, seguir seus interesses, os culturais ou artísticos, e não se esqueça de que você não tem apenas uma mente, mas também um corpo, que precisa ser cuidado e exercitado.

Por fim, se olho para frente, tentando imaginar o futuro em que você e seus colegas analistas viverão, não posso deixar de lado uma questão frequentemente suscitada, às vezes com grande preocupação, sobre o futuro da psicanálise. Considerando tantos desafios do presente, tantos tratamentos concorrentes, tantas situações difíceis em muitos lugares em relação aos sistemas de saúde, algumas pessoas pensam que a psicanálise não sobreviverá.

Lembre-se de que essa previsão sombria foi feita muitas vezes, até na época de Freud, e aqui estamos, vivos e plenos de desenvolvimentos, atividades, reuniões, publicações e trabalho analítico onde há instituições analíticas, ou analistas praticantes, mas também novos grupos analíticos que têm se estabelecido em todo o mundo. Portanto, não tenha medo do futuro e dos muitos desafios que você precisará enfrentar, como nós e nossos antecessores fizemos e continuamos fazendo. Trabalhe muito, leia muito, aproveite sua vida, procure sentir prazer no que faz, não esqueça que você também é um cidadão de seu país e do mundo, e estou confiante de que terá as mesmas recompensas e sentimento de realização que eu e muitos colegas meus estamos felizes de compartilhar hoje.

Desejo-lhe uma feliz jornada futura, plena de momentos bons, ruins, mas sempre inspiradores em nosso trabalho em andamento compartilhado, a psicanálise.

6. Theodore Jacobs

Nova York, EUA

Caro candidato,

Tenho quebrado a cabeça pensando no que posso dizer-lhe que seja valioso, tanto durante seu período como candidato quanto nos anos seguintes. Não surpreendentemente, o que achei foi o que considerei útil do ponto de vista pessoal durante meus anos de prática. Parte do que tenho a dizer consiste em palavras de orientação e conselhos que me foram passados por professores e autoridades admiradas do nosso campo; a outra parte são simplesmente reflexões extraídas da minha experiência como aluno e professor.

Na primeira categoria, penso nas afirmações feitas a mim e a outros pelo falecido Charles Brenner, com quem trabalhei de perto por mais de quatro décadas. Brenner era uma pessoa de fortes convicções sobre a teoria e a prática psicanalíticas, que transmitia de forma clara em seus ensinamentos e extensos escritos. Eu não apoiava tudo o que Brenner ensinava – para mim ele subestimava a importância da psicologia do analista no processo, por exemplo –, mas o que ele tinha a dizer sobre como tratar os incômodos sentimentos contratransferenciais com os quais todos nós precisamos lidar de tempos em tempos ficou em minha mente e é algo a que recorri inúmeras vezes quando sentimentos negativos em relação a um paciente ameaçam detonar e prejudicar o tratamento.

Brenner dizia: "Lembre-se sempre de que os pacientes só podem comparecer aos nossos consultórios, isso é tudo o que podem fazer. Não importa que possam estar irritados, hostis ou provocativos, não importa que estejam recalcitrantes aos nossos melhores esforços, eles são quem são nesse momento e não podem ser de outra forma. Nosso trabalho é entender o que os levou a serem as pessoas que são e ajudá-los a entender e resolver melhor as soluções mal-adaptativas para seus conflitos que estão por trás da infelicidade que os trouxe até nós".

Você pode responder: tudo isso é verdade, mas é muito mais fácil falar do que fazer. Concordo. Essa atitude em relação aos nossos pacientes representa um ideal que muitas vezes deixamos de cumprir, mas descobri que apenas manter as palavras de Brenner em mente, em momentos de estresse, ajudou-me a não agir com base em sentimentos contratransferenciais negativos. Recordar as palavras de Brenner em geral também me ajudou a adquirir uma postura mais positiva e útil no trabalho com pacientes mais difíceis e emocionalmente desafiadores.

Outro comentário de Brenner que permaneceu comigo ao longo dos anos diz respeito ao número de teorias, muitas conflitantes, a que os alunos são apresentados hoje em dia. Se é uma situação confusa para profissionais experientes, é incomensuravelmente mais difícil para candidatos que procuram aprender os princípios básicos da teoria e da prática analíticas. Como os alunos podem saber quais teorias são válidas e podem servir de guia para o seu trabalho clínico e quais não se sustentam na prática?

Sobre esta questão, as palavras de Brenner foram claras e, acredito, úteis na prática.

Ele disse: "Deixe seus pacientes serem seus professores. O material analítico que vem diretamente do divã fornece os melhores meios de avaliar que teorias são válidas e confiáveis e quais não passam nesse teste. Teorias que se baseiam em evidências clínicas e podem ser confirmadas por elas provavelmente serão sólidas e úteis. As que são atraentes do ponto de vista intelectual, mas não correspondem ao que os pacientes de fato nos trazem em sessões de análise são simplesmente especulativas e tendem a não ser guias confiáveis para o trabalho analítico".

Embora talvez simplista em alguns aspectos – a ideia de Brenner não fala da questão de pensamentos e fantasias inconscientes –, descobri que é uma boa maneira de começar a classificar o labirinto de visões e posições teóricas conflitantes com as quais somos assaltados no mundo psicanalítico atual.

Ao longo dos anos, também tive em mente, e tentei aplicar em meu trabalho, um modo de pensar sobre os pacientes articulado por um dos grandes colaboradores de nossa área: o falecido Hans Loewald.

Não pense em seus pacientes apenas como são agora, mas como ainda poderão vir a ser, aconselhou Loewald. Em minha opinião, é uma afirmação profunda, pois contém em si duas ideias centrais: (1) o analista como portador de esperança para seus pacientes e (2) a visão que tem deles e de suas perspectivas de crescimento e mudança, apesar de não verbalizada, é inevitavelmente transmitida aos pacientes e tem impacto importante, embora nem sempre reconhecido, no andamento e no resultado do tratamento.

Segundo Loewald, nossos pacientes nos captam exatamente como nós os captamos, e respondem às nossas atitudes não declaradas em relação a eles de maneiras não muito diferentes de como a criança é afetada pelos pensamentos e fantasias não explícitos de seus pais a respeito dela.

Nessa mesma linha, também tentei manter em minha mente as palavras da máxima de Freud de que sempre devemos tratar nossos pacientes como convidados de honra em nossas casas.

Novamente, esse ideal não é facilmente realizável. Não conseguimos sustentar essa atitude o tempo todo com eles. Contudo, é uma verdade que expressa a ideia importante de que a cortesia e o respeito com que os tratamos funcionam, juntamente com a percepção, a interpretação e a resolução de conflitos, como elementos essenciais na ação terapêutica da psicanálise.

Neste momento, você pode estar se perguntando quando – e se – vou descer do pódio de pregador. Não o culpo por sua impaciência, mas se tiver paciência comigo, tenho apenas mais alguns conselhos pedantes a oferecer.

O primeiro diz respeito ao que e a como se aprende durante a época como candidato. Hoje existe uma tendência de menosprezar a literatura clássica da psicanálise. Estou falando de Freud e seus contemporâneos, que escreveram do início até a metade do século XX.

Acredito que isso seja um erro e espero que não o cometa. Aproveitar a oportunidade de mergulhar na escrita e no pensamento dessas figuras notáveis que foram nossos antepassados lhe proporcionará uma base insubstituível para seu trabalho como analista. Será possível aprender como nosso campo se desenvolveu; que ideias, teorias e abordagens clínicas se mostraram valiosas e quais precisaram ser descartadas; e como chegamos aonde estamos hoje. Isso pode parecer sem importância e irrelevante para o seu interesse de aprender a analisar, mas esse tipo de educação clássica enriquecerá sua compreensão não apenas do campo da psicologia profunda, mas das abordagens que médicos experientes adotaram ao trabalhar com pacientes não muito diferentes dos que surgirão em seu consultório hoje. Um corolário óbvio desse antigo conselho apaixonado é a importância da leitura. Menciono isso porque, como professor, tenho notado a tendência cada vez maior entre os alunos de apenas passar os olhos pelas leituras designadas ou simplesmente não as ler.

Entendo a carga enfrentada enquanto candidato, bem como a necessidade de ganhar a vida e cumprir as responsabilidades com sua família e a dificuldade de encontrar tempo para as leituras do curso, no entanto, insisto que leia o máximo possível. Não há substituto para esse mergulho em nossa literatura e o aprendizado com as melhores mentes do nosso campo. Cursos sobre técnica e supervisão são valiosos, mas, sem ler muito e aprender os princípios em que a técnica analítica se baseia, tendem a tornar-se simplesmente lições utilitárias que conduzem a maneiras mecânicas de trabalhar. Com certeza, você não gostará de se perceber trabalhando assim.

Só mais uma coisa. Entre analistas e institutos de psicanálise, existe a tendência de não só favorecer determinado ponto de vista – freudiano, kleiniano, relacional etc. –, mas menosprezar outros com os quais discordam. Essa atitude prevalecia durante minha formação, juntamente com a proibição implícita aos candidatos de se interessarem por outros pontos de vista fora e além dos de seu instituto. Hoje as coisas estão mais abertas. Os candidatos são expostos a uma série de teorias ensinadas com respeito. No entanto, em certa medida, a atitude mais antiga permanece em vários institutos e entre alguns professores. Isso implica mais que favorecer um ponto de vista específico. Comunica uma atitude negativa e muitas vezes desdenhosa em relação às teorias rivais. Essa mensagem tem efeito poderoso nos alunos que se identificam com seus professores e com a posição de seu centro de formação. Resulta em redução da receptividade do aluno a ideias novas e diferentes e induz a uma espécie anticriativa e, em última análise, funesta de conformidade de pensamento.

É muito melhor e muito mais esclarecedor abordar a rica gama de ideias e teorias em nosso campo atual com a atitude adotada por maestros das orquestras de categoria mundial. Os melhores têm enorme apreço por uma ampla variedade de estilos e abordagens musicais. E conduzem com o mesmo entusiasmo compositores tão variados e diferentes quanto Handel e Mozart e Beethoven e Stravinsky e Philip Glass. Eles têm seus favoritos, sem dúvida, e sabem que alguns compositores são muito mais talentosos que outros. Mas procuram e valorizam o que é singular e valioso em cada obra que regem.

Essa atitude aberta e abrangente será boa para você. Permitirá que você procure e encontre o que é único e valioso nas ideias e teorias às quais for exposto, em vez de fechar sua mente para elas e perder formas de pensar que poderiam ampliar e aprimorar sua compreensão dos pacientes e proporcionar mais ferramentas para trabalhar com eles.

Em suma, tente não cair nas atitudes preconceituosas e chauvinistas ainda vigentes em nosso campo. Ao contrário, esforce-se para abrir sua mente, aprenda tudo o que puder e, em seguida, teste o que aprendeu com sua própria experiência clínica.

E confie na sua intuição, no funcionamento do seu inconsciente. A análise é tanto uma arte quanto uma ciência e, como analista, é preciso respeitar o artista que trabalha em você. A verdadeira compreensão não vem da aplicação de teorias ou da técnica analítica correta. Isso ajuda a sintonizar sua mente para os comprimentos corretos de onda, mas é a sua confiança e abertura à sua própria mente – que trabalha silenciosamente, alcançando e fazendo contato com a mente de outra pessoa – que produz o lampejo de compreensão, os *insights* convincentes que trazem luz para uma pessoa que tem vivido na escuridão e perdeu-se no caminho. Essa compreensão, essa ressonância com os medos e anseios mais profundos de nossos pacientes, os faz se sentirem conhecidos, transmite a empatia do analista, desperta esperança e os ajuda a ganhar coragem para enfrentar os demônios internos que foram fonte de tanta dor em suas vidas.

Desejo-lhe muito sucesso em sua futura carreira.

7. Paola Marion

Roma, Itália

Caro candidato,

Pensando na jornada que você está começando, ao compará-la com a minha, a primeira coisa que me vem à mente é como você está sendo corajoso. Quase trinta anos se passaram desde que fiz minha formação. Se a sua paixão e a de todos aqueles que estão trilhando esse caminho são as mesmas de então – e observo isso nos seminários que fazemos juntos, nas supervisões, no seu envolvimento com outros jovens colegas –, então, a única coisa o que mudou é o mundo ao nosso redor e as condições em que você começará a exercer sua profissão. São mudanças profundas, e só as noto de passagem. Parece que se rompeu um senso de continuidade. Pode haver múltiplas razões e causas externas para isso: houve o fenômeno da globalização; a chegada da internet; o uso das redes sociais e da realidade virtual, que altera profundamente as dimensões de espaço e tempo, permitindo a extensão mágica de fronteiras; as conquistas da biotecnologia; sem contar outros momentos que nos marcaram profundamente, como o 11 de setembro ou a crise econômica de 2008. Tudo isso e muito mais ainda estava longe quando comecei minha formação e, naquela época, podíamos olhar para o futuro com maior senso de continuidade da tradição.

É natural que os saltos geracionais tragam mudanças radicais, mas esses dos quais falamos e os quais vivemos parecem marcar a paisagem antropológica. Bollas chama a época atual de "a era da perplexidade" para indicar que o que aconteceu ocorreu em nível profundo e afetou a consciência ocidental: algo que nos acompanhou ao longo do tempo e parecia muito familiar à minha geração e às anteriores parece estar em perigo. Bollas nos oferece uma forma de olhar para isso e de refletir acerca de como o mundo digital, o mundo da realidade virtual, que dá mais ênfase aos meios de comunicação que ao seu conteúdo, desestimula o desejo de contato com o mundo interno, a ânsia de investigá-lo, explorá-lo e buscar seus significados.

É uma mudança profunda na qual você também está imerso, bem como os pacientes que virão consultá-lo, mudança ligada às situações clínicas que encontramos e que você agora encontra e encontrará em seu trabalho. De fato, nos vemos cada vez mais diante de pedidos de ajuda e tratamento de pessoas extremamente ansiosas, aterrorizadas pelo contato consigo e com o outro, aterrorizadas pela dependência e pela intimidade; indivíduos em que a *ação* predomina sobre o pensamento. Ou então nos encontramos na presença de pessoas que têm grande dificuldade de respeitar o *setting* analítico clássico, que, em virtude de seu trabalho, entre outras razões, precisam estar constante ou frequentemente em movimento, mas que também já se acostumaram a considerar como um fato da vida que não se para mais para refletir por um tempo sobre si mesmo, não se tira ou dá-se tempo para isso. Estou falando de um grande número de pacientes que nos colocam numa situação paradoxal. Seu funcionamento aparentemente adequado no plano social esconde um vazio psíquico, a ausência de uma realidade interna com a qual se medir, a incapacidade de estabelecer uma relação profunda consigo próprio ou com os outros.

Não é por acaso que cada vez mais deparamos com a tarefa de "construir o paciente de análise", como há algum tempo a literatura científica vem chamando esse fenômeno. Fenômeno esse totalmente ausente durante a minha formação e que, com certeza, não se cogitou entre os problemas criados no início da análise para a formação. Esse cenário, que indica um clima externo menos predisposto a reflexão e investigação interna e mais voltado para funcionalidade e resultados práticos, torna nossas condições de trabalho mais delicadas e complexas e torna mais sutis e penetrantes as defesas que podemos desenvolver para contestar o sentimento de insegurança e dificuldade que isso nos causa. Como Freud escreveu: "O novo sempre despertou perplexidade e resistência".

O tema é mais delicado ainda para pessoas que, como você, além de se dedicarem ao aprendizado e ao exercício da profissão e, portanto, estarem mais preocupadas em corresponder aos critérios de formação, ao mesmo tempo se empenham na construção da sua identidade analítica pessoal. Que tipo de impacto as transformações atuais têm nesse processo? A realidade externa a nós, mas dentro da qual nossa profissão se movimenta e os tipos de pacientes que mencionei antes colocam-nos em contato direto com o conflito entre o ideal analítico, ideal ao qual eu e os colegas da minha geração nos referimos quase naturalmente e com o qual naturalmente tendíamos a nos identificar quando éramos jovens analistas, e as atuais demandas de tratamento que, em primeira instância, parecem estar em conflito direto com esses princípios, ou empurrar para a expansão e a extensão das regras e condições que caracterizam o *setting*. Em suma, você como jovem candidato deve levar em conta a alteração do panorama atual e aprender mais rapidamente a tolerar a instabilidade e a incerteza provocadas pela dificuldade de encontrar pacientes com características analíticas adequadas. Acho que nosso papel, tanto em seminários quanto em supervisões, deve direcionar-se para ajudá-lo a suportar a carga emocional que isso traz, para ajudá-lo a aprender a responder às demandas de prováveis pacientes com uma flexibilidade que não altere o caráter específico da experiência psicanalítica e aprender a observar com curiosidade os novos cenários, a extensão do método que eles exigem e os desafios que colocam.

Gostaria que o ensinamento que oferecemos a você e seus jovens colegas não promovesse uma cisão entre a psicanálise ideal e a que acontece de verdade, o que de fato fazemos na sessão. A publicação dos princípios psicanalíticos, do inconsciente e dos dispositivos analíticos para acessá-lo, da transferência e da contratransferência e do método da associação livre deve ser acompanhada da promulgação de uma psicanálise a serviço do paciente, e não o oposto, como às vezes ainda encontramos. Isso significa cuidar para receber os pacientes de acordo com o que são, na forma como se relacionam com seus objetos, com a qualidade afetiva de suas trocas e com a construção da relação. Essa parte do trabalho diz respeito a um processo em que há menos certezas, que envolve mais a sensibilidade do analista e a capacidade de trabalhar com o que está mais próximo do paciente, como sustentam nossos colegas Busch e Bolognini. Não é uma situação fácil para quem ainda está no processo de formação e sente necessidade urgente de se reconhecer e ser reconhecido pela instituição que também garante sua identidade. Você e seus colegas estão procurando respostas, e a tentativa de tolerar o peso da incerteza pode deixá-lo sentindo-se desanimado e assustado.

A relação com uma dimensão ideal faz parte do crescimento formador. O conflito criado entre a adesão a um ideal psicanalítico e o terreno acidentado da prática clínica também pode suscitar defesas de difícil enfoque e que podem comprometer o desenvolvimento dos candidatos. Uma delas diz respeito ao que Rangell em 1982 e mais recentemente Bolognini chamaram de transferência para teorias. É uma reflexão valiosa que não encontrei em minha jornada analítica e diz respeito à qualidade da relação transferencial que o psicanalista mantém com sua teoria psicanalítica pré-selecionada ou com um autor específico, e com o grupo que se forma em torno dessa ideia. Bolognini nos falou dos perigos que surgem da identificação muito forte e exclusiva com um autor ou uma escola, ajudando-nos a entender que esse tipo de transferência pode funcionar como defesa. Mas uma defesa contra quem ou o quê? A identificação exclusiva com um "imensurável genitor único" (Bolognini) – quer isso se refira a um autor, teoria ou grupo – pode criar a ilusão de se viver em uma fortaleza segura que nos protege da percepção de nossas limitações e dos sentimentos de insegurança e fragilidade que acompanham a construção de uma identidade e podem nos levar a acreditar que somos mais fortes do que as outras pessoas. Estando fora do nosso controle, esse tipo de identificação pode representar uma compensação narcísica contra a solidão a que nosso trabalho nos submete, que você está começando a vivenciar, e contra a incerteza de não saber. A identificação *exclusiva* com um autor ou uma teoria tem duas consequências: por um lado, bloqueia o desenvolvimento da associação livre, tão importante na prática clínica, mas também na teoria – o debate polifônico interno –, e resulta em enrijecimento da posição interna do analista, prejudicando sua escuta; por outro, contém o perigo insidioso de encerrar-se em uma dimensão endogâmica e autorreferencial que se reproduz ao longo das gerações e tende a descartar a comparação criativa tanto no plano clínico quanto no cultural e institucional. Construir uma boa democracia interna significa aceitar a alteridade e manter viva a curiosidade a respeito dela. O inconsciente em si é alteridade. O que buscamos é reconhecê-lo em nós, no paciente e no casal analítico nas múltiplas formas em que se revela.

A identificação *com* um grupo é o oposto do trabalho *de* grupo e do trabalho *em* grupo, que é a ferramenta mais importante para comparação e desenvolvimento do pensamento. A democracia interna a que aspiramos nutre-se por essa forma de troca e representa um ingrediente fundamental do processo de formação, o antídoto mais poderoso contra a dimensão do familiar e do endogâmico. Na verdade, no grupo encontramos a alteridade de pensamento e da maneira como abordarmos o material clínico e lemos a teoria, lidando com a "coexistência incômoda" (Ogden) de pontos de vista diferentes e contrastantes. Isso nos ajuda a sair de nossa autorreferência, a ter dúvidas e voltar para nós mesmos com algo mais ou algo diferente. Essa nova dimensão, que era menos explorada e menos valorizada quando eu estava em formação, precisa ser cuidadosamente cultivada e fomentada. Esse tipo de experiência se expande quando passamos do contexto doméstico para o internacional. Nesse novo ambiente expande-se o perímetro do grupo e acrescenta-se um aspecto desconhecido, estrangeiro, tanto em termos de pessoas quanto de linguagem, que põe em jogo com mais intensidade o sentido de nossa identidade analítica, sobretudo para quem ainda está em formação.

Em minha opinião, a experiência internacional – em doses cuidadosas, é claro – deve fazer parte do processo de formação e ser apoiada por analistas didatas. Ressalto isso pois parece ter faltado em minha formação, e eu o fiz um pouco "sozinha", sem apoio e participação ativa dos meus professores. A dimensão internacional estimula sentimentos muito intensos de alteridade e estranheza em comparação com a atmosfera familiar da instituição de formação, mas ao mesmo tempo dá uma sensação de comunidade mais ampla e de rede dentro da qual estamos e na qual nos reconhecemos. O clima pedagógico se expande e estimula a sair da esfera tranquilizadora do que você sabe. Lembrando o que aconteceu comigo quando tive a experiência de contexto internacional, associo-a à recuperação de uma dimensão adolescente: a candidata sai de casa e se aventura em um espaço mais amplo do que a sua família nuclear de origem oferece. Sair para o mundo é muito excitante e, no entanto, é exatamente nessa transição que a pessoa tem ainda mais necessidade de sentir-se apoiada por analistas parentais, supervisores e professores.

Quando o continente institucional se expande para incluir instituições supranacionais, isso provoca uma transferência ambivalente. De fato, se por um lado esse tipo de participação representa uma ampliação do processo de amadurecimento do candidato a analista e é investido de níveis elevados de curiosidade, tornando-se um lugar para criar vínculos fortes e dar vida a movimentos transferenciais positivos, por outro significa encontrar um limite, limite estabelecido pelo estrangeirismo, incluindo o estrangeirismo da língua, e pelo redimensionamento dos processos de idealização ligados ao desenvolvimento e à identidade pessoal como membro de uma sociedade profissional, com manifestações de transferência negativa. Ambas as manifestações de transferência devem ser acolhidas, reconhecidas e trabalhadas na análise pessoal, nos seminários e nas supervisões. As duas dimensões, a internacional e a do grupo, opõem-se à ideia da formação como "seminário teológico", como denominado por Kernberg, e ainda são o melhor antídoto para o perigo que mencionei antes, da endogamia e do familismo, que representam uma "degeneração narcísica dos mecanismos de filiação" (Ruggiero).

Só existimos em relação ao outro. Seu esforço deve direcionar-se ao encontro com a alteridade, a do grupo de colegas, tanto os mais próximos quanto os mais distantes, a alteridade do paciente e sua história, a alteridade da multiplicidade teórica e a da realidade externa e do contexto sociocultural ao nosso redor, que entra em nossos consultórios. Os vários níveis de alteridade, e como você os aceita, contribuem para a construção de sua identidade analítica e caracterizarão o que você se tornar. Elias Canetti, mais poeticamente, escreveu sobre "o poder de conter muitas coisas dentro de si, por mais contraditórias que sejam, de aprender que tudo o que parece irreconciliável no entanto subsiste em seu próprio ambiente, e de sentir isso sem perder-se no medo, mas, ao contrário, sabendo que é preciso chamá-lo pelo próprio nome e meditar a respeito".

Pontalis fala do "teste do estrangeiro", que ele associa à alteridade que vive dentro de nós. Ele afirma que o "privilégio da migração" é o que caracteriza a análise como uma disciplina essencialmente migratória: de uma língua ou dialeto a outro, de uma cultura a outra, de um conhecimento a outro. Nessa capacidade migratória, na capacidade de tolerância ao encontrar o outro, dúvida e incerteza está o cerne da experiência analítica. Considero que a tarefa/dever de migrar e aprender a migrar também é um bom material para reflexão, estímulo e aprendizado em relação à sua experiência formativa e à sua formação.

8. Otto F. Kernberg

Nova York, EUA

Caro candidato,

O fato de não o conhecer me permite responder apenas algumas das inúmeras perguntas que você possa ter neste momento e tomar cuidado com conselhos não solicitados. Para começar: vale a pena tornar-se psicanalista neste momento, em que a psicanálise está sendo amplamente questionada e criticada – às vezes com razão (direi mais a esse respeito adiante). A psicanálise, creio, é a teoria mais profunda e abrangente sobre as funções, a estrutura, o desenvolvimento e a patologia da mente humana. Proporciona também um espectro de psicoterapias de base psicanalítica, inclusive o tratamento psicanalítico clássico ou padrão, e várias psicoterapias derivadas e de validação empírica. Além de ser um instrumento potencial único para a pesquisa da mente.

Como é possível obter uma boa formação? Idealmente, selecione um instituto de psicanálise que não seja muito pequeno e tenha ao menos alguns estudiosos em geral reconhecidos e destacados no seu campo, bons professores, pesquisadores, especialistas reconhecidos além dos limites de sua instituição e generosos em seu compromisso com a educação psicanalítica. Ajuda se a instituição psicanalítica fizer parte ou estiver ligada a um departamento universitário de psiquiatria, psicologia clínica ou serviço social. Se você não for psiquiatra, seria decisivo passar por um período adequado de formação clínica em um departamento de psiquiatria, para aprender a psicopatologia de toda a gama de doenças psiquiátricas, diagnóstico diferencial, tratamento e noções gerais sobre a relação da doença psiquiátrica com a medicina.

Se a instituição escolhida favorecer a escolha de analista didata da sua preferência pessoal, por qualquer canal de informação que você tiver, será ainda melhor. Se não tiver esse tipo de informação ou possibilidade, torna-se ainda mais importante que seu instituto tenha boa reputação como instituição educacional séria, bem-organizada e eficaz – ainda que tenha também uma aura correspondente de rigidez e conservadorismo (direi mais a respeito adiante).

Sua análise pessoal, conduzida por um analista capaz, alerta, sensível, conhecedor e de mente aberta, dependerá em grande parte de você! Sua curiosidade sobre o desconhecido em si mesmo e sua abertura para o inesperado em você o guiarão. Você não aprenderá "como" em sua análise: contra suas possíveis expectativas de aprender técnica psicanalítica com seu analista, você descobrirá que aprende técnica psicanalítica com os professores dos seminários e, mais importante, com seus supervisores. Se os supervisores forem designados para você: tente influenciar essas seleções, obtenha o melhor que puder encontrar em seu instituto. E não tenha vergonha de procurar em particular os grandes supervisores, mesmo (ou preferencialmente) fora dos limites do seu instituto. Você precisará continuar com supervisão pessoal mesmo após se formar (se quiser realmente tornar-se especialista!).

Acabei de ressaltar a necessidade de expansão individual de seus horizontes, além do programa educacional concreto obrigatório. As principais tarefas que você precisará realizar sozinho: (a) desenvolva sua própria teoria integrada da técnica com base em todas as respectivas informações, supervisão e aprendizado teórico recebidos. O campo é complexo, dividido em escolas antagônicas de pensamento, e não há à disposição nenhum "livro didático" de técnica de fato integrado (em qualquer idioma). (b) Tente ser aluno convidado, por algum tempo, em um instituto com orientação teórica e técnica definitivamente diferentes do seu. Será necessário tentar conseguir isso por si sem arrumar problemas em seu instituto. (c) Leia o máximo que puder, mas seletivamente. Estude os livros com cuidado antes de comprá-los, independentemente de quem os recomende. Você descobrirá quantas publicações repetitivas e basicamente vazias são lançadas no mercado. Leia os principais textos de sua abordagem psicanalítica e das antagônicas. Os dicionários clássicos de psicanálise proporcionam um sistema de orientação geral e extremamente útil. Refiro-me a Laplanche e Pontalis (pontos de vista de Freud e compreensão clássica francesa); Auchincloss e Samberg (uma visão geral da psicologia do ego estadunidense, mas muito aberta); Salman Akhtar (uma abordagem crítica individual); e Spillius et al. (uma abordagem kleiniana clara e abrangente). Existem vários outros, mas a combinação desses quatro deve ajudar a esclarecer áreas diferentes e controversas.

Se você ainda não desistiu de mim, eu o incentivo também a tomar conhecimento das ciências que fazem fronteira com a psicanálise. (1) A neurobiologia da mente, a relação entre as estruturas neurobiológica e intrapsíquica: Freud teve interesse fundamental nessa dimensão e, se estivesse vivo, com certeza já teria modificado de forma significativa suas teorias. (2) O campo psicossocial: a psicologia e a psicopatologia de casal, família e grupos sociais, a aplicação da psicanálise a esses domínios e o aprendizado com eles. (3) A relação da psicanálise com as humanidades: filosofia, arte etc.

E, além de tudo o que você está aprendendo, deverá incluir psicoterapias psicanalíticas especializadas, suas indicações, contraindicações e técnicas! Nesse aspecto existe grande deficiência em muitos institutos de psicanálise: descuido em relação às psicoterapias psicanalíticas, limitação autoimposta à psicanálise clássica, e desconsideração, quando não desconfiança direta e rejeição, da pesquisa em psicanálise. Esses são os principais problemas que a psicanálise hoje enfrenta, e os institutos estão apenas começando a lidar com eles. Você deve liderar o jogo! Sua prática profissional deve refletir o interesse em um amplo espectro de pacientes: tratamento de crianças e adolescentes, transtornos graves de personalidade ou mesmo a atual abordagem analítica da psicose.

Finalmente, algo acerca da sua vida pessoal: a psicoterapia começa onde o bom senso termina. A riqueza de suas experiências pessoais no amor e no sexo, no trabalho e na profissão, na amizade e nos compromissos sociais proporcionará uma abertura mais ampla às experiências e aos conflitos de seus pacientes.

Boa sorte!

9. Stefano Bolognini

Bolonha, Itália

Caro candidato,

O fato de eu ter 70 anos não me impede de lembrar vividamente tanto da minha condição objetiva inicial quanto da minha experiência subjetiva quando era candidato: minha infância e minha juventude ainda estão absolutamente vivas em minha mente, e me lembro das coisas exatamente como aconteceram.

Então, permito-me iniciar um diálogo intergeracional com você, esperando ser suficientemente capaz de me colocar no seu lugar.

No entanto, sem dúvida, vejo não apenas algumas semelhanças, como também diferenças objetivas entre a minha era psicanalítica e a sua. Estou usando deliberadamente aqui esse termo ultra-amplificador "era", que significa "longos períodos históricos", porque em nosso campo ocorreram mudanças muito notáveis após algumas décadas.

Quando iniciei minha formação em análise (1976), a psicanálise ainda estava bem representada nas universidades e havia consolidado consideravelmente sua presença e seu prestígio no meio acadêmico e cultural de muitos países. Uma classe média culta (o berço clássico de nossa atividade) existia mais ou menos em toda a Itália, e a atração por nosso tratamento era elevada. O número de nossos concorrentes (outros tipos de terapeutas, instrutores, *coaches* etc.) não era tão grande quanto hoje e, de modo geral, as pessoas estavam muito mais interessadas em sua evolução e seu crescimento interior do que estão atualmente.

Por outro lado, nós, os candidatos, éramos muito mais limitados em nossa visão da psicanálise tanto como método científico quanto como profissão, porque nossos contatos naquela época geralmente estavam circunscritos ao nosso próprio instituto local, com pouca ou nenhuma informação e contato com o restante do mundo psicanalítico. Nossas ferramentas teóricas e técnicas nos eram fornecidas apenas pela leitura de Freud e de alguns pioneiros como Abraham, Ferenczi e Melanie Klein e pelas lições e roteiros de nossos principais mestres nacionais, que eram nossas únicas fontes e objetos de identificação.

Houve quase nenhum ou muito pouco contato com nossos colegas de outros países, enquanto hoje esses contatos florescem internacionalmente, graças à Associação Psicanalítica Internacional (IPA) e à sua associação de candidatos, a Organização Internacional de Estudos Psicanalíticos (IPSO).

Em minha opinião, o seu processo educacional atual é melhor que o nosso: mais ideias em circulação; mais intercâmbios em vários níveis; idealização menos "religiosa" de teorias sagradas, indiscutíveis localmente; e em geral mais espaço para novas explorações em um ambiente mais amplo de abertura mental.

O que poderia ser pior para você hoje em comparação com a condição da nossa geração anterior?

Grosso modo, parece-me que há mais dificuldade de conseguir pacientes adequados para começar uma análise de alta frequência plena desde o início, porque hoje muitos pacientes têm conflitos sérios e fundamentais a respeito de depender de um objeto, de maneira que aprender a ter uma dependência temporária (para chegar afinal à interdependência criativa) tornou-se passagem específica e crucial do processo psicanalítico.

Quando eu era um jovem candidato, o contrato analítico clássico e a frequência eram aceitos sem hesitação pela maioria dos pacientes, apesar das minhas evidentes juventude e inexperiência, e independentemente da condição econômica ou com ajustes recíprocos e realistas.

Basicamente, não havia especial relutância em depender da análise, porque naquela época muitas vezes o principal problema era um superego opressivo que tornava a vida dos pacientes extremamente problemática, mas o qual consideravam uma presença normal em suas vidas e, às vezes, algo em que confiavam de forma conflitante. *Em nossa cultura contemporânea, frequentemente o maior obstáculo é o ego ideal narcisista, que torna a dependência de um objeto (em geral equivalente a um objeto parental* tout court*) uma condição inaceitável e humilhante.*

Talvez eu esteja errado, mas tendo a imaginar que em vários casos será preciso "criar o paciente de análise" passo a passo, começando o tratamento como for possível de início e trabalhando para aprofundar o vínculo no sentido de aumentar progressivamente a convivência psíquica com o paciente e, com esperança, chegar à cooperação analítica verdadeira visando investigar o inconsciente: esse é um desafio novo em psicanálise, relacionado a um mundo humano em mudança.

Além disso, a menos que você viva em um país remoto, não usufruirá o status – capaz de inflar o narcisismo – de pioneiro que muitos colegas de gerações anteriores viveram; por outro lado, terá muito mais ferramentas teóricas e clínicas à sua disposição e a oportunidade de flutuar em uma comunidade mais ampla para confrontar e compartilhar suas experiências.

Em suma, comparando minha situação inicial como candidato com a sua, eu diria que provavelmente tivemos ilusões idealizadoras mais grandiosas (como de alguma forma sermos "pioneiros"; obtermos com facilidade pacientes carentes pedindo para serem salvos por meio do tratamento clássico; lidarmos com uma teoria unívoca e indiscutível que tudo explica) para serem progressiva e realisticamente reduzidas à proporção adequada pela experiência. Embora hoje seja possível ter instrumentos analíticos mais consistentes e refinados, uma comunidade profissional mais avançada e uma consciência diferente do psicanalista contemporâneo acerca da mentalidade humana, os usos, a organização interna e a disponibilidade para investir estão mudando com rapidez na atitude relacional do sujeito com o objeto.

Em minha opinião, o que, ao contrário, permanece substancialmente inalterado é o fato de os analistas serem, realmente, os únicos donos das chaves para a porta do inconsciente e os únicos guias possíveis para os pacientes que necessitam de mudanças profundas e estáveis em suas vidas.

Isso não é suficiente para motivá-lo a tornar-se especialista, exatamente como era há 40 ou 50 anos?

Caro colega, desejo que você tenha essa oportunidade única e conclua feliz seu caminho rumo a esta profissão "impossível", mas fascinante.

10. Cordelia Schmidt-Hellerau

Chestnut Hill, EUA

Caro candidato,

Você fez uma ótima escolha ao decidir fazer formação psicanalítica! Trabalhar com a mente humana é imensamente fascinante. Não há dois pacientes iguais, mesmo que tenham o mesmo diagnóstico. Seguir as estratégias específicas de defesa do ego de seus pacientes quando confrontados com desafios e oportunidades e experimentar o surgimento de suas fantasias inconscientes e teorias infantis sempre lhe trará admiração e espanto como recompensa. Todo o sofrimento que o paciente coloca em seu divã ou poltrona, para afinal acessarem e resolverem em conjunto os conflitos inconscientes centrais e as crenças que estão em sua raiz, trará esclarecimento e prazer aos dois. Nunca se esqueça: que outra profissão lhe permitiria perder tempo com sonhos, observar suas intrincadas camadas de significado e apreciar a beleza, a sagacidade e até a franqueza arcaica de suas imagens? Como essa complexidade é o que torna a psicanálise uma profissão tão intrigante, obviamente estudá-la é tarefa difícil.

Aos dezessete anos, quando li *Um esboço de psicanálise*, fiquei instantaneamente cativada pela compreensão de Freud sobre a mente humana. Seu respeito pelos desafios e pelas fixações do desenvolvimento infantil e suas reverberações na vida do adulto, a análise do poder da realidade interna de seus pacientes, a percepção das reviravoltas dos sintomas neuróticos e a compaixão pela ansiedade e pela dor que causam afetaram-me profundamente. Ler como ele explorou a vida psíquica e construiu sua teoria da mente me fez desejar ser psicanalista. Até hoje, considero os processos de pensamento de Freud muito estimulantes e recomendo que você leia sua obra o quanto antes e da forma mais completa possível, e então – após ter mergulhado na literatura psicanalítica posterior e contemporânea – volte de vez em quando aos escritos dele. Por mais que grande parte de nossa cultura atual se empenhe em criticar Freud (menosprezando sua obra e seus conceitos como ultrapassados e obsoletos), tente julgar por si próprio. Prometo, você ficará surpreso e inspirado.

Minha decisão de iniciar a formação psicanalítica em Zurique, na Suíça, foi um passo importante. Senti tanto entusiasmo quanto apreensão ao me deitar no divã analítico para minha primeira sessão. Senti-me igualmente animada e apreensiva ao me sentar pela primeira vez como candidata atrás do divã, no qual minha primeira analisanda acabara de se colocar. Como fazer isso de maneira correta?

Felizmente – como era requisito da Sociedade Psicanalítica Suíça (SPS) – minha análise didática já estava em seu segundo ano. Participei de alguns seminários e um supervisor ajudou-me a determinar se minha paciente era adequada para fazer psicanálise. Tive sorte porque minha primeira analisanda era uma "boa neurótica", o que facilitou meu aprendizado sobre as técnicas do trabalho analítico clássico. Gostaria que você tivesse a mesma sorte de começar com uma indicação bastante clássica para psicanálise, pois facilita a aquisição dos fundamentos de nossa arte. Variações da técnica clássica e do *setting* logo surgirão em seu caminho.

Na época, a SPS permitia que os candidatos escolhessem livremente seus seminários a partir de inúmeras ofertas. A ideia era que o inconsciente orientasse a escolha dos temas para os quais o candidato estivesse aberto e pronto. Contudo, havia a exigência de fazer determinado número de seminários sobre Freud, técnica, psicopatologia e cursos clínicos antes de a pessoa ser autorizada a se inscrever para tornar-se membro. Não tenho tanta certeza de que nós, candidatos, deixamos nosso inconsciente fazer as escolhas em relação aos temas dos seminários; ao contrário, gostávamos mais de determinados professores e frequentávamos seus seminários, evitando outros. O Instituto Freud em Zurique era bem pequeno, e os candidatos se conheciam e construíam amizades duradouras durante os anos da formação sem ficar limitados a classes fixas.

Para encerrar o período como candidato e tornar-se membro, precisávamos ter feito o número necessário de seminários, ter trabalhado bastante tempo com dois analisandos sob supervisão e com um terceiro em análise não supervisionada. O relato desse último caso precisava ser distribuído para toda a SPS (não só para os membros do meu instituto, mas para todos os institutos do país) e depois apresentado e discutido oralmente (como a defesa de uma tese de doutorado) em uma das três reuniões anuais da SPS. Para me preparar para esse desafio, trabalhei em conjunto com dois amigos, também candidatos que se preparavam para a mesma tarefa. Nosso apoio e encorajamento mútuos nos ajudaram a passar por esse procedimento com sucesso.

Como jovem membro da SPS, fui eleita diretora do Instituto Freud de Zurique, cargo que logo compartilhei com um colega e amigo que se formou mais ou menos na mesma época que eu. Com muita energia nos lançamos à organização do nosso instituto, de trabalhos para os cursos e programas científicos. Convidamos palestrantes de outros institutos e de países estrangeiros para ampliar nossos pontos de vista sobre a psicanálise e superar as ideias predominantes no discurso da nossa psicanálise local e nacional. Eu havia participado do meu primeiro Congresso Internacional de Psicanálise em 1993, em Amsterdã, e para mim foi uma experiência formadora perceber que fazia parte de uma ampla comunidade internacional de analistas, interessados e trabalhando em questões semelhantes às de que eu começara a tratar. Assim, como diretora do Instituto Freud e mais tarde como secretária científica da Sociedade Psicanalítica Suíça, quis trazer um pouco desse espírito internacional para nossos encontros locais e nacionais. Ao longo dos anos a participação em encontros internacionais e as conexões com analistas de todo o mundo aprofundaram consideravelmente minha compreensão da psicanálise em suas diferentes tradições, escolas e cores culturais. Hoje como coordenadora do Comitê de Cultura da Associação Psicanalítica Internacional (IPA), continuo convidando colegas de todo o mundo para pensar e trabalhar em conjunto na experiência psicanalítica e na compreensão das muitas maneiras pelas quais a criatividade de nossa mente se expressa.

Os institutos, sociedades, federações e associações psicanalíticos exigem longo tempo de administração e, mais cedo ou mais tarde, somos todos solicitados a contribuir para o funcionamento de nossas organizações. Como jovens líderes do Instituto Freud de Zurique, sentíamos que tínhamos boas ideias sobre como fazer as coisas de forma diferente. Hoje eu diria que embarcamos em uma espécie de briga de gerações: alguns analistas seniores queriam manter suas ideias, e nós analistas mais jovens queríamos introduzir novas. Essa é a maneira natural de jovens analistas assumirem o controle, fazerem sua sociedade existir e a ajustarem a um mundo e cultura em mudança, enquanto os analistas seniores garantem que o essencial não se perca na transição. Acredito que esse tipo de luta entre gerações faça parte da vida de todo instituto. Pode realizar-se de forma natural ou apaixonada ou, às vezes, ficar latente sob a superfície. Seja qual for o trajeto, argumentos construtivos mantêm uma sociedade vibrante – a menos que a capacidade de conciliação se desfaça em um ou em ambos os lados, levando a uma infeliz cisão da sociedade.

As discussões sobre a formação psicanalítica muitas vezes se polarizam entre os que sentem que os requisitos são muito onerosos e os que argumentam que são necessários para garantir um padrão de alta qualidade para a psicanálise. Não acredito que todos os aspectos desses conflitos recorrentes possam ser resolvidos alterando ou facilitando as regras e os regulamentos existentes. Ao longo dos anos tenho assistido e participado de muitos debates, nos quais os requisitos da formação foram contestados como muito ansiógenos, injustos ou complicados para os candidatos. Em geral, os argumentos a favor e contra tais alegações tinham méritos e acabaram levando a mudanças destinadas a facilitar os procedimentos. Mas logo essas mudanças novas e duramente batalhadas foram contestadas novamente, levando a outras mudanças e assim por diante. Apesar do fato de que hoje em dia quase todas as pessoas admitidas como candidatas acabarão se formando, ainda é possível sentir-se ansioso. Nesse ponto a organização da formação psicanalítica se choca com a psicologia dos seus estudantes. Em minha opinião, alegar que um candidato fracassou nos requisitos porque os requisitos não ajudaram o candidato não faz sentido.

Enfrentar e dar conta de um desafio estressante – ou seja, das condições para progressão ou graduação, sejam elas quais forem em qualquer momento – e superar as ansiedades inerentes será parte essencial do seu êxito. Isso mostra sua capacidade de aceitar e manter determinada estrutura e permanecer firme diante das dificuldades e ameaças percebidas onde quer que elas o confrontem, sejam as exigências do instituto, de um paciente belicoso ou de colegas opositores em sua sociedade.

Candidatar-se a um instituto de psicanálise é algo peculiar. Por mais que você já tenha realizado em sua vida privada e profissional, ao entrar no instituto para iniciar sua formação, um conjunto sutil de sentimentos se esgueira. É possível sentir-se mais inseguro ao falar com um analista sênior; o coração bater rápido ou você não saber como se comportar ao encontrar seu analista nos corredores; investir seu supervisor de mais poder do que o normal – em suma, há momentos no instituto em que você se sente uma criança diante de adultos. Argumento que isso faz parte da regressão natural do processo analítico, é uma coisa boa, nada há para se envergonhar. Na verdade, espero que você dê certo espaço e viva isso ao menos no início (em vez de ignorar e correr para o trabalho em comitês, o que o coloca em pé de igualdade com analistas seniores em sua organização psicanalítica). Vivenciar essas peculiaridades psíquicas de ser candidato lhe permitirá recuperar e aprofundar as ideias e os conflitos infantis ativados em sua análise didática e que se manifestam no início súbito dessas reações transferenciais. Na verdade, é sinal do bom andamento da sua análise.

Obviamente, não só você, mas todos os candidatos sentem-se mais ou menos assim e, às vezes, vocês podem interagir como irmãos, criando laços ou competindo entre si. Alguns desses sentimentos podem ser conscientes, mas contidos; outros podem ser encenados inconscientemente. Como se tem reconhecido em muitos trabalhos, essa dinâmica peculiar é muito específica do ambiente de sociedades e institutos de psicanálise. E não pode ser diferente, porque as relações entre candidatos, analistas e supervisores despertam enorme potencial de sentimentos inconscientes que atravessam os corredores a cada passo do seu caminho. É complicado para você como candidato, e pode ser complicado para seu analista também, porque a relação analítica em que ambos estão envolvidos é muito diferente de qualquer outra coisa fora das sessões de análise. E enquanto um paciente comum de análise em geral não encontra seu analista fora do consultório, sua formação no instituto torna inevitáveis esses encontros. Essa situação às vezes pode ser constrangedora, mas também lhe permite recuperar e "refazer" seu crescimento junto com o grupo de seus colegas candidatos, analista, supervisores e professores – uma reprise que estabelecerá laços profundos com o membros de sua sociedade. Querendo ou não, em breve você se encontrará em uma nova família (profissional).

Em 2000, minha vida deu uma guinada. Mudei-me de Zurique para Boston. Como tinha sido analista didata e supervisora na SPS, os requisitos para me tornar membro da Associação Psicanalítica Americana (APsaA) e da Sociedade e Instituto de Psicanálise de Boston (BPSI) foram meramente formais. Mas precisei passar novamente pelos procedimentos de certificação na APsaA para depois para ser analista didata e supervisora na BPSI. Meus novos colegas me receberam com cordialidade e interesse e talvez certa cautela ou até mesmo reserva. Naturalmente, eles podem ter se perguntado: quem é essa nova colega? Que ideias ela traz? E eu também precisei me esforçar para me adaptar: tantas coisas pareciam diferentes do que eu conhecia. Agora, após ter vivido e trabalhado em Boston por vinte anos, posso dizer que a BPSI é o meu instituto; conheço e valorizo meus colegas e vice-versa. Nesse sentido, pertenço – e ainda não pertenço. Sou familiar, mas não família. Acho que os imigrantes nunca saem nem chegam totalmente; permanecem em algum espaço transicional. Quero que você saiba, pois algum dia você pode pensar em se mudar para um lugar diferente. Não é impossível, mas também não é tão fácil.

Escrever-lhe me fez pensar nos meus primeiros anos como candidata e jovem analista. Agora sou analista sênior. É bom trabalhar com uma série de experiências a partir das quais extrair algo. Ajuda a pessoa a permanecer paciente e relaxada diante de momentos analíticos difíceis. Também gera mais prazer nas pequenas descobertas analíticas, nas realizações aparentemente menores, embora importantes, de um paciente. Nunca me cansei de fazer psicanálise e espero continuar gostando do meu trabalho nos anos vindouros. Além disso, adoro analisar, supervisionar e ensinar candidatos, acompanhando-os em seu caminho para se tornarem psicanalistas. É muito gratificante ver os candidatos se desenvolverem e crescerem e se tornarem valiosos colegas independentes. Também tenho muito prazer em escrever. Tudo isso é bom; é exatamente o que eu quero fazer. Ainda assim, às vezes parece um pouco estranho seguir nesse status sênior e ver cada vez mais jovens colegas assumirem. Claro que é assim que deve ser, e dou boas-vindas à parcela cada vez maior de colegas mais jovens do que eu – embora, ao lado da minha satisfação, ocasionalmente eu me sinta um pouco surpresa. O envelhecimento talvez seja a experiência mais intrigante da minha vida. Quando vejo você e seus colegas em nossas reuniões, em painéis ou em nossos institutos, agrada-me e me deixa orgulhosa o que minha geração realizou, mas simultaneamente sugere a mudança de nosso lugar. Em parte representamos o passado e fazemos parte do presente, enquanto você é o futuro da psicanálise. Nós, colegas seniores, faremos todo o possível para prepará-lo não apenas para sua vida profissional, como também para a tarefa de manter a psicanálise viva como ciência, forma de tratamento e organização local, nacional e internacional. Quanto melhor você puder fazer isso, aceitaremos mais alegremente que nossa participação nas funções institucionais diminua. Minha esperança é que você ame a psicanálise com seriedade e paixão, mantenha-a interessante, deixe-a florescer e a transmita com toda a profundidade às gerações que vierem depois de você.

Então, novamente, é ótimo você ter decidido embarcar nessa jornada psicanalítica da vida toda.

Obrigada e boa sorte!

11. Abel Mario Fainstein

Buenos Aires, Argentina

Caro candidato,

Se a experiência nos dá uma vantagem, esta é a capacidade de ter uma visão em perspectiva da nossa disciplina, inclusive de seus desenvolvimentos teóricos e clínicos, que continuamos mantendo bem como questionando; nossa capacidade criativa em todo o mundo psicanalítico; e nossa inserção em diferentes regiões, países, culturas e comunidades.

Além disso, anos de trabalho em conjunto com meus colegas nos proporcionaram amizades em diferentes partes do mundo, bem como esse convite entusiasmado de Fred Busch para participar desta coleção de cartas. Sou grato por isso, pois permitirá transmitirmos parte do nosso legado às gerações mais jovens.

É difícil captar tudo o que foi dito em um corte síncrono do cotidiano de cada um ou, na melhor das hipóteses, em um dado momento. Por isso, Freud deu importância à instituição psicanalítica como local em que o diálogo com colegas mais experientes formaria futuros analistas. Bolognini promoveu um acréscimo ao considerar o diálogo e o intercâmbio entre colegas como o quarto pilar da formação. Em outras palavras, a transmissão da psicanálise requer filiação.

Nesse sentido, agradeço a toda a comunidade da Associação Psicanalítica Internacional (IPA), bem como à nossa federação regional, a Federação Psicanalítica da América Latina (FEPAL), e à minha sociedade pela oportunidade desses intercâmbios. No entanto, acho que a psicanálise hoje não é apenas a IPA. Estar aberto às contribuições de outras organizações, da universidade, e aos colegas que não têm afiliação definida agrega valor à minha formação. Ignorá-los só pode resultar em empobrecimento.

Diferentes culturas em distintos sistemas sociais e políticos e uma pluralidade de modelos teóricos e práticas somam-se ao desafio de manter o núcleo de nossa disciplina, que se baseia de fundamentalmente na dinâmica do inconsciente, na sexualidade infantil e na transferência. Como nos tempos pioneiros de Freud, essa pluralidade pode diluir-se e possivelmente perder-se.

Em minha opinião, uma forma de manter sua vitalidade é nos incentivarmos a repensar, questionar cada um de seus conceitos à luz das mudanças de época e das contribuições de outras disciplinas. Como exemplo: o complexo de Édipo, em sua versão estritamente freudiana, é discutido acaloradamente hoje por propor uma saída heteronormativa em relação à feminilidade.

Gostaria de destacar a importância que teve para mim o diálogo com colegas mais experientes, bem como o processo sustentado de formação contínua que tenho empreendido e desenvolvido há mais de quarenta anos. Tenho feito isso participando de sessões científicas semanais, bem como de congressos regionais e internacionais. Além disso, após quarenta anos de prática, concluí um programa de mestrado em Psicanálise na Universidad del Salvador.

Tenho a sorte de ter feito formação e sido parte de uma instituição que existe há 75 anos e nos últimos 45 teve um sistema de liberdade educacional e acadêmica. Seguindo a ambição de Angel Garma, um dos fundadores do instituto, isso permitiu que os programas fossem abertos ao interesse de cada colega em formação e de todos que desejem lecionar.

Recomendo a experiência e, caso seu instituto de formação não possua o referido sistema, é possível complementar seu aprendizado com pessoas e temas de seu interesse a qualquer momento, fora do instituto, procurando analistas para reanálises ou supervisões.

Acho que minhas três análises pessoais ao longo de muitos anos foram o pilar da minha formação. No entanto, do meu ponto de vista, isso é algo que não pode ser imposto; deve partir da motivação de quem sente vocação para o nosso trabalho.

Concordo com Patrick Guyomard, que descreveu os efeitos da síndrome de Antígona em nossas sociedades analíticas. A endogamia favorece o confinamento mortal. Na minha experiência, isso também se aplica a grupos analisados por um pequeno grupo de analistas com as mesmas vestes institucionais, linhas teóricas etc., a ponto de serem considerados "famílias analíticas". Nada poderia estar mais distante do que a psicanálise é, no sentido de cruzar identificações imaginárias e de evitar o efeito da psicologia de massa.

Pessoalmente, cumpri o requisito institucional. Contudo, depois procurei um analista de renome, embora tenha sido fora da estrutura institucional. Recomendo essa experiência, também para supervisão de casos clínicos.

Nossa formação, como disse antes, nos filia. No entanto, devemos estar atentos ao peso das identificações imaginárias que, longe de nos formar, criam próteses ou *selves* falsos se não trabalharmos a desidentificação de modo permanente.

Em minha experiência, isso deve ser favorecido por dispositivos institucionais que permitam a transmissão da psicanálise, mas esses mesmos dispositivos devem ser pensados por sua possível ação de não identificação.

Esse foi o cerne dos meus esforços institucionais durante a minha formação, apesar de sabermos que isso é difícil de implementar quando se faz parte de um grupo institucional que se baseia nessas identificações. Além dos dispositivos tradicionais, os novos, como os grupos de trabalho ou a psicanálise multifamiliar, mostraram-me sua eficácia na formação. Sugiro a participação em alguns, bem como no planejamento de novos.

Em relação a esse tema, gostaria também de transmitir a importância que o trabalho institucional teve no meu caso.

Desde cedo percorri e experimentei trabalhar em diferentes áreas, o que me levou a presidir a minha sociedade. Depois presidi a FEPAL. Em seguida, tornei-me membro da Câmara dos Delegados, do Conselho e do Comitê Executivo da IPA, além de vários outros comitês, desempenhando funções específicas nesse último.

Da mesma forma que o diálogo anteriormente mencionado entre colegas, o trabalho institucional, quando atende basicamente à sua diversidade, em minha experiência, tem potencial de desidentificação. Com isso em mente, é bem-vindo para quem gosta de realizá-lo. Contribuímos também para o desenvolvimento de nossas instituições, essenciais para o futuro da psicanálise, como têm sido desde a criação da IPA por Freud em 1910.

Para terminar, eu recomendaria experimentar o trabalho comunitário em clínicas, hospitais, escolas etc., pois, a meu ver, o futuro da psicanálise está ligado a levar seus benefícios a grupos maiores, bem como a pensar em suas contribuições para outras disciplinas e vice-versa. Cada uma dessas áreas me enriqueceu, fazendo-me repensar nossas teorias e nossas práticas.

Além disso, se for do seu interesse e você puder ir em busca de um diploma universitário, paralelo ou complementar à formação, recomendo fazê-lo. Isso não só lhe oferecerá um credenciamento que as sociedades analíticas em geral não fornecem, como também permitirá a sistematização da pesquisa de seus temas de interesse, tornando-os acessíveis a toda a comunidade acadêmica. Além disso, dentro dos limites das diferentes disciplinas, favorecerá o diálogo interdisciplinar, que costuma ser muito produtivo e enriquecedor para nossa prática teórica e clínica. Pessoalmente, a arte, a psiquiatria, as neurociências e as instituições, na sua interface com a psicanálise, ainda me interessam quando penso na clínica, que é o centro da minha atividade profissional.

Descobri minha vocação analítica graças a um professor de psiquiatria que, enquanto eu cursava medicina, nos levou a participar de reuniões de uma comunidade terapêutica. Naquele momento, minha análise pessoal ajudou-me a fortalecer minha vocação. Porém, como um de meus orientadores no programa de residência em psiquiatria havia antecipado: dez anos após a conclusão da minha formação analítica, comecei a entender o que era a prática da psicanálise. Ser capaz de tolerar essa espera é parte do que sugiro que você tente desenvolver. Vida institucional e diálogo com outros colegas são ajudas inestimáveis para esse objetivo.

Precisamos aceitar que sempre haverá algo inacessível, mas que com o tempo poderemos nos aproximar de nosso objeto de estudo, embora sempre privilegiemos a possibilidade de aliviar o sofrimento de nossos pacientes à busca pela pureza de nosso método.

Um querido colega disse uma vez que o ouro puro não pode ser trabalhado; ele é armazenado em cofres de bancos e muitas pessoas sofrem deficiências.

Espero que essas ideias o ajudem no trabalho que, acredito, o entusiasma, como acontece comigo até hoje. É muito satisfatório fazer o que se gosta no dia a dia, seguindo a vocação pessoal.

12. Jay Greenberg

Nova York, EUA

Caro candidato,

Jamais esquecerei o dia, décadas atrás, em que soube que havia sido aceito pelo instituto que aspirava frequentar. Após abrir a carta – como eu lhe disse, foi há muito tempo – caminhei exuberante e distraído pelas ruas do meu bairro, imaginando o futuro que almejava, mas que não ousara esperar plenamente. Era um futuro que me garantiria segurança financeira ou mais, em que eu poderia gozar de prestígio social e profissional, e era um futuro no qual eu teria acesso privilegiado – e profundo conhecimento – os segredos que explicam os mistérios do que acontecia com as pessoas ao meu redor. E talvez eu também obtivesse algum acesso aos meus próprios mistérios.

Nos anos que se seguiram àquele dia, quase tudo mudou, no mundo, em mim, na psicanálise como profissão e como disciplina intelectual, e no lugar que a psicanálise tem no mundo. A grandeza que impregnava a psicanálise (ao menos para mim) se foi. É possível ganhar a vida em uma prática que inclui um pouco de trabalho psicanalítico, mas é só isso. Profissionalmente, tendemos mais a ser discrepantes do que superastros. E aprendemos o que toda geração de analistas deve aprender, que a psicanálise não é, afinal, o caminho real para nada; na melhor das hipóteses, é um caminho árduo e perigoso que nós e nossos analisandos esperamos que conduza a pelo menos um pouco de alívio do sofrimento e um senso maior de autoconsciência e liberdade pessoal.

O que me surpreende ao pensar em minha vida como psicanalista dessa maneira é que, apesar da moderação de minhas expectativas iniciais e mesmo das desilusões, tudo ou ao menos a maior parte parece positivo. Claro, gostaria que mais pessoas pudessem contar com a oportunidade de fazer psicanálise e que houvesse uma aceitação pública mais ampla de seu valor. Mas passei a acreditar também – com vigor – que fazemos nosso melhor ao pensar que vivemos na periferia social e cultural.

Dizer isso requer uma palavra de explicação. Nós, psicanalistas, somos sem dúvida privilegiados e, infelizmente, com apenas algumas notáveis exceções, atendemos principalmente a pessoas privilegiadas. Mas acho que é melhor para todos nós, analistas e pacientes, que a análise não tenha mais o esconderijo que tinha em uma época de ouro que todos imaginamos que tenha nutrido uma geração anterior e que pode ou não ter existido. Lembro-me de um supervisor do meu estágio em psicologia clínica que dividiu o mundo em "analisados" e "não analisados", distinção que, mesmo na época, eu considerava perniciosa e que reflete uma espécie de ilusão com a qual precisamos lidar em cada tratamento e talvez em cada momento de nossa vida pessoal também. É uma ilusão à qual, é claro, não somos menos suscetíveis que nossos pacientes, ou talvez eu deva dizer que outros pacientes.

Com isso em mente, deixe-me dizer algumas palavras sobre minha formação no Instituto William Alanson White e como isso afetou meu senso a respeito de mim mesmo e do trabalho que faço. A formação hoje em dia seria provavelmente caracterizada como "pluralista", embora o termo e o conceito não tenham sido aplicados ao pensamento psicanalítico até 1987, quase uma década após minha graduação. O pluralismo é uma ideia complicada; pode referir-se a uma atmosfera em que há abertura para uma variedade de perspectivas por meio das quais as organizações e os indivíduos estão dispostos a observar as coisas. Em alguns institutos "pluralistas", tanto a organização quanto os membros individuais são livres para apresentar diferentes pontos de vista, incluindo pontos de vista que não são naturais deles. Ou o pluralismo pode referir-se a uma espécie de cacofonia, uma espécie de bazar a céu aberto em que adeptos de diferentes teorias competem por negócios. Todos são tolerados, mas não há interesse específico em trabalhar em conjunto ou mesmo observar atentamente as convergências e as diferenças entre as diversas abordagens.

Minha experiência no White foi de acordo com esse último tipo de pluralismo. Eram permitidas muitas ideias – tínhamos interpessoalistas sullivanianos, interpessoalistas frommianos, teóricos das relações objetais e até mesmo um ocasional kleiniano ou psicólogo do ego. Isso cobria praticamente o espectro do que estava disponível na América do Norte naqueles dias e era muito diferente do que estava acontecendo – ou do que acreditávamos estar acontecendo – nos institutos "*mainstream*". Naqueles institutos, tal como concebíamos, haveria o compromisso compartilhado com um modo específico de entender e fazer as coisas e com um modo sistemático de ensinar esse ponto de vista aos candidatos que, ao dominá-lo, seriam acolhidos em uma espécie de círculo interno. A adesão garantiria que, por mais irritante que o trabalho pudesse ser, caso seguissem as regras, estariam no caminho certo e seriam apoiados pelos outros. E, é claro, o círculo interno também seria uma fonte ocasional de encaminhamentos.

No White não havia nenhum "círculo interno" conceitual, nenhum conjunto de ideias que nos protegesse de sermos informados de que estávamos entendendo aquilo (seja lá o que "aquilo" fosse) absolutamente errado. Do meu ponto de vista como candidato, havia muito barulho e pressão e algumas lacunas impressionantes, tudo apesar do elevado nível de sofisticação entre meus professores e supervisores.

A cacofonia ficou comigo ao longo dos anos. Talvez por isso eu questione o que faço praticamente todos os dias; algo que toma a forma de qualquer coisa como: "Se faço isso, e aquilo?". Na melhor das hipóteses, o pluralismo de hoje exige que nos questionemos, mas, apesar da defesa de vários pontos de vista, isso não era feito naqueles dias.

Penso nesse tipo de pluralismo do mesmo modo que penso na mudança de status da psicanálise na cultura contemporânea. Ter certeza atormenta. É lugar-comum dizer que nosso trabalho clínico nos expõe diariamente à incerteza; a transferência negativa é um elemento significativo, mas está longe de ser o único. Por isso, ser convidado para um grupo social ou profissional é tentador e pode parecer a tranquilização necessária. Mas se pudermos adotar a tensão, é nas lacunas que temos maior probabilidade de encontrar nossa criatividade e até nós mesmos.

Tentei trazer essa sensibilidade para o meu trabalho como formador em psicanálise. Cada nova geração está nos ombros das que vieram antes, mas eles também se livram das posições difíceis que adotamos para nós e para nossa profissão. Tanto nossos fracassos quanto nossos sucessos fornecem a cultura na qual novas ideias se desenvolvem.

Ao dizer isso, não quero insinuar que tenho a mente aberta, dizer isso a meu respeito parece impreciso e pretensioso. Tenho meus preconceitos pessoais e gostaria de transmiti-los a você porque, apesar de reconhecer que são controversos, eles moldam minhas crenças sobre nosso trabalho.

Por exemplo: acho que o trabalho clínico comum é a melhor fonte de dados para desenvolver ideias psicanalíticas. Isso significa que, embora eu possa, ocasionalmente, estar interessado em descobertas da neuropsicologia, observação de crianças e outras disciplinas que sinto que trazem acréscimos para mim, não sinto qualquer pressão para alinhar ideias psicanalíticas com ideias derivadas de outros vértices de observação.

Não acredito que os *insights* clínicos dos psicanalistas que nos antecederam devam ser descartados apenas porque trabalharam em um sistema conceitual (teoria da libido, por exemplo) ou com um conceito de situação psicanalítica (em termos gerais, um modelo de pessoa) que consideramos arcaicos e até equivocados. Eles foram pessoas sofisticadas, muitas vezes brilhantes, apaixonadas pelas ideias psicanalíticas e por seus pacientes; sempre teremos muito a aprender com eles, apesar da chegada dos modismos a que a psicanálise sempre foi e sempre será suscetível.

Acredito que estar vivo no mundo é inerente e irredutivelmente difícil e que nossas mentes estão organizadas de maneiras que tanto nos protegem da dor de enfrentar essas dificuldades quanto nos impedem de lidar efetivamente com elas. Para Freud, o complexo de Édipo e a repressão dele encarnavam isso. Hoje pensamos em outros temas, muitas vezes relacionados – perda, luto, ambivalência, danos físicos e emocionais perpetrados por outros, a imprevisibilidade do futuro e assim por diante. À luz disso, continuo acreditando que, mesmo que aprendamos mais sobre as formas complexas pelas quais as mentes se formam e sobre os efeitos prejudiciais do trauma no desenvolvimento, devemos continuar nos concentrando nas maneiras como as soluções conflitantes para os desafios do ser humano comprometem nossa capacidade de viver de maneira livre e produtiva.

Ao escrever isso, percebo que sua a psicanálise, a psicanálise na qual você está se desenvolvendo profissionalmente, é muito diferente da minha, embora também seja muito igual. Imagino, embora não possa ter certeza, que você está idealizando menos a escolha de seguir a formação analítica e é mais realista do que eu a respeito de como será a vida como psicanalista. Mas isso cobre apenas a logística. De forma mais profunda, partilhamos uma ambição que pode beirar a grandiosidade: aspiramos possibilitar que nossos pacientes tolerem o intolerável. Talvez o objetivo seja ilusório. Considere a extravagância da afirmação inicial de Freud, que ainda molda nosso senso do que fazemos, de que seu método poderia "tornar o inconsciente consciente"! Todos devemos pensar, de maneira longa e árdua, a respeito do que isso significa e do quanto nos aproximamos de alcançar essa meta.

Mas, novamente, isso não me parece uma notícia totalmente ruim. Duvido que seja ou tenha sido possível ser psicanalista sem sentir alguns arrependimentos, sobre as recompensas pragmáticas de nossa profissão e, muito mais importante, sobre os limites do trabalho em si. Mas viver com e no déficit forçou-me – uso a palavra deliberadamente – a permanecer aberto e inquieto comigo mesmo. Talvez um modo de colocar essa questão seja falar da minha comoção tanto diante da incompletude do meu trabalho quanto do que aprendi nele e com ele. Lembro-me dessa incompletude a cada dia, quando sou contestado por um ou outro paciente meu que deixa claro o quanto não sei a meu respeito ou do que faço. Estranhamente, talvez, nunca é agradável notar isso; o prazer que sinto na descoberta é sempre retrospectivo e invariavelmente se segue experiências de vergonha ou de culpa, talvez até dependa delas. Mas, ao me recuperar desses sentimentos, fico satisfeito de perceber que sempre há algo mais no futuro. Não consigo imaginar uma profissão que impulsione mais do que a psicanálise e minha maior esperança é que você aceite e aproveite seus desafios e suas oportunidades.

Com os melhores votos para o seu futuro.

13. Heribert Blass

Colônia-Düsseldorf, Alemanha

Caro candidato,

Você escolheu tornar-se psicanalista e imagino que sua decisão tenha surgido a partir de diversas razões, provavelmente decorrentes de motivos e objetivos pessoais e científicos. Ao menos, esse foi meu ponto de partida na época da minha inscrição para a formação ou educação psicanalítica, há quase quarenta anos. Acho que quase todos os candidatos a psicanalista do mundo estão motivados pela combinação de desejo de compreensão pessoal mais profunda, incluindo seus conflitos psíquicos não resolvidos, e curiosidade básica sobre a natureza humana. De certa forma, essa mescla de motivos pessoais e científicos pode ter ligações com as quatro questões existenciais levantadas pelo filósofo alemão Immanuel Kant (1724-1804): "O que posso saber? O que devo fazer? O que posso esperar? O que é o ser humano?". Especialmente no que diz respeito à última questão, Sigmund Freud foi quem ampliou significativamente o escopo da percepção científica ao descobrir e descrever a importância dos significados inconscientes e da sexualidade infantil para os seres humanos em geral. Quando jovem estudante de medicina, fascinava-me a leitura dos escritos de Freud e às vezes, ainda hoje, adoro reler seus ensaios e livros, mesmo que nesse meio-tempo tenhamos modificado ou alterado vários conceitos dele. Ler Freud não como um dogma, mas como introdução metódica ao pensamento e às ideias psicodinâmicas é uma das minhas primeiras recomendações para você como candidato a psicanalista. O estilo dialógico de Freud já transmite a essência do encontro psicanalítico, em que duas pessoas se encontram em uma sala e começam a entabular uma relação afetiva como ferramenta para a compreensão paulatina do mundo interno do paciente. Evidentemente, você, como todo analista, será um participante ativo e observador desse processo, e será desafiado em sua personalidade e competência psicanalítica. Ambos os fatores são muito influenciados por sua educação psicanalítica primordial e suas experiências subsequentes, nos anos seguintes de trabalho como psicanalista. Isso lhe proporcionará a chance de aprendizado durante a vida toda, o que é uma das vantagens da nossa profissão.

Você deve ter notado que sou um psicanalista alemão. Isso significa que fiz minha formação no chamado modelo Eitingon, cujos pilares são a tríade: análise didática, seminários teóricos e supervisão. Muitas outras sociedades de psicanálise do mundo todo também seguem esse modelo, mas existem outros modelos de formação, como o chamado modelo francês e o modelo uruguaio. A principal diferença refere-se ao formato da análise pessoal, pois no modelo francês é necessário estar em análise pessoal por vários anos antes de poder se candidatar à "formação", enquanto no modelo Eitingon você pode iniciar sua análise pessoal e didática após ser admitido para a formação. Claro, é possível estar em análise pessoal também, mas não é necessário para as três entrevistas de admissão. Mas será necessário escolher um analista didata ou seu analista precisa ser reconhecido como analista didata, enquanto no modelo francês não existe a função de analista didata. Menciono essas diferenças porque temos muitas discussões estimulantes sobre as vantagens e desvantagens dos três modelos na Associação Psicanalítica Internacional e não sei qual é o modelo da sua formação. No entanto, gostaria de enfatizar que sua análise ou análise didática definitivamente deve ser uma análise pessoal. Depende muito mais de você se e como usar a análise pessoal para a abordagem mais aprofundada e enriquecedora de sua vida psíquica, ainda que seu analista contribua muito para isso. Em minha experiência, posso dizer que sempre vivenciei minha análise didática no âmbito do modelo Eitingon como análise pessoal e, até onde sei, não rejeitei nenhuma associação por motivos institucionais. Claro, isso só é possível se houver confiança suficiente, e é necessário prestar atenção na medida em que é possível desenvolver confiança suficiente para promover abertura em sua análise. Parece-me importante manter a análise livre de considerações e limitações institucionais, pois só assim o processo educativo pessoal pode desenvolver-se. Em minha opinião, isso também é possível na análise didática. Não sem razão, na psicanálise internacional existem vários outros termos para formação, como "education" em inglês, "formation" em francês, "formación" em espanhol e "Ausbildung" em alemão. A formação psicanalítica é mais do que o desenvolvimento de habilidades, ainda que evidentemente a aprendizagem de habilidades também seja necessária. No geral, porém, é um processo educacional pessoal que envolve o conhecimento profundo de si mesmo e da vida mental dos outros. A esse respeito, a psicanálise também pode oferecer ajuda com o sofrimento mental, mesmo que Freud tenha alertado contra o *furor sanandi*. Mas, para mim, o aspecto da cura possível é parte essencial da psicanálise, mesmo que às vezes seja difícil de conseguir.

Isso me leva a uma experiência importante que tive principalmente no início da minha formação e que você também deve conhecer: hoje em dia existem tantos conceitos teóricos e clínicos diferentes na psicanálise que no começo fiquei confuso. E no meu instituto havia também alguns analistas didatas que estavam em disputa mais ou menos acirrada uns com os outros. Isso não facilitou muito a minha orientação no começo. Talvez você também esteja preocupado com a questão de qual é a visão correta da psicanálise. Mas descobri então que essa era a pergunta errada. Ficou claro para mim que não havia uma única psicanálise verdadeira. Ao contrário, existem diferentes abordagens para a compreensão psicodinâmica dos processos mentais e, às vezes, pode ser muito útil mudar de perspectiva. Nesse contexto, meu horizonte se ampliou ao aprender muitos conceitos psicanalíticos diferentes. E, afinal, cheguei à conclusão de que esse aprendizado aumentou minha competência psicanalítica. Aprendi a não confiar em certezas excessivas, mas a aceitar a sensação recorrente de insegurança como catalisador inevitável e propício do processo psicanalítico. Nesse sentido, não se deve seguir apenas um único supervisor ou um grupo especial de supervisores ou uma "escola" psicanalítica. Ao contrário, reserve tempo para descobrir que formas de compreensão e trabalho psicanalíticos são apropriadas para você. Com isso não quero dizer que vale tudo. De fato, existem características centrais de escuta e participação psicanalíticas, de conceituar o conteúdo mental e de encontrar as intervenções apropriadas a se adquirir no decorrer da formação. Mas, para o desenvolvimento de seu próprio senso de competência psicanalítica, acho muito importante que você preencha essas três estruturas com um processo de aprendizagem diversificado e paulatinamente as junte em um conceito coerente para sua orientação psicanalítica pessoal. Em minha experiência, aprender com muitos mestres, em última análise, aumenta a oportunidade de pensar por si próprio, o que não exclui ter maior convicção a partir de um professor do que de outro. Não obstante, é necessário um processo de elaboração do que lhe é propiciado como ensino.

Isso me leva à questão da ansiedade na educação psicanalítica. Considero a ansiedade inevitável. Claro, eu também ficava ansioso a respeito de como eu e meu trabalho psicanalítico seríamos avaliados por meus supervisores e meus colegas candidatos. E eu também ficava preocupado em conseguir entender bem meus pacientes. Ainda tenho essa preocupação todos os dias. Mas gostaria de distinguir entre a ansiedade como sinal útil de nunca ter excessiva certeza e a ansiedade como medo de desaprovação e exclusão. Essa última paralisa os sentimentos e os pensamentos da pessoa. Então, gostaria de estimulá-lo a ficar ansioso no sentido do cuidado, mas não como forma de submissão. Esteja aberto aos seus professores, mas não os siga cegamente. Ao contrário, ouse discutir processos analíticos difíceis com eles e, tomara, encontrar soluções comuns em vez de se submeter ou concordar de maneira superficial e depois fazer outra coisa. Isso inclui lidar com erros. Todos nós cometemos erros em nosso trabalho diário; claro, a gravidade de nossos erros é decisiva. Quando se tratar de erros no sentido de contravenções, ou seja, violação de limites sexuais ou agressivos, é essencial uma abordagem ética. Contudo, erros no sentido da compreensão inicial inadequada de nossos pacientes podem significar algo diferente. Se estivermos prontos para reconhecer nossos erros e pensar acerca deles, poderemos aprender com nossos pacientes. Portanto, pode ser uma parte essencial do seu processo de supervisão falar também dos seus erros, mesmo que isso esteja relacionado a um sentimento de vergonha. Fiquei envergonhado ao perceber alguns dos meus erros durante a supervisão, por exemplo, ter sido muito superficial ou não ter abordado realmente as necessidades emocionais do paciente ou ter escolhido uma interpretação excessivamente dolorosa, mas em geral tive sorte de encontrar supervisores dispostos a oferecer uma atmosfera de aceitação que me permitiu falar dos meus erros. Hoje, em meu trabalho como supervisor, também tento propiciar uma atmosfera que permita discutir possíveis erros e sua relevância para o processo psicanalítico. Espero que você também possa ter essa confiança no relacionamento com seus supervisores para atrever-se a falar sobre seus possíveis erros. Mais uma vez, claro, isso também depende da atitude do supervisor.

Se você conseguir desenvolver confiança em seus supervisores e na comissão de ensino do seu instituto, também não deverá ter muito medo de avaliar sua formação psicanalítica. Participei durante vários anos de um grupo de trabalho da Federação Psicanalítica Europeia (EPF), no qual tratávamos da questão do momento em que o candidato está pronto para se qualificar. Gostaria de lembrar que é importante encontrar formas de intervenção consistentes com as observações e a compreensão conceitual de cada pessoa, independentemente do conceito psicanalítico básico escolhido. Se você concordar com seus supervisores que esses critérios são importantes para o sucesso da sua formação, também terá a oportunidade de autoavaliação, apesar de todas as incertezas e levando também em conta o fato de que nossas teorias explícitas nem sempre correspondem às nossas teorias implícitas. Por essa razão, precisamos de um intercâmbio entre instituições sobre nosso trabalho tanto como analistas em formação como após a formação.

Quero terminar com uma observação sobre a natureza científica da psicanálise. Isso pode ser importante para você, especialmente se estiver cooperando com membros de outras disciplinas científicas. Como psicanalistas, não precisamos esconder nem negar nosso pertencimento ao mundo científico, ainda que hoje sejamos mais frequentemente atacados com o argumento de que não atendemos às exigências científicas. Alguns de nós tentam defender nossa profissão dizendo que a psicanálise é uma espécie de arte. Posso concordar em parte com essa comparação. No entanto, gostaria de enfatizar muito mais a distinção entre teorias conotativas e denotativas da ciência. A psicanálise, com sua abordagem hermenêutica, corresponde a uma teoria científica conotativa e não precisa seguir uma pretensão científica exclusivamente natural. Mas é claro que podemos e devemos participar não só de pesquisas qualitativas, mas também quantitativas. Estudos comparativos que seguiram essa abordagem, como um grande estudo sobre depressão crônica na Alemanha realizado em 2019, sob a direção de Marianne Leuzinger-Bohleber, mostraram que a psicanálise não precisa fugir da comparação científica.

Acho que é uma boa mensagem para você como candidato a psicanalista em nossos tempos contemporâneos. Desejo-lhe tudo de melhor para seu futuro desenvolvimento psicanalítico.

14. Elias e Elizabeth da Rocha Barros

São Paulo, Brasil

Caro candidato,

Ao olharmos em retrospecto para nosso percurso profissional em psicanálise, primeiro como candidatos e depois como clínicos e analistas em formação, há três lições que consideramos formativas e críticas e queremos transmitir a vocês: (1) o valor de desenvolver abertura para as diferentes escolas do pensamento psicanalítico; (2) que o psicanalista deve sempre se esforçar para promover sua sensibilidade pessoal – e isso é algo que se cultiva; e (3) a importância de compreender verdadeiramente a especificidade e a singularidade da psicanálise e da atitude psicanalítica, talvez a lição mais difícil de todas.

Apesar de sermos brasileiros, estudamos na França por três anos e depois fizemos a formação na Sociedade Psicanalítica Britânica. Não foi apenas um acaso, mas um reflexo do nosso interesse em vivenciar diferentes culturas psicanalíticas. Passamos a acreditar que investir em uma *abordagem caleidoscópica* da psicanálise – isto é, aprender a trabalhar com diferentes modelos da mente e se abrir a diferentes culturas e tradições – é de fundamental importância. Fechar-se em uma tradição cultural é um modo seguro de empobrecer a compreensão.

A segunda lição que aprendemos e valorizamos muito é que sensibilidade se constrói. "Sensibilidade" é uma qualidade enigmática que simplesmente não pode ser ensinada de modo formal nem organizada em manuais e protocolos. Certamente engloba aspectos como experiências vividas, sentimentos, contato com o ser mais íntimo de uma pessoa, capacidade de sentir o mundo interior de outra pessoa, disposição para vagar pelas memórias e pela história emocional interior e o reconhecimento da vida de fantasia. Talvez, de modo crucial, a sensibilidade dependa da maneira como as emoções são processadas pelo pensamento e da capacidade de reavaliar ideias e sentimentos por uma variedade de ângulos e pontos de vista. É possível cultivar isso construindo laços interpessoais profundos com amigos, parceiros e familiares e encontrando tempo para literatura e cultura em geral. (*Não* se restrinja às produções culturais de um único país! Isso só funcionará contra a promoção da sensibilidade.)

Mas devemos tratar mais detalhadamente da terceira lição que aprendemos: entender verdadeiramente o que é e faz um analista. Isso implica a avaliação do que é uma "atitude analítica".

Entre as maiores realizações de Freud está a invenção de um modo único de interação humana: a *relação analítica*, algo que deve se estabelecer de forma ponderada, cuidadosa e gradativa por meio do *setting* e da atitude analítica. Essa ideia é crítica e fundamental na psicanálise: a relação não brota de forma "pronta". Tanto o analista quanto o paciente devem trabalhar juntos para delinear esse relacionamento em constante evolução.

Assim como aprender uma nova língua, a aquisição de uma *atitude analítica* depende de se expor, familiarizar-se e imergir paulatinamente em um mundo semiótico novo e estrangeiro.

Nenhuma outra profissão exige tanto do profissional em termos de descoberta e transformação pessoal.

Deve-se notar que, embora a psicanálise postule que o inconsciente está sempre presente e ativo, nem sempre ele se manifesta ou se coloca à disposição do escrutínio e da observação psicanalítica. Da mesma forma, quando o analista detecta significados inconscientes no material do paciente, isso não significa necessariamente que o paciente esteja pronto para receber e entender os comentários ou interpretações do analista sobre esse material. No caso, o tempo é essencial, e ser capaz de sintonizar-se com o fluxo e o refluxo dessas situações é algo que só aprendemos com a prática e a experiência duramente conquistada.

Pelas razões mencionadas, vemos grande valor no conceito ativo de André Green de *colocar-se na posição do analista.* Fazer isso é retirar-se das armadilhas do senso comum e do fluxo da vida cotidiana consciente. Com sua atitude, o analista busca chegar um estado mental peculiar – singular da psicanálise – marcado pela atenção flutuante e por uma estrutura mental semelhante a uma disposição onírica para captar significados e promover uma linguagem simbólica criativa.

Colocar-se na atitude do analista também é tomar profunda consciência da *transferência*, da *rêverie* e da *contratransferência* e das implicações desses processos interpessoais. Fazer isso significa voltar a se conceber não apenas como receptor de comunicações e projeções, mas também como força motriz e gatilho que induz essas comunicações e projeções. Esse conceito não é fácil de entender e pode parecer estranho e contraintuitivo. A novidade trazida pela concepção *psicanalítica* de transferência e contratransferência é que processos de fusão e cisão estão em jogo de tal forma que a distinção clara entre "o paciente" e "o analista" capta apenas momentos fugazes da interação. Há momentos, por exemplo, em que "paciente-e-analista" constitui uma díade fusionada. E a comunicação fica assim infundida por ressonâncias complexas. Do ponto de vista do analista, conceber-se como força-gatilho que desencadeou determinada comunicação é um artifício que ajuda a chamar a atenção para o modo de o material inconsciente colorir a situação analítica.

Acreditamos que a transformação do discurso em material clínico tenha sido o mais significativo e o mais difícil que aprendemos em nossa formação.

Por meio da uma vinheta clínica, tentaremos mostrá-la em ação. Claudia (paciente) chega atrasada para sua sessão e rapidamente se desculpa:

> *P: Uf, o trânsito estava um inferno hoje. Estou 20 minutos atrasada. Não queria perder um minuto da minha sessão.*

A princípio podemos pensar que seja natural o analista reconhecer que de fato o trânsito estava excepcionalmente ruim naquele dia e consolar a paciente dizendo que o importante é ela ter chegado, mostrando que valorizava a análise por meio de suas desculpas e comentários, e que nem tudo está perdido (afinal, ainda há 30 minutos de sessão). Tudo isso representaria uma forma de escutar as comunicações da paciente e de reagir a elas de forma benevolente, terna, acolhedora e plena de empatia. Mas a escuta psicanalítica não deve limitar-se à promoção de um ambiente acolhedor. O analista deve esforçar-se para ampliar os possíveis significados e ressonâncias das experiências. Deve-se estar atento ao fato de que mesmo um comentário espontâneo sobre o atraso, como a observação inicial de Claudia, pode abrir um canal para o analista e o paciente acessarem camadas mais profundas de material inconsciente.

Na situação clínica citada, o analista decidiu não ceder ao que seria uma resposta natural e consoladora. Em vez de acalmar a ansiedade de Claudia sobre seu atraso, o analista optou por deixar essa ansiedade seguir seu curso e ver aonde ela levaria por meio de associações que pudessem aparecer. Claudia então disse:

> *P: Queria vir aqui hoje porque tive uma conversa importante com meu namorado. Eu disse a ele que estamos juntos há muito tempo e que precisamos decidir quais são nossas aspirações, para onde nosso relacionamento está indo. Algo o impede de realmente entender o que estou tentando dizer a ele. Ele me diz que devemos apenas aproveitar nosso tempo juntos, que se decidirmos nos casar essa decisão deve surgir espontaneamente. Ele me diz que não está pronto para tomar decisões sobre filhos e casamento. Acho que tudo isso é imaturidade da parte dele.*

Isso permitiu ao analista arriscar uma observação/interpretação:

> *A: O engarrafamento de hoje despertou em você sentimentos que talvez já estivessem fervendo em sua mente. Você tinha algo urgente para me dizer e não podia suportar que o trânsito a impedisse de tentar entender o significado da conversa que teve com seu namorado. O senso de urgência permanece dentro de si: você precisa entender para onde está fluindo esse relacionamento com seu namorado, pois você sente que não tem todo o tempo do mundo. Quer tomar algumas decisões e não viver uma vida fora do tempo. Você se sente pressionada a fazer escolhas e enfrentar obstáculos que não*

> *estão totalmente sob seu controle, assim como o tráfego está fora de seu controle. Esses obstáculos a impedem de chegar a um lugar em que você quer estar na vida.*

Observamos aqui o analista incluindo e absorvendo um comentário trivial sobre o trânsito como comunicação direta para ele de um potencial conteúdo inconsciente. Naturalmente, esse modo de escutar e apreender as coisas é uma estratégia deliberada da técnica psicanalítica. A ansiedade inicial da paciente por estar atrasada não foi tratada em nível concreto e consciente. Com paciência, o analista esperou para ver o que se desenvolveria a partir dos comentários iniciais de Claudia. E sua linguagem foi explorada e ampliada simbolicamente: ficar "presa no trânsito" tornou-se metáfora para estar "presa na vida", e perder a sessão de análise tornou-se metáfora para o sentimento de tempo que se esgota, de estar atrasada para chegar a um lugar na vida ao qual ela sente que quer chegar. Assim, vemos que o analista não toma a linguagem em seu valor de face (o significado referencial das palavras), mas também em seus aspectos conotativos e evocativos.

Claudia reage à interpretação do analista da seguinte forma:

> *P: Estou muito preocupada com meu pai. Ele está bem, mas ontem passou por diversos exames clínicos que não constavam dos exames habituais de rotina. Ninguém me disse nada, mas detecto um clima pesado em casa: há algo que eles não estão me contando, ou algo que eu não deveria saber para não ficar muito preocupada nem incomodar meus pais com perguntas importunas. Sempre foi assim na minha família. Não é fácil distinguir o que é apenas uma questão de não me incomodar com preocupações desnecessárias do que é uma tentativa*

de me impedir de fazer perguntas difíceis que podem suscitar a questão da morte e do morrer.

Nessa comunicação podemos perceber como aprendemos ao longo da nossa formação e da nossa vida a levar em conta que muitas dimensões de tempo estão presentes numa sessão. Em certo sentido, a comunicação de fato é sobre preocupações com seu pai e sua história com os pais (o "lá e então"), mas essas reflexões não poderiam ser entendidas também em termos de coisas que estão acontecendo no "aqui e agora" da sessão? Do ponto de vista do "lá e então", Claudia pode estar falando e revivendo uma série de acontecimentos enigmáticos e/ou experiências traumáticas - a sensação avassaladora de "não saber", de mistério que paira no ar, a sensação da presença do medo da morte, de ser tratada como criança que não consegue lidar com os aspectos difíceis da vida, o medo de perder o pai etc. - que eram/são indigestos, tanto no sentido de "comprimido difícil de engolir" quanto no sentido de "não ser metabolizado" (não encontrar meios adequados de representação mental). Do ponto de vista do "aqui e agora", Claudia pode estar aludindo a uma sensação intrusiva de perigo (uma possível doença grave ligada a uma relação que pode não sobreviver), um sentimento de sua vitalidade estar "doente" e mortalmente ferida por sonhos desfeitos, de ter sua capacidade de pensar abafada por incerteza e ruído mental.

15. Daniel Jacobs

Brookline, EUA

Caro candidato,

Dividi minha carta para você em seções. Comecemos com:

Não saber

Sua formação analítica é um exercício de incerteza – e de aprendizado para tolerar esse "não saber". Não saber o que seu analista realmente pensa de você. Não saber como vai pagar os empréstimos para a sua formação. Não saber se exercerá a prática analítica após tanto esforço, esforço que o faz pensar que talvez devesse estar em casa com sua família e não em seminários. Incerteza é a regra no tempo em que se é candidato. Teorias psicanalíticas antagônicas também podem confundir tanto quanto esclarecer. E o que dizer da falta de clareza enquanto iniciante a respeito de como analisar? Como vir a fazer uma análise, encontrar um paciente disposto a fazer um tratamento intensivo? Parece-me que muitos de vocês podem estar tendo aulas e discutindo teoria e técnica sem ter um paciente de análise, sem talvez ter estado em análise por tempo suficiente para avaliar o processo. Isso dificulta que alguns de vocês tenham a convicção necessária de que um paciente pode beneficiar-se da análise. Sem o conhecimento pessoal que brota da experiência pessoal, é difícil convencer outra pessoa de seu valor. E caso tenha um analisando, isso gera incertezas sobre ele permanecer em análise tempo suficiente para fornecer os créditos necessários para a graduação.

Nem mencionei os inevitáveis sentimentos de inveja e competição em relação a outros candidatos e professores. Em qualquer instituto, fofocas e boatos abundam. Em que se deve acreditar? Por exemplo, um colega do meu instituto comprou um carro esporte, algo que coincidiu com o fim repentino da sua análise didática bem como da sua formação. Havia rumores de que seu analista lhe dera um ultimato: "escolha a análise ou o carro". Outros se perguntavam se meu colega de classe estaria sendo irresponsável ao assumir uma despesa suplementar ao mesmo tempo que atrasava os pagamentos ao analista. Ou talvez, para o candidato, o carro esporte fosse uma forma preferível de tratamento. Não sabíamos no que acreditar.

Vergonha

Quando eu era candidato, tive um paciente que de repente anunciou o término da sua análise na semana seguinte. Ele não parou, mas fiquei chocado com o anúncio. Não só por perceber que eu tinha prestado pouca atenção a uma transferência negativa cada vez maior, mas por ter me surpreendido com seu aparente nível de liberdade. Ele não tinha nenhuma ligação com análise a não ser se consultar comigo. Não trabalhava no campo da saúde mental: não conhecia ninguém em nosso campo nem contou a ninguém que estava em análise (um segredo que, depois compreendi, era resultado de uma transmissão intergeracional de trauma). Ele poderia ir embora e ninguém além dele, do meu supervisor, da comissão de ensino e de mim jamais saberia. A liberdade irrestrita de escolha do meu paciente parecia muito diferente do que eu sentia como candidato. Se eu parasse minha formação, precisaria explicar minha saída do instituto para colegas, amigos de profissão e supervisores. E a ideia de mudar de analista didata tem suas incertezas. Como em um segundo casamento, se você estiver infeliz de novo, definitivamente há algo errado com *você*. É fácil sentir que, se algo der errado, de alguma forma é culpa da sua análise inadequada, da sua rebeldia adolescente ou da sua incompetência.

A chave para passar pela formação e ir além é ficar de olho nesse sentimento de vergonha. Vergonha do que você não sabe. Vergonha por às vezes querer sair do instituto e talvez da área. Vergonha quando um paciente o abandona. A vergonha pode impedi-lo de escrever seus casos, pois você se sente iniciante e, como tal, estará exposto a críticas. (Não que a experiência o poupe disso!) A vergonha pode fazer você hesitar e não falar na aula ou não fazer uma pergunta que você considera simples demais. (Raramente é.) Ou você pode sentir vergonha por não ter conseguido um caso ou por perdê-lo. Com frequência você se defende da vergonha criticando os outros – instituto, supervisores, colegas –, ou retirando investimento, ou rejeitando teóricos muito difíceis de compreender. Espero que você encontre maneiras de conversar com outros candidatos sobre os possíveis sentimentos de vergonha durante a formação analítica. Muitas vezes é uma emoção privada demais.

Valor

Com tudo o que eu disse, você pode se perguntar: "A formação analítica vale o tempo, a despesa, as noites longe da família?". Minha resposta enfática é: "Sim!". A psicanálise é uma das melhores maneiras de combater o "esquecer-se de ser". Ajuda a entender de que maneiras você limita sua própria humanidade e nega a liberdade de pensamento, sentimento e expressão.

Passei por três tratamentos analíticos diferentes, cada um incompleto à sua maneira, cada um me ensinando muito a meu respeito e cada um me convidando a continuar ampliando minha compreensão de mim e dos outros. Cada análise me transmitiu o valor do contínuo autoexame. Dar aos pacientes os instrumentos para autoanálise me parece um dos maiores presentes que se pode conceder. Minha primeira análise ajudou-me a esclarecer conclusões decorrentes das experiências da infância e das fantasias conscientes e inconscientes sobre a mente e o corpo que surgiram a partir delas. Essa análise ajudou-me a decidir cursar a faculdade de medicina e me tornar psicanalista. Minha segunda análise, uma análise didática, concentrou-se quase inteiramente em meus conflitos edipianos. Nós consideramos de que maneira eu me retraí deles. Mostrou-se muito útil, mas não se concentrou suficientemente nas experiências traumáticas infantis que ajudaram a moldar esses conflitos edipianos. Foi preciso uma analista mulher para abordar essas experiências pré-edipianas primárias. Cada analista traz seu próprio ponto de vista: não é vergonhoso trocar de analista ou retornar para outra rodada (algo difícil de imaginar quando se é candidato). Digo-lhe isso na esperança de que você encare a psicanálise com leveza, tendo sempre liberdade de perguntar como certas teorias ou técnicas, certos supervisores e sua própria análise didática estão ajudando, bem como quais são os limites de cada um.

Relatos de caso

Com certeza, você deverá "escrever seus casos". Essa expectativa torna-se um obstáculo enorme para algumas pessoas. O medo da exposição e a preocupação com as críticas levam muitos a procrastinar. Pode haver tantas racionalizações para o atraso: sem tempo, sem capacidade, sem vontade de fazer por achar que é um requisito que deveria ser eliminado. Sempre desconfiei da sugestão de que o relatório de um candidato é confuso por "falta de capacidade para escrever". Muitas vezes, trata-se da dificuldade do candidato de pensar com clareza sobre o caso. Um dos objetivos da formação analítica, parece-me, deve ser explicar com clareza seu próprio trabalho tanto de forma verbal como por escrito. Esse deveria ser um requisito para a graduação. Deveria haver disponibilidade de mentores de escrita para quem estiver com dificuldade. Não há vergonha em ser solicitado a reescrever um caso. Decepcionante? Sim. Irritante? Sim. Mas é possível aprender muito ao reescrever caso haja confusão ou não haja evidências suficientes para suas hipóteses.

Talvez a dificuldade de alguns candidatos para escrever seja, paradoxalmente, se aproximarem dessa tarefa com seriedade excessiva, vasculhando suas volumosas notas do processo em busca de inspiração. Eis o meu conselho: tente tratar seu artigo como uma peça ou uma sinfonia. Teatro: dois estranhos se encontram em um consultório. Cada um quer algo do outro. O que acontece depois? De que maneira o relacionamento deles se aprofunda, ou não se aprofunda? À medida que continuam se conhecendo, como isso molda o que dizem um ao outro? Quando brigam e qual o motivo? Quando fazem as pazes e como? E o que aconteceu com cada um antes da cortina descer. Sua escrita de um relatório clínico é semelhante a escrever uma peça ou um conto, com começo e meio, se não um fim. Então, uma vez que o arco da história esteja claro, é possível embelezar com o material do processo. Ou você pode compará-lo a uma sinfonia: o tema da abertura anunciado por seu paciente, seu desenvolvimento com a surpreendente chegada da seção de trompas ou tímpanos, depois a ponte para um segundo tema, e assim por diante.

Seja o que for que você escreva, será sua própria criação baseada na observação e em sua constituição psíquica. Mesmo o melhor relato, como um sonho, é uma invenção a ser enfrentada com a suspensão voluntária da descrença. Um relato de caso, a meu ver, assemelha-se a um poema com suas próprias verdades – "um jardim imaginário com sapos de verdade", como escreveu Marianne Moore. Claro que a suspensão da descrença não é igual à incredulidade que às vezes sinto ao ler nossa literatura. De vez em quando, a descrições das dificuldades dos pacientes e sua resolução sobrecarregam minha vontade de acreditar. Esses relatos não têm arestas ásperas e realmente afiadas, nem farpas sentidas sob a pele. Pouco é deixado inacabado ou ainda perigoso. Esses relatórios tornam-se peças de mobília imóveis muito envernizadas que ficam teimosamente na mente, bloqueando o caminho para uma compreensão melhor. A sinfonia infelizmente é apenas música pop, o drama psicanalítico: teatro bufo. Compartilhar seu trabalho com outras pessoas pode ajudar a evitar que isso aconteça.

Descobri que dar rascunhos de meus escritos para que outros os critiquem invariavelmente os melhora. Quando escrevi meus casos para qualificação, reuni-me com quatro colegas por um ano, a cada duas semanas. Cada um de nós, em rodízio, dava aos outros um de seus relatos de caso para ler antes da reunião. Em nosso encontro, o relatório era criticado. Após todos se apresentarem, voltamos ao apresentador original para ver como ele se saiu com as revisões. Retornamos várias vezes, e cada um de nós apresentou três casos. Foi uma experiência maravilhosa. Enquanto conversávamos sobre nossos casos, ficou claro que cada um de nós tinha uma abordagem única que poderia ser caracterizada: talvez uma ênfase consistente no material pré-edipiano, ou uma evitação da raiva do paciente ou uma rapidez para interpretar a agressão etc. A maneira de analisar tornou-se evidente e foi muito útil para reconhecer nossos pontos fortes e limitações. Atualmente, estou em um grupo de redação com quatro analistas seniores que se reúnem há anos. Ajudamos uns aos outros a preparar artigos para publicação. Aprendemos a ser honestos sem sermos ofensivos. Esse apoio contínuo para o difícil trabalho de criação tem sido inestimável.

Envolver-se

Na época da minha formação, misericordiosamente para mim, os candidatos não eram convidados a integrar os comitês do instituto. Pude manter-me fora da política do instituto, de sua administração e de suas rivalidades. O trabalho em comitês inicialmente pode ser sedutor. É uma forma de sentir-se analista sem ter analisado muitos pacientes. (Depois sucumbi a muitos trabalhos em comitês, alguns dos quais gostei, muitos dos quais me arrependi.)

É mais difícil, acho, tornar-se um bom analista sem muita experiência. Como candidato e após a formatura, minha renda dependia da oportunidade de mergulhar na prática, aceitando o maior número possível de pacientes de análise por qualquer preço que eles (e eu) pudéssemos bancar. Acho melhor concentrar seus esforços no tratamento dos pacientes, na leitura da literatura, na análise e na supervisão. Concentre-se em construir sua prática. O trabalho em comitês estará sempre lá.

No período em que fui candidato, encontrei um pequeno grupo de colegas em quem podia confiar e formei grupos de estudo com eles. Ao longo do tempo, aprendi tanto com os colegas quanto com os supervisores. E seu apoio e sua amizade ajudaram com as tensões da condição de candidato. Como candidato e depois, comecei a frequentar as reuniões da Associação Psicanalítica Americana. A princípio, sentindo-me um estranho, decidi participar de pequenos grupos de estudo nos quais conheci colegas de outros institutos de todo o país. Eles proporcionaram pontos de vista mais amplos sobre a formação e a prática psicanalíticas. Eles também se tornaram fontes de encaminhamentos.

Autenticidade

Você só pode ser você. Não tente ser outra pessoa – nem seu professor, seu supervisor ou seu analista. Ouvir e aprender com eles é uma coisa; sê-los é outra. É difícil no meio do aprendizado de uma nova habilidade sentir-se suficientemente confiante para não imitar. Para algumas pessoas, é um primeiro passo necessário. Com o tempo, por meio de sua análise, de leituras, reflexões, discussões de casos e encontros com outros analistas, você desenvolverá uma voz analítica autêntica, sua maneira pessoal de conduzir análises e conversar com os pacientes. E ninguém poderá copiá-lo. Seu próprio modo analítico de ser se desenvolverá ao longo do tempo. Levei um bom tempo para encontrar minha própria voz, que, para o bem ou para o mal, é diferente em muitos aspectos das vozes das pessoas que me ensinaram anos atrás. Na maioria das vezes, gostei da jornada para tornar-me quem sou. Espero que você tenha prazer com sua arriscada aventura analítica. Muitas felicidades.

16. Eike Hinze

Berlim, Alemanha

Cara Irina, caro Mark,

É uma sensação estranha escrever como um velho analista alemão (79 anos) para um candidato desconhecido, mas também é uma experiência desafiadora e fascinante. Posso deixar minha fantasia flutuar e retroceder em muitas décadas de minha vida psicanalítica. Tenho algo a dizer que possa ser útil para vocês, Irina, Mark?

Para expressar meus pensamentos de forma diferenciada, seria muito mais fácil para mim se eu pudesse escrever na minha própria língua, o alemão, mas o inglês se tornou a língua mundial da ciência. Portanto, se você não é um falante nativo de inglês, para se comunicar com colegas de outros países sob o guarda-chuva da Associação Psicanalítica Internacional (IPA), você precisa sentir-se à vontade com esse idioma. Conheço muitos casos de grupos psicanalíticos em que colegas ficaram em silêncio por não falarem inglês suficientemente bem ou por se sentirem envergonhados de expressar seus pensamentos no que achavam ser um inglês muito ruim. Eu mesmo estou familiarizado com esses sentimentos e levou muito tempo e muito esforço para superá-los. Um estimado colega meu costumava abrir conferências internacionais com a declaração animadora de que o idioma oficial da conferência era o "inglês ruim". É preciso certa dose de falta de vergonha para expressar pensamentos diferenciados em uma língua estrangeira. Ao escrever essas frases, ainda me sinto pouco à vontade, mesmo na minha idade avançada, ao perceber que poderia expressar meus pensamentos com mais elegância em alemão.

Claro, se vocês, Irina e Mark, são falantes nativos de inglês ou fluentes nesse idioma, essas considerações não se aplicam. Nesse caso, fiquem atentos às dificuldades linguísticas que seus colegas que não são falantes nativos do inglês possam enfrentar. E aprendam outro idioma. Conhecer um idioma estrangeiro ajuda imensamente a ter empatia com o sabor especial que a psicanálise tem nesse domínio cultural e linguístico. Vocês aprenderão as diferentes abordagens da prática e da teoria psicanalíticas. Assim, ficarão familiarizados com questões e problemas centrais da psicanálise contemporânea. "Existe uma psicanálise ou muitas?" (Wallerstein). Convido-os a buscarem contato e intercâmbio com colegas internacionais. Isso inevitavelmente os confrontará com diferentes formas de praticar a psicanálise e teorizar sobre ela. Por um lado, esse encontro é uma experiência vivificante e enriquecedora. Por outro, no entanto, pode levar a confusão e desamparo. "Vale tudo?" (D. Tuckett). Existe qualquer base sólida da nossa ciência? Um modo de escapar desse dilema pode consistir em aderir rigidamente a uma escola psicanalítica específica, na maioria das vezes a que é a versão preferida em seu instituto.

Aqui, gostaria de expressar meu segundo conselho. Vocês ainda são jovens. Permaneçam vivos, curiosos e críticos. Insistam nessas prerrogativas da juventude. Não parem de questionar as inconsistências teóricas que encontrarem em sua formação; mantenham as perguntas vivas. Sei que aprender a prática da psicanálise implica identificação com os professores. Desenvolver esses elementos básicos é um meio indispensável de aprendizagem. Mas essas identificações não precisam ser pedras desvitalizadas em um fluxo de desenvolvimento. Devem ser pedras angulares no processo de desenvolvimento. Identificações fixas e sem vida podem levar à conhecida adesão a certas escolas psicanalíticas. Elas acabam paralisando o pensamento livre e criativo. A meu ver, pensar em termos de "escolas" pertence ao passado e cheira a pensamento escolástico medieval. Não desanime se os psicanalistas do seu instituto confundirem pensamento crítico com atuação de conflitos pessoais não resolvidos no decorrer da sua análise pessoal. Um dos maiores perigos que ameaçam a psicanálise a partir de dentro é a rigidez de pensamento.

Mergulhar na psicanálise e no mundo inconsciente é uma experiência desafiadora para toda a vida. Isso não significa concentrar-se obsessivamente na psicanálise. Ao contrário, levar uma vida extra-analítica com outros interesses e atividades é indispensável para desfrutar a psicanálise como uma viagem duradoura ao mundo do desconhecido. A vida como candidato pode ser muito difícil e exaustiva. Há o seu trabalho diário como médico ou psicólogo. Há a vida em parceria, em uma família com filhos. Talvez exista seu trabalho científico na universidade. Ao mesmo tempo, é necessário estar em uma análise pessoal demorada, participar de seminários teóricos e, finalmente, realizar suas próprias análises supervisionadas. A psicanálise é um trabalho impossível, como escreveu Bion. Isso se aplica ainda mais à formação psicanalítica. Ser engolido pela vida extenuante como candidato às vezes parece não deixar espaço para outros pensamentos, atividades ou iniciativas. Por outro lado, estar imerso na exploração do seu próprio inconsciente pode liberar energias e abrir novos espaços internos, dando à sua vida novos rumos e sonhos. Acho que você deveria tentar manter e desenvolver seus interesses e suas atividades fora da psicanálise, apesar de a formação poder consumir muito do tempo e da energia disponíveis. Precisamos de amigos, parceiros, família e um círculo social que não seja exclusivamente psicanalítico. Além disso, não negligencie seu corpo. Não é muito animador observar analistas idosos que cultivam suas dores nas costas e outras síndromes ligadas à baixa atividade física. Temos uma profissão sedentária e precisamos da compensação física.

Há uma característica específica da formação psicanalítica se comparada a outros currículos acadêmicos. Estamos inseridos em um grupo de outros candidatos. Isso às vezes cria uma atmosfera adolescente combinada com outros aspectos regressivos da formação psicanalítica. Nesses anos de intenso desenvolvimento, muitas vezes conhecemos uns aos outros a fundo. Na minha vida, relações e amizades profundas tiveram sua base nesse período. Embora nossa profissão se caracterize por uma vida um tanto solitária, sem as distrações de muitas atividades que outras profissões oferecem, estamos comprometidos de maneira bastante específica com atividades constantes em grupo. Isso também vale para a formação. Mas, durante toda a nossa vida como analistas, dependemos de grupos que funcionem bem para dar apoio e desenvolver nosso equilíbrio e nossa atitude analíticos. Como não há bebê sem mãe, como salienta Winnicott, não há analista sem grupo psicanalítico no qual esteja inserido. Muitas vezes, os colegas do seu instituto formam o núcleo desses grupos. Mas, como já mencionei, é extremamente valioso olhar além do horizonte de seu grupo.

Após os longos anos da formação, chega a hora de sua avaliação final. Você passará a membro de sua sociedade e da IPA. Apesar dos anos anteriores, às vezes aparentemente eternos, de repente você é jogado em um estado diferente de agregação. Você sente alegria, satisfação, alívio, mas também pode experimentar uma espécie de vazio. Você não pertence mais ao grupo de candidatos. No entanto, ainda não encontrou seu caminho para a identidade como membro. Ainda recordo esse momento com muita intensidade. Que objetivos devo seguir agora e que trajetórias estão à minha frente? Por tantos anos, o objetivo de passar com sucesso na avaliação final estruturou minha vida analítica. E de repente não vi nada à minha frente. Minha solução pessoal foi a seguinte: após algum tempo me refugiando em minha prática, comecei a assumir funções na minha sociedade, comecei a lecionar e escrevi meus primeiros trabalhos. A psicanálise oferece muitas oportunidades de colaboração em várias atividades científicas e profissionais. Tais atividades podem ser extremamente gratificantes. Claro, isso significa muito trabalho. Mas este é um aspecto indispensável de nossa vida como psicanalistas. Precisamos de *feedback* dos nossos colegas. Sem esse aporte constante, corremos o risco de secar e perder nossa criatividade e nossa competência psicanalítica. Isso soa um pouco ameaçador, mas não deve obscurecer o fato de que ser psicanalista, embora às vezes possa ser um fardo, pode ser uma experiência satisfatória e vitalícia de conhecer profundamente a si mesmo e a outros seres humanos.

17. Alan Sugarman

San Diego, EUA

Caro candidato,

Avalio minha carreira como psicanalista como um dos dois aspectos mais gratificantes da minha vida adulta. Ser pai é a única coisa que avalio como superior. Como candidato, sua carreira como psicanalista está apenas começando. Suponho que esteja animado com isso. Caso contrário, não haveria razão para fazer todos os sacrifícios e dedicar todas as horas que a formação envolve. Inevitavelmente, você também se preocupa com muitas coisas. Alguns aspectos que me preocupavam eram minha estabilidade mental, minha capacidade clínica, minha capacidade de desenvolver uma prática psicanalítica, pagar a formação, o tempo que a formação me afastava da minha família, e assim por diante. Tenha certeza de que nem todas as suas preocupações derivam de conflitos neuróticos ou de ansiedades primitivas. Muitos deles parecem universais ao fato de ser candidato a psicanalista. Apesar da realidade dessas preocupações, no entanto, é importante encontrar maneiras de gerenciá-las para que não interfiram em seu desejo de se tornar psicanalista e exercer uma prática psicanalítica.

O que estou prestes a dizer não tem o intuito de minimizar a realidade dos custos emocionais, financeiros e temporais da formação. A formação leva tempo, desperta uma infinidade de emoções difíceis e é bastante cara. No entanto, observei colegas de classe com talento e circunstâncias de vida semelhantes ficarem tão focados nessas questões que sua abordagem à formação e, mais tarde, sua prática acabaram impedindo-os de ter o tipo de carreira que desejavam. Muitos dizem, e considero verdadeiro, que a formação psicanalítica torna a pessoa melhor em tudo o que faz do ponto de vista clínico, não apenas na clínica psicanalítica. No entanto, a maioria de nós procura a formação por esperar passar uma parte significativa da nossa jornada de trabalho na prática psicanalítica. Sempre passei ao menos metade do meu dia fazendo análise, desde que era candidato, por não permitir que essas realidades externas interferissem no meu objetivo.

Por exemplo, as demandas de tempo são realmente assustadoras. Mesmo assim, me dediquei à formação e às atividades em meu instituto local desde o momento que comecei. Fui voluntário em comitês ou projetos, participei de reuniões científicas locais e participei de vários encontros sociais em meu instituto. Minha esposa e eu tínhamos acabado de nos mudar para San Diego quando comecei minha formação oficial. Para nós, o instituto tornou-se um lar onde fizemos amigos, encontramos apoio e até encontramos amigos para nosso filho pequeno entre os filhos de outros candidatos. Fazer minha esposa sentir-se participante do instituto tanto quanto eu ajudou-a a não se importar com o tempo que eu dedicava ao instituto. Para ter certeza, estabeleci alguns limites. Ao descobrir que a formação simultânea de adultos e crianças tomava tempo em excesso do meu filho, tirei licença do programa de crianças. Para minha surpresa, os líderes do programa modificaram as exigências de seminários após alguns meses para eu poder voltar ao programa. Não acho que teriam sido tão surpreendentemente acolhedores se eu já não tivesse demonstrado meu investimento no instituto. A moral para você na formação é que receberá de volta o mesmo investimento que colocar nela.

Investir tempo também significa participar das reuniões nacionais da Associação Psicanalítica Americana (APsaA). Além de tempo, participar dessas reuniões custa dinheiro, tanto para viagens quanto em perda de rendimentos. No entanto, as reuniões desempenharam um papel importante em minha formação e minha carreira subsequente. *Participar dessas reuniões expõe a pessoa a orientações e perspectivas que talvez não aprenda no seu instituto de origem.* A maioria de nossos institutos tem uma orientação e um modo de fazer predominantes que o candidato pode supor que seja a maneira que todo instituto de psicanálise pensa ou funciona. Realmente é revelador descobrir que existem muitas ideias sobre teoria, prática e formação no mundo mais amplo da psicanálise. Esse princípio é ainda mais verdadeiro na frequência aos congressos da Associação Psicanalítica Internacional (IPA). Mas as viagens internacionais podem ser ainda mais assustadoras durante a formação em termos de tempo e de dinheiro. No entanto, vale a pena se houver condições de administrar. Diversos ex-presidentes da APsaA da minha geração começaram a frequentar os congressos da IPA quando eram candidatos.

Participar dessas reuniões também o cerca de pessoas com o mesmo nível de entusiasmo para pensar e exercer a prática psicanalítica que você. Durante décadas, percebi que, após participar de reuniões nacionais, eu convertia um caso de terapia em caso de análise. Havia algo na animação e no estímulo das discussões formais e informais que me permitia superar minhas resistências e formas preconcebidas de pensar acerca dos meus pacientes. Conseguia então ver alguns sob nova luz. Minha técnica também melhorou em virtude dessas reuniões. Não é incomum que caiamos em certas maneiras não muito examinadas de trabalhar e pensar a respeito de cada paciente ao longo do dia. Assistir às reuniões e ouvir muito material clínico, apresentado por muitos outros analistas, leva inevitavelmente à autorreflexão que nos torna melhores analistas. Finalmente, participar de reuniões muitas vezes também funciona como um dispositivo de rede. Analistas de outras partes do país frequentemente precisam encaminhar pacientes na nossa cidade. Sempre aconteceu de eu receber ligações (e mais recentemente e-mails) perguntando se posso atender um paciente da família de um paciente do analista que mora em outro lugar. Esses encaminhamentos tendem mais a se constituir em tratamento de orientação analítica do que os contatos de uma pessoa comum que nos consulta. Assim, assistir a essas reuniões nacionais é uma excelente maneira de fazer os outros pensarem em você ao fazerem encaminhamentos.

Essa última questão tem a ver com outra lição que aprendi e gostaria de transmitir. Nunca é fácil ter uma prática analítica, e parece sempre que a geração anterior teve mais facilidade de encontrar pacientes de análise. Há certa verdade nesse fato, pois as mudanças culturais e sociais parecem ir sempre em direção contrária à abordagem psicanalítica que todos amamos e achamos mais eficaz com nossos pacientes. No entanto, a prática analítica permanece alcançável até hoje, desde que se tenha em mente o truísmo de que pacientes de análise não nos procuram dizendo que querem psicanálise. Ao contrário, as pessoas nos procuram por quererem ajuda. *Cabe a nós mostrar-lhes como e por que a psicanálise é o tratamento de escolha*. Geralmente, isso implica começar o atendimento com uma frequência menor do a que analítica e aos poucos aprofundar o tratamento. À medida que isso ocorre, o aumento da frequência analítica acontece naturalmente. Também é preciso ser capaz de se vincular emocionalmente com os pacientes e explicar a eles, *em linguagem simples*, como você entende as causas dos problemas deles e por que sua abordagem de tratamento tem a maior probabilidade de ajudá-los. É essencial que você não se sobrecarregue desnecessariamente com uma abordagem de tela em branco que parece fria, distante e sem empatia. Também é necessário aprender a traduzir nosso complicado jargão teórico em linguagem cotidiana. Considero o modelo de conflito intrapsíquico fácil de traduzir e usar para mostrar aos pacientes como os conflitos entre seus desejos, suas ansiedades e sua consciência contribuem para os sintomas e os comportamentos que os incomodam. Outros podem achar outros modelos mais úteis. Não importa o modelo usado, desde que exista a possibilidade de traduzi-lo em palavras que tenham ressonância para seus pacientes.

Entretanto, essas formas de desenvolver pacientes de análise não serão úteis a menos que os pacientes o estejam procurando. Isso leva a outra dica. Não fique sentado no consultório esperando o telefone tocar. Marketing é essencial. *Todos nós temos maneiras diferentes de fazer isso, mas é essencial colocar seu nome diante de outras pessoas como clínico capaz e disponível.* A geração mais jovem hoje adota sites e mídias sociais. Meus colegas mais jovens relatam grande sucesso em receber pacientes usando a tecnologia dessa maneira. Para mim, o jeito mais confortável de fazer meu marketing era dar palestras ou lecionar. Sempre dei palestras para grupos de pais sobre temas de interesse deles. Da mesma forma, comecei a oferecer cursos de extensão em meu instituto quando era candidato. Essas atividades se mostraram bem-sucedidas para mim. Outros preferem cultivar grandes redes de contatos, confiando no truísmo de que as pessoas tendem a fazer recomendações para seus amigos. Não importa a abordagem usada desde que combine confortavelmente com a sua personalidade. É essencial dar-se a conhecer para um segmento amplo da população de pacientes em potencial.

Passarei agora para os problemas a serem observados na formação. Um dos meus maiores arrependimentos foi a pressão que senti para me adequar a certas formas de pensar e trabalhar para ter a aprovação dos poderes do meu instituto local. Durante minha formação, escrevi dois artigos analíticos ampliando um modelo teórico vigente do meu interesse. Infelizmente, meus professores foram extremamente críticos em relação a esse modelo, e a mim por preferir esse modelo em vez do modelo de psicologia do ego enfatizado em meu instituto. Consequentemente, deixei essas ideias de lado depois que os dois artigos foram publicados e voltei a escrever usando o modelo preferido. Nos últimos cinco anos, essas minhas primeiras ideias tornaram-se bastante atuais nas ideias de desenvolvimento em psicanálise. Parece que fui realmente bastante visionário há trinta anos. *Esse rechaço à inovação é um problema sério na educação psicanalítica.* Faça o seu melhor para pensar de modo crítico e permanecer fiel a si mesmo se acreditar na validade das suas ideias. Obviamente, é preciso fazer isso sem ser provocativo ou se fechar para outras formas de pensar. Mas, se você teve tempo para realmente entender o que seus professores lhe ensinam e acha que suas ideias diferentes têm mérito, peça que sejam discutidas por seus méritos, e não apenas descartadas.

Isso vale para as formas de trabalhar na clínica. Todos nós temos personalidades diferentes, e é necessário trabalhar com os pacientes de uma forma que combine com quem somos. Alguns ficam à vontade com o modelo de tela em branco, e outros precisam conversar e interagir mais. É possível permanecer tecnicamente neutro mesmo um pouco distante do silêncio estrito ou do anonimato. Encontre a maneira que combine com quem você é. Caso contrário, correrá o risco de ser percebido como distante, indiferente ou desagradável por seus pacientes. Lembro-me de sentir que finalmente poderia trabalhar da maneira que me parecia correta quando fui nomeado analista didata. Como aconteceu com minha escrita, eu me sentira forçado a trabalhar de uma forma que me parecia antinatural e restritiva. Tornei-me um analista clínico melhor quando não precisei mais ser aprovado pelas autoridades. Esteja preparado para explicar ao seu supervisor que você não se sente à vontade para trabalhar da maneira prescrita, caso sua maneira pareça ainda combinar com uma estrutura psicanalítica. Os supervisores, em geral, estão mais tolerantes com os candidatos que pensam de forma independente nos dias de hoje, à medida que maneiras mais úteis de supervisionar se tornam mais claras.

Obviamente, a ressalva a respeito do que foi dito é ter certeza de que seu jeito de trabalhar não é simplesmente um jeito de colocar em cena conflitos não resolvidos. A melhor maneira de ter certeza é a imersão em sua análise pessoal. É importante que você encontre um analista com quem se sinta à vontade para ser brutalmente honesto sobre o funcionamento de sua mente, bem como sobre seu jeito de trabalhar com seus pacientes. Infelizmente, isso nem sempre acontece na análise didática. Se não for assim, procure outra análise quando puder. Para mim, minha terceira análise, quando eu já estava estabelecido como analista, foi a que realmente me ajudou a conhecer e tratar meus conflitos mais profundos. Como era de se esperar, meu trabalho clínico melhorou notavelmente. Por essa razão, minhas palavras de despedida serão para lembrar a sugestão de Freud de que todos devemos ser reanalisados periodicamente. Não se esquive de outra análise se achar que está obstruindo seu próprio caminho em qualquer momento de sua carreira analítica.

18. Paola Golinelli

Bolonha, Itália

Caro candidato,

Agora que escutou inúmeras palavras, teorias e casos clínicos, quem sabe se o que lhe resta como uma espécie de *vade mecum* cotidiano será composto de algumas receitas simples, para fazer-lhe companhia, para consolá-lo – esperemos! – nas muitas horas de trabalho.

As pessoas dizem que o que fica em nossa mente a partir de muitas análises, e talvez da própria formação, às vezes é uma frase aparentemente banal ou um pequeno gesto. Houve a analisanda que contou lembrar-se de apenas uma interpretação da sua longa análise. Tendo relatado em uma sessão, quase em lágrimas, que involuntariamente rasgara uma blusa da qual gostava especialmente, seu analista havia sussurrado em voz baixa: "*Existem excelentes alfaiates que sabem remendar até as piores rasgos*".[1]

---

[1] A autora faz uma citação em que há um jogo de palavras no original: "There are excellent tailors who know how to sew up even the worst tears." em que tears (lágrimas) e tears (rasgos) têm a mesma grafia [N.T.].

Da minha formação, lembro-me do ambiente gratificante acerca da tarefa de desenvolver uma experiência fundamental para, em seguida, exercer uma profissão que sempre achei fabulosa, ainda que também "impossível" em muitos aspectos.

Lembro-me de momentos de entusiasmo, mas também de momentos de desânimo, quando o cansaço do paciente parecia somar-se ao meu.

Durante uma sessão com meu segundo paciente sob supervisão, peguei-me pensando que podia perceber a enorme perturbação dele, e gostaria de ter dito algo de natureza consoladora e inútil, o tipo de coisa que eu gostaria de ter ouvido. Seria um pensamento para manter escondido do meu supervisor, como se dissesse: "Tudo bem você me dizer como se faz, mas se você soubesse quantos problemas nós, duas criancinhas, estamos tendo, os coitados João e Maria aqui sozinhos, assustados com nossas próprias ambições, longe do nosso objetivo". Como a Maria, eu gostaria de pegar a mão dele e consolá-lo, dizer-lhe que iríamos conseguir: dois jovens em um mundo de adultos experientes e aparentemente confiantes, fugindo da casa de marzipan da bruxa-teoria que, naquele momento, não estava aplacando minha ansiedade nem me dizendo o que fazer com ele.

Todo par analítico depara com turbulências emocionais durante sua trajetória analítica, alternando momentos de colaboração e momentos de modulações diversas em sua assimetria. Todo par tem uma experiência de solidão, ainda que seus membros saibam que podem recorrer a alguém mais experiente, o supervisor, e, mais adiante em sua vida profissional, aos colegas.

Durante os anos de minha formação, peguei-me pensando que às vezes o trabalho de supervisão (e também o trabalho analítico) se parece com as relações que vemos narradas nos clássicos ou nos filmes de iniciação, em que o velho vaqueiro transmite seu conhecimento para o jovem, nunca falhando, livre de fracassos momentâneos da sabedoria e das habilidades adquiridas no campo, e o jovem o segue fielmente, a não ser por alguma intemperança inevitável e "saudável".

No entanto, em vários momentos aconteceu de eu me sentir mais nas condições descritas em alguns filmes de faroeste antigos, quando, ao precisarem atravessar o território inimigo, os protagonistas precisam colocar-se nas mãos de um guia nativo, mesmo que haja a suspeita de que ele seja desleal. Ele está em contato com as partes "odiadas" de seu *self*, apesar de ser incapaz de se expressar na nobre linguagem dos adultos brancos. E mesmo assim os viajantes precisarão ficar do seu lado, pois ele conhece diretamente o território, percebe rastros, fareja o ar e conhece a língua nativa, que pode ser mais áspera, mas ainda assim é essencial para entrar em contato com as partes mais sombrias, mais regredidas do *self*. Às vezes, não há outra maneira de sair dos vales estreitos e chegar ao destino desejado a não ser confiar em seu *self* "nativo", aceitando a possibilidade de cometer erros, de deparar com a desaprovação momentânea de seu supervisor, com todos os temores das consequências infelizes que daí advêm. Às vezes não há outro modo de salvar a criatividade pessoal e começar a usá-la. Pode haver momentos em que nos sentimos como o explorador inexperiente em um território novo, que precisa confiar nos outros e em si mesmo, e outros momentos em que nos sentimos um pouco toscos, mas presentes na linha de frente, ao lado do paciente e precisando escolher um caminho, sem muita hesitação.

Como candidata, parecia-me (mas acredito que naquela época era uma experiência muito comum entre meus colegas de formação) que aprender a técnica analítica significava basicamente adquirir a habilidade de fazer interpretações – para nós iniciados, aquela coisa misteriosa e maravilhosa que, aos nossos olhos inexperientes, representava o verdadeiro "instrumento" analítico.

Muito tempo se passou desde esse momento, não só para mim, como também para a teoria e a técnica analíticas. Se eu precisasse dizer agora qual é a ferramenta analítica *par excellence*, precisaria me alongar e incluir mais de uma.

Recorrerei uma vez mais a uma história que usarei como metáfora – uma antiga história de ficção científica. É literatura vulgar, cheia de utopias e distopias. Ainda adoro ler esse gênero, junto com literatura "superior" e arte em geral, pois são ingredientes indispensáveis para estocar o depósito de onde é possível retirar material para fazer o trabalho analítico. Muitas vezes elas vieram em meu socorro, especialmente em momentos de dúvida ou incerteza. A história fala de uma área arrasada e deserta que não oferece mais meios de sustento nem garantias para o futuro. Uma velha avó confia aos netos um baú, que esteve sempre a seu lado; é o legado dela. Para encontrar uma nova terra, eles precisarão suportar uma árdua jornada, mas nunca devem abandonar o baú, por motivo nenhum. Os netos partem; defrontam-se com todo tipo de aventuras, conflitos e fadigas. Ficam tentados a abandonar o baú, abri-lo, destruí-lo. Às vezes chegam quase ao desespero, quando a tentação de abrir o baú é titânica. Acabam o amaldiçoando, porque atrapalha, é pesado, retarda o progresso. Eles fantasiam a respeito do seu conteúdo. No entanto, jamais traem a promessa feita à avó, apesar da curiosidade ardente de saber o conteúdo do baú: haveria tesouros suficientes para fazer uma fortuna ou apenas as ninharias de uma velha moribunda? Apenas ao chegarem em segurança eles o abrem. Evidentemente, está vazio, mas nesse momento fica claro que a obrigação de transportá-lo os salvou.

Todo analista assume o peso do legado da velha avó e aceita implicitamente que, ao longo da jornada, teorias outrora amadas depois podem parecer obsoletas, ou mesmo "mortas", mas o importante é cumprir a tarefa.

O que cada um do par – doador e herdeiro – colocar no peito será objeto da análise única e irrepetível que aquele par específico terá feito naquele dado momento, mas acredito que cada um, paciente e analista, incluirá sua ilusão, sua esperança e seu desejo necessários. Da parte do paciente, haverá o desejo de reler sua própria história com uma abordagem relativamente menos onerosa do futuro, em comparação com os emaranhados precedentes antes não resolvidos. Do lado do analista, haverá o revisitar das suas teorias e de si mesmo, levando à redescoberta do sentido de ser analista e ao desejo de continuar sendo ao mesmo tempo que renegocia seus aspectos ideais. Acessando toda a criatividade pessoal que o analista pode invocar, a jornada chegará a seu fim. Esse baú do tesouro que chamamos de inconsciente, "um infinito dentro de nós" para evocar Matte Blanco, é onipresente, mutável, dinâmico. Ele renasce das próprias cinzas; nunca é definitivamente descoberto nem conhecido; e se reapresenta repetidamente, com novos pesadelos, tanto particulares quanto coletivos. Nossa tarefa é tentar decifrá-los.

Boa sorte, caro candidato, e *buon lavoro*!

19. Allannah Furlong

Montreal, Canadá

Caro candidato,

Quando encontrei minha analista pela primeira vez, percebi que queria que ela fosse minha analista. Ela deu uma ou duas palestras em um curso de psicoterapia psicanalítica que eu estava cursando. Em uma estranha reviravolta, numa das noites, até dividimos um táxi na volta para casa com outros participantes que não tinham carro. Paul-Laurent Assoun (1995) afirma que em um *coup de foudre* existe um pensamento vivenciado como afeto. O francês "*coup de foudre*" descreve melhor o atordoamento em que eu estava do que o português "amor à primeira vista". Essa emoção é transmitida por um pensamento antes oculto em relação a uma falta no *self*, de tal maneira que o sujeito descobre a resposta para uma pergunta da qual não tinha ciência. Foi provavelmente algumas semanas ou meses depois que criei coragem para pedir uma consulta. Após ela não ter falado quase nada em resposta à minha manifestação inicial, lembro-me de outra viagem de táxi, de volta ao consultório do hospital, em estado de choque, convencida de que ela rejeitaria meu pedido para ser sua analisanda.

Examinando em retrospecto a partir daí, as intuições de Assoun soam verdadeiras. Posso perceber como minha escolha foi incrivelmente narcisista: ela parecia ser tudo o que eu queria ser. Durante muito tempo, cada detalhe de sua aparência e comportamento que me surpreendia sempre era um sinal de diferença em relação ao espelho idealizado em que eu desejava mantê-la: loira e não morena, canhota e não destra, endossos rabiscados em meus cheques mensais (no tempo em que os bancos devolviam cheques cancelados), dona de cachorro e não de gato, língua materna diferente da minha. Também é irônico – dada a importância que seu corpo tinha para mim –, embora indique de que maneira a transferência pode colorir a percepção, que só anos após ter terminado minha análise pude "ver" que sua figura era bastante generosa.

Considero-me sortuda por ter conseguido escolher minha analista, por ter conseguido seguir livremente a loucura da minha idealização e da minha fixação por uma pessoa que aceitou ser "usada" por mim (Winnicott, 1968) ou, como Roussillon (2009) diria, por alguém que se dispusesse a ser um "objeto flexível", um objeto que eu poderia distorcer de forma sintomática para perceber melhor minhas motivações neuróticas. No instituto em que acabei ingressando, o analista pessoal de um candidato não precisava ser analista didata. Em institutos maiores, principalmente hoje em dia, em que diversas "minorias" podem ter representação, uma variedade suficiente de analistas didatas (em sexo, cor, discurso, caráter, escolha da indumentária, formação cultural) pode permitir mais liberdade para as motivações inconscientes que impulsionam a escolha do analista. Mas na minha juventude, em nossa cidade relativamente pequena, havia apenas uma analista didata do sexo feminino, e eu não queria ser analisanda dela. Ficou claro que a pessoa do analista era tão decisiva para mim quanto o processo da experiência psicanalítica. Por um lado, esse fator pessoal parece essencial para uma experiência tão íntima, e espero, caro candidato, que você também tenha a oportunidade de satisfazer sua loucura privada (Green, 1986) tanto quanto eu. Mas também revela a observação de que a psicanálise não poderia ter sido uma atividade em que eu pudesse me comprometer com qualquer pessoa. Precisava ser um encontro alegre criado/encontrado, desejado/descoberto para poder sondar as partes mais profundas do meu ser (ou assim eu acreditava na ocasião).

Freud escreveu que a contratransferência faz parte da "equação pessoal" do analista. Há também muitas pessoas para quem tornar-se analista é uma equação pessoal do *seu desejo de se tornar determinado tipo de analista*. Esse fator desempenha um papel no vínculo que une as pessoas em grupos de determinada tendência teórica, embora também seja preciso analisar se o grupo e os indivíduos nele evoluem. Nos últimos anos, diversas vezes fiquei impressionada com a relevância para as instituições psicanalíticas do estudo de Jan Assman sobre *O preço do monoteísmo*, no qual ele examina o significado histórico e cultural da "diferenciação mosaica" entre verdadeiro e falso. Embora, como Freud insistiu, o monoteísmo seja um "progresso na intelectualidade", ele também requer conversão, revolução, afastamento radical dos antigos deuses para adotar uma nova fidelidade singular ao único deus verdadeiro, no presente caso, a concepção de uma identidade e uma prática analíticas "verdadeiras" ou "melhores". Assim, há um lado obscuro inevitável do monoteísmo segundo Assman, que leva à tentação do absolutismo e da difamação da diferença. Sem dúvida, essa é uma descrição adequada das forças em ação na minha adesão pessoal a uma tradição analítica específica encarnada por minha analista, bem como no compromisso de muitos colegas meus. E testemunhei o lado sombrio desses ideais de investimento extremado na autoexclusão de vários membros talentosos da minha sociedade local que não se sentiam adequadamente reconhecidos pela maioria amorfa ou que foram ativamente bloqueados em suas aspirações de carreira pela passividade dessa maioria. Certos autores e certas questões podem ser postos de lado por discípulos leais, sendo considerados indignos, na adesão complacente ao que é professado pelos admirados "líderes" teóricos locais. Como um desses colegas me disse, há uma sociologia e uma política de ideias dominantes em grupos como o nosso. Mesmo se acreditarmos que os ideais analíticos são "verdadeiros", há jogos de poder por trás de quem é ungido para encarná-los. Além disso, o fato de a história da psicanálise estar repleta de escombros não integrados de múltiplos cismas apaixonados é mais um atestado da pertinência da preocupação de Assman. Gosto do ponto com o qual Assman termina seu livro: "Quero sublimar a diferenciação mosaica, não revogá-la. . . . Precisamos nos apegar à distinção entre verdadeiro e falso . . . para essas convicções manterem sua força e sua profundidade. Mas não poderemos mais fundamentar essa distinção em revelações que foram dadas de uma vez por todas. Dessa forma, devemos fazer da diferenciação mosaica um objeto de incessante reflexão e redefinição" (p. 120).

Essas reflexões levam-me a uma sugestão inesperada. Talvez nossas instituições psicanalíticas precisem de comitês ou mecanismos que se preocupem com o desenvolvimento das carreiras psicanalíticas de seus membros. Ironicamente, pode-se pensar no modelo de negócio de fidelização ou adesão do cliente, mas o que tenho em mente é um tipo diferente de sedução. O compromisso da maioria com cada um de seus membros tem sido um aspecto importante de controle e conformidade nas organizações, o que obviamente é algo que estou tentando questionar. No entanto, se pudéssemos inverter a fórmula, é verdadeiro o sentimento de que os analistas enquanto pessoas precisam sentir-se desejados pela comunidade não por sua conformidade, mas por sua diversidade, porque muitas vezes testemunhei espirais descendentes de autodesvalorização depressiva e retraimento nas pessoas rejeitadas no processo de formação analítica, ou de eleição ou inclusão em determinada comissão ou seminário, ou em conflito com outro membro de status analítico superior. Como poderíamos chamar esse comitê que imagino: comitê de continuidade ou de inspiração para ser membro da associação (Laplanche, 1999)? Estranhamente, como sou católica desgarrada, lembro-me da parábola do filho rebelde, se tomarmos a história como desejo de incluir as diferenças em um esforço conjunto de trabalho psíquico. Não sou a primeira questionar (cf. Celenza & Gabbard, 2003) se, mesmo em caso de transgressões éticas, a comunidade pode encontrar resultados mais saudáveis recorrendo, sempre que possível, às vias de justiça restaurativa e não a medidas punitivas.

Para concluir, caro candidato, estimulo-o a seguir seu caminho para tornar-se analista. A psicanálise é intelectualmente tão instigante quanto qualquer outra atividade científica moderna, além de permitir a seus praticantes vislumbres do coração e da mente humanos raramente compreendidos em outros lugares. No entanto, no processo necessário de ser usado com flexibilidade pelos pacientes de inúmeras maneiras, o trabalho é difícil e recorre ao melhor e ao pior em nós mesmos. Para sobreviver como analistas, precisamos trabalhar constantemente em nossas diferenciações verdadeiras e falsas, valorizar a inclusão interminável do inconsciente em todas as esferas da vida e apoiar uns aos outros nesse desafio comum. Muitos são chamados e muitos precisam ser escolhidos.

20. Barbara Stimmel

Nova York, EUA

Um desafio e um privilégio...

Caro candidato,

Deixe-me começar descrevendo o que acredito que deva ser correto: você é um adulto sofisticado com excelente educação, alguns anos como profissional em seu campo, clínico ou não, ansioso para juntar-se ao nosso fervoroso subgrupo de pensadores/profissionais, fortalecido pela capacidade de aceitar a experiência de humildade que é voltar à escola como candidato a psicanalista. Estimulo-o a relaxar e aproveitar essa "regressão" a serviço do ego!

Em escala maior

Vale a pena levar em conta a história da formação psicanalítica em si. Nosso corpo de conhecimento não é rígido, é pulsante, constantemente influenciado pela cultura e pelo contexto, resultando em "escolas" que refletem diferentes países, cidades e até institutos. Há intensa controvérsia entre diferentes teóricos, técnicas dramaticamente diferentes entre os clínicos e vários modelos de formação para seus estudantes. Tem havido uniformidade e conformidade, mas também resistência, rebeldia e rejeição em nossas instituições. Esse fomento evidente é entendido de modo rotineiro na verdade como espelho da paixão intelectual, do orgulho e do prazer que nossos estudos e trabalho nos trazem. Você é convidado a aprender a combinação de vários modelos definidos dentro da dedicação visivelmente singular à sua educação e à de seus colegas em meio à força e à vitalidade da nossa profissão.

Então aqui está você, reentrando no mundo da tutela com todas as suas exigências, sacrifícios e decepções inevitáveis. Estes serão agravados pelas inevitáveis transferências que *abundam* em todo e qualquer instituto de psicanálise, sala de aula, sessão de supervisão, sessão de análise. A finalidade não é assustá-lo, é um convite a relaxar diante de dinâmicas recém-despertadas que caracterizam não apenas a educação, mas também a família, a política e todas as interações humanas. Contudo, há conforto em estar no mesmo barco cercado por outros que, no passado, vivenciaram o mesmo que você vivencia agora, oferecendo assim a prova viva de que esse empreendimento é factível, e, felizmente, ainda outros que o ajudarão a levá-lo a cabo.

Inevitavelmente, todos nós que escrevemos para você neste livro fomos candidatos a analistas – fomos analisados, supervisionados, educados; formamo-nos e agora ensinamos e analisamos outros candidatos. Temos trabalhado em muitas funções em associações locais, nacionais e internacionais de psicanálise, deixando assim nossas marcas na profissão. Nós, cada um à sua maneira, entendemos com humildade e empatia as experiências semelhantes que você encontrará. Nenhum de nós pode fazer muito mais do que transmitir nosso conhecimento por meio dos compromissos imperfeitos de nossos próprios complicados *selves*. Portanto, o meu é apenas um conjunto de reflexões sobre sua jornada. Com essa ressalva em mente, misture meus pensamentos, experiências, sabedoria com o resto, peneire, deguste, faça malabarismos e aposto que você estará pronto para seguir em frente com o conhecimento de que pode fazer isso e de que as recompensas continuarão ocorrendo ao longo de sua carreira.

Em escala menor

O primeiro, maior e mais duradouro contexto dessa jornada é a natureza entremeada, essencialmente inseparável, de seu tratamento pessoal e sua formação mais ou menos pública. Seu analista, do jeito dele ou dela, por trás da cena, será o contraste, ouvido, antídoto, cúmplice, apoio e tensão juntamente com muitas outras figuras durante o tempo de candidato. Com muita probabilidade, ele é membro do seu instituto e possivelmente é analista/supervisor de alguns de seus colegas candidatos, faz parte dos comitês que compõem os braços educacionais/políticos de seu ambiente educacional, tem algum destaque no campo ou nenhum que você possa discernir: tudo isso e muito mais afetará de maneira constante a experiência analítica, interagindo com tudo o mais que se agita. Relaxe, sua jornada é emocionante.

Mas esteja preparado para a turbulência, pois você está estudando em uma comunidade muito complexa (qual não é?), e as pessoas ao seu redor estarão presas em suas próprias dores transferenciais. Por inúmeras razões, as instituições analíticas podem ser receptáculos complicados e delicados em que fermentam muitas intempéries. Ofereço uma sugestão simples: ande com cuidado, sem medo, e use sua análise para ajudar a manter o que é mais claramente importante do seu ponto de vista. Aproveite a oportunidade para olhar todo o tempo bem de perto para si próprio, para o que está ao seu redor, para seus colegas e para a profissão em si com cada vez mais sutileza e valorização. Se fizer assim, o resultado será aproveitamento e enriquecimento. E então, em breve, você fará parte da geração mais velha, ajudando as pessoas que vierem depois a navegar nessas águas (nem sempre agitadas!).

A sala de aula é um lugar complicado, pois voltar a ser aluno depois de já ter passado por tudo isso, talvez há muito tempo, pode ser um esforço. Não será uma surpresa para você que questões inevitáveis nas relações aluno/professor venham à tona. Espera-se que, na maioria das vezes, a mescla de teoria e técnica, aula e consultório, acrescente elementos de surpresa, até de excitação, de tal forma que a satisfação triunfe. Não sou míope, com certeza - uns professores serão insuficientes, outros comuns e outros bons, mas alguns serão ótimos; prometo.

Seus supervisores podem tornar as coisas bem difíceis! Seus estilos variados podem e, ouso dizer, provavelmente vão deixá-lo confuso às vezes. Muitas vezes, eles ouvirão material semelhante de maneiras muito diferentes; oferecerão interpretações diametralmente opostas; sugestões técnicas saltarão de diversos cantos da clínica. Os melhores supervisores o lembrarão de que o jeito deles é apenas uma forma possível de trabalhar. Além disso, farão você lembrar que sua tarefa é escutar, refinar, incorporar, integrar e, finalmente, formar sua própria identidade clínica. Algo que acontecerá de maneira lenta e satisfatória à medida que você perceber que seu conhecimento cada vez maior da teoria e da técnica psicanalíticas está em constante interação com o aprofundamento de sua autoconsciência e sua capacidade de mudança.

Permita-se aprender com quem quer ensinar. Na maioria das vezes, eles estarão lá para estimular e inspirar seu intelecto, seu entusiasmo pelo trabalho e incentivar o desenvolvimento da sua capacidade como psicanalista praticante e alguém que contribui para ampliar nosso mundo científico.

Além disso, o status de candidato muitas vezes pode significar mais do que o de aluno. Haverá oportunidade de se envolver na vida de seu instituto por meio de comitês, organizações de candidatos (locais, nacionais e internacionais), bem como de fazer os amigos mais importantes de sua vida. No final, eu o aconselho a recuar e observar as pessoas que "dirigem o show". Dado que elas já estavam por aqui antes de você, e assim sabem algumas coisas, geralmente é possível aprender muito com (algumas) pessoas. Lembre-se, porém, de que provavelmente a grande maioria não tem capacidades administrativas específicas, portanto, não têm muita experiência além do seu tempo em determinados cargos, coordenação de comitês etc. Seja paciente; haverá compensação por sua dedicação de tempo e esforço à sua formação, ao campo e ao seu futuro.

O mais importante, porém, é usar essas configurações para aprender e seguir os passos dos seus mentores, tomando cuidado para não os idealizar nem a seus papéis.

Em escala pessoal

Ao ingressar como candidata eu não tinha experiência clínica. Atendi meu primeiro paciente como terapeuta/analista em estado nascente. Essa experiência fortalece minha convicção de que a psicanálise é um método clínico passível de ser aprendido por qualquer pessoa preparada e desejante de ajudar outras pessoas a compreenderem suas próprias mentes. Se, como eu, você vier de outro lugar do universo profissional, não se preocupe; é possível tornar-se um bom analista no futuro. Se você já for um clínico com muita experiência, não se preocupe, não precisará desaprender nada; ao contrário, terá a oportunidade de descobrir inúmeras novas maneiras de escuta. E qualquer que seja sua situação anterior ao status de candidato, seus pacientes serão seus melhores professores; tenha disponibilidade para aprender.

Fui candidata há muito tempo, num momento em que as organizações psicanalíticas estadunidenses e internacionais se esforçavam para ultrapassar suas práticas antiquadas e injustas. Foi uma época emocionante. Meu instituto foi um dos três dos Estados Unidos inicialmente aceitos na Associação Psicanalítica Internacional (IPA), apesar de não ter sido aceito na Associação Psicanalítica Americana (APsaA). Foi o início de uma era nova e pluralista (graus acadêmicos, modelos teóricos/clínicos, estruturas organizacionais) – vencida e bem-vinda. Naqueles primeiros dias de mescla relutante, mas inevitável de colegas antes hostis, realizaram-se coisas maravilhosas.

Meu envolvimento com esses progressos se sobrepôs ao meu período como candidata e à minha aceitação como membro. Então, anos depois – quando já era participante do corpo docente e analista didata em meu instituto, participava de comitês e era analista didata na IPA, nesse momento já membro da APsaA, alocada na comissão de programa –, comecei a formação em análise de crianças e adolescentes em outro instituto, não no meu. "Voltar para a escola" ao mesmo tempo que estava envolvida em ensinar, supervisionar, analisar e liderar me desorientou um pouco, exigiu muito de mim e com certeza foi estranho! Fiz essa escolha pouco comum de começar uma nova carreira por duas vezes, mas cada instância valeu muito a pena. E então, Otto Kernberg me convidou para ser secretária associada do conselho norte-americano da IPA durante a presidência dele. Meu pequeno instituto, que durante anos fora evitado pela APsaA, mas finalmente tinha se associado à IPA, havia me preparado bem para o universo maior da psicanálise. Descobri em meio a todos os diferentes sotaques na linguagem e arenas de consultas/formação que nós, do mundo todo, nos comprometíamos profundamente a que nossa profissão permanecesse saudável, ajudasse as pessoas e, mais importante, fosse convidativa para as gerações seguintes se juntarem a nós. E isso, evidentemente, inclui você.

Não me refiro a esses dias por nostalgia, mas para sugerir que é extremamente provável que você também tenha seu tempo e lugar para causar impacto em nossa profissão. Há muitos caminhos para tanto, inclusive, talvez o mais importante de todos, a sua prática. Na clínica você ajudará corações e mentes a amadurecerem, amarem e trabalharem, e essas pessoas difundirão indiretamente os frutos da psicanálise, permitindo que ela continue a crescer e a florescer.

Minhas ideias finais concentram-se inevitavelmente no que não foi dito, perguntas que eu poderia responder (pessoais e profissionais), conselhos que eu poderia oferecer se pudéssemos sentar juntos com todo o tempo que desejássemos. Mas de modo muito sucinto, quero dizer que meus dias como candidata se apossaram de mim – e nunca mais me soltaram. Fui empurrada de cabeça para uma colisão feliz com descobertas emocionantes, enriquecedoras, desafiadoras que me aguardavam nesse empreendimento educacional enorme. Não estou ignorando as dores de cabeça, os enigmas clínicos, as demandas irresistíveis e a energia prodigiosa necessária para fazer malabarismos com as exigências da mudança de carreira fora de época. Meus filhos e marido, minha família ampliada (inclusive meus animais de estimação!), minha saúde e outros prazeres competiam constantemente pela minha esgotada atenção. Não consigo me lembrar do descanso clamoroso, mas houve mais, como certamente haverá para você.

Como em algumas das melhores sessões de análise, termino onde comecei. É "um desafio e um privilégio..." para mim tentar ajudá-lo. E, para você, conhecer e aprender esse jeito rico, gratificante e notável de fazer a diferença no mundo.

Boa sorte e aproveite!

21. Abbot Bronstein

São Francisco, EUA

Caros candidatos,[1]

Quero começar com algo essencial e necessário de recordar: a psicanálise é um campo imenso e uma profissão incrível – gratificante e estimulante do ponto de vista intelectual e pessoal, pois oferece algo notável às pessoas que são nossos pacientes, aos nossos alunos e a nós mesmos. Também é exaustiva e complicada, cara e exigente, inquietante e perturbadora.

O trabalho clínico psicanalítico não é o que imaginávamos que fosse ao começarmos e as respostas que buscamos de modo pessoal e precisamos do ponto de vista profissional são muito mais evasivas e complicadas do que pensávamos. Se sentirmos que as encontramos, continuemos procurando.

---

1 Quero agradecer aos candidatos, aos outros analistas que confiaram na minha orientação, aos meus supervisores e professores e ao meu analista por me ajudarem a compreender a ideia de que não se pode fazer sozinho isso que se chama análise.

Meu próprio esforço para fazer análise não foi absolutamente uma linha reta, e imagino que assim seja para a maioria dos candidatos e analistas.

Na América do Norte, tornar-se analista não era fácil para quem optasse por não fazer medicina. Isso mudou por razões políticas, econômicas e sociais nos Estados Unidos. Em Londres, na Europa, na América do Sul e agora nos Estados Unidos, não existe mais essa barreira. Hoje existem outras barreiras, não menos difíceis de atravessar e superar. E depois há obstáculos pessoais, externos e internos.

Para mim, começou com matemática e ciências e o desejo de ser engenheiro, e mudou quando percebi que não entendia a teoria matemática. Física era fácil; eu podia vê-la. Teoria matemática, nem tanto. Então, na década de 1960, passei um ano no exterior, em Israel. Isso era o que a junta de recrutamento me permitia. Estudei arqueologia, literatura e o livro do Êxodo, história da arte e um curso de psicopatologia em que lemos o Pequeno Hans, em hebraico! No entanto, fez sentido para mim. Isso que se chamava inconsciente para mim era mais como física e geometria. Eu conseguia ver, entender.

Ao terminar a faculdade, fui voluntário no Hospital Sheppard Pratt, trabalhando com pacientes esquizofrênicos crônicos como auxiliar e "pesquisador" antes de me formar em psicologia clínica. Sullivan disse que somos muito mais humanos do que o contrário, e a conversa diária com homens internados durante muito tempo nessas enfermarias me convenceu. Na pós-graduação, envolver-me com pesquisas em psicanálise em Nova York e depois em São Francisco e trabalhar com terapeutas e analistas intelectualmente sérios e clinicamente originais abriu para mim um mundo de sonhos e ideias estimulantes. Foi algo que senti como possível de observar e conhecer. Trabalhar com pacientes em terapia de várias vezes por semana, na pós-graduação e depois durante as bolsas de estudo do pré- e pós-doutorado, proporcionou o estimulante registro de que a teoria era imperfeita, mas extraordinária em seu poder explicativo.

Meu pai era linguista, minha mãe era professora e interessada em ciências, um tio meu era psicanalista e mudou para Londres para trabalhar com Melanie Klein e um amigo próximo da família também era um excelente analista, e certa vez em público, depois de eu tê-lo apresentado, recordou que com frequência eu costumava atropelar suas cercas com a minha bicicleta. Pensava que esses fatos fossem meramente incidentais em minhas escolhas, meus interesses e no lugar em que me encontraria profissionalmente!

Revelou-se que eu tinha sintomas e ansiedades e sonhos e um inconsciente. Esses pensamentos e fantasias inconscientes tinham uma espécie de existência concreta, não uma vida própria, mas integrada à minha vida. As escolhas não foram feitas de maneira tão livre como eu pensava.

Fiquei muito aliviado ao ler um artigo de Phyllis Greenacre ou Edith Jacobson, acho, sobre analistas em formação e como todos eles tem dificuldades. Se fosse fácil, algo estava errado. A parte fácil não era algo com o qual eu precisasse me preocupar! As ideias de que haveria ansiedades, esforços, conflitos, dificuldades, e de que tudo bem e até era esperado ajudaram muito.

Daí veio a formação analítica! Eu precisaria passar por uma de duas rotas se quisesse fazer a formação naquela época em São Francisco ou em outros lugares nos Estados Unidos. Ou me tornava candidato a pesquisa pelo Comitê de Pesquisa e Formação Especial (CORST) ou fazia uma formação paralela, tendo supervisão e atendendo casos de alta frequência e fazendo análise com um bom analista. Estava preparado para me tornar candidato a pesquisa quando a vida interveio. Recebi o diagnóstico de uma doença que colocava minha vida em risco e adiei a ideia de formação analítica formal.

Mas permaneci na minha análise, continuei com múltiplas supervisões, li tudo o que pude e minha preocupação maior era se chegaria a ver meu filho fazer três anos, quanto mais tornar-se adulto.

Sobrevivi. Até então, uma ação judicial permitia que psicólogos se candidatassem em uma categoria específica que não fosse pesquisa para a formação completa. A chamada emenda Gaskill permitia a admissão especial por meio do instituto local e depois a aprovação pela associação americana.

Frequentei o Instituto Psicanalítico de São Francisco, formei-me e percebi que ainda estava muito perdido na clínica. Fiquei em supervisão com dois supervisores que foram meus mentores durante minha formação e comecei a trabalhar com o grupo kleiniano britânico em Londres (apenas aleatoriamente!), que era diferente e ainda assim familiar e semelhante.

Portanto, o que recomendo e espero para vocês, enquanto candidatos, e para o futuro desse campo maravilhoso, complexo e conturbado que escolhemos? Como começar a enfrentar a dor psíquica em nós e nos pacientes que trabalhamos para ajudar? Como nos manter equilibrados em nossa vida pessoal e profissional? Como gerenciar as perturbações em nossas vidas quando os pacientes morrem, se mudam, fracassam, têm colapsos, nos atacam ou idealizam?

Em um campo em que somos ensinados a não dar conselhos, em virtude dos riscos clínicos reais que dar conselhos acarreta, eis alguns.

Primeiro, acredite no inconsciente. Ele existe e funciona de jeitos nem tão misteriosos. Um professor meu disse que saber que tem um inconsciente é o único critério para o psicanalista se desenvolver.

Leia, estude e envolva-se na obra de psicanalistas do passado e do presente.

Escreva se puder, e mesmo que não consiga, tente. Isso o força a esclarecer suas ideias próprias. Ser criativo é diferente de ser original. Podemos criar interpretações ter ideias criativas sobre psicanálise e pacientes, e elas não precisam ser apenas nossas, nem novas na área. Ensine e supervisione psicoterapia e análise. Atenda pacientes o máximo e sempre que puder. Reduza seus honorários para poder fazer o máximo possível de análise. Quatro a cinco casos de análise em andamento, após a formação, é um bom número! Dois a três casos em andamento nesses dias de formação é um bom ponto de partida. Lembre-se de que você é um psicanalista em formação e depois um psicanalista, não um psicólogo, assistente social, psiquiatra, ou professor de literatura inglesa. É possível ser isso também, mas você é psicanalista com uma área específica de especialização e ferramentas para fazer o tipo de trabalho para o qual se formou.

Atenda pacientes três, quatro, cinco vezes por semana e use o divã. São ferramentas que auxiliam nesse processo que denominamos psicanálise. Peça ajuda com frequência e por muito tempo – muito, muito tempo. Essa profissão só é "impossível" se você tentar fazer tudo sozinho. Não é fácil, e a dificuldade é saber o quanto não sabemos; no entanto, é algo essencial para nos tornarmos e evoluirmos como psicanalistas.

Faça uma boa análise e seja capaz de usar o pensamento crítico em relação a esse processo também. Muitas pessoas diziam que a primeira análise é para o instituto e a segunda para você. NÃO! Ambas, cada uma e todas as análises são para você. Ajuda sua família, seus pacientes, mas principalmente o ajuda. É formativa, mas seu objetivo principal não deveria ser tornar-se analista. Mas ajuda de maneiras diretas e amorfas. Ajuda-o em sua vida, o que é bom. Proporciona o conhecimento da dor da depressão, da confusão, da paranoia e do desespero. Mostra como a mudança é difícil e quanto tempo e trabalho são necessários para conseguir as mudanças desejadas em cada um de nós. Sua análise mostra suas limitações, sua mortalidade e os limites da ajuda, por mais abrangente que seja.

Ao escreverem, muitas vezes os analistas agradecem a seus pacientes por ensiná-los. Fazem isso de maneira singular, mas acho que é apenas um dos grupos de pessoas a quem devemos lembrar de agradecer, que nos ensinam, apoiam e ajudam a progredir em um campo exigente, caótico e cativante. Nossos alunos, enquanto são candidatos, tanto ensinam quanto aprendem. Sua capacidade de pensamento crítico e sua experiência ajudam seus analistas, supervisores e colegas a aprenderem. Nunca se esqueça de seus amigos e familiares! Sem o apoio e a tolerância deles a nosso caos e nossas lutas internas, não seríamos capazes de administrá-los. Cuide de seus pacientes, mas também de seus filhos, parceiros, pais e outros. Aprende-se muito mais com eles do que se imagina.

Por fim, seja paciente consigo, com seus colegas, seu analista e seus professores. Em todos os sentidos, esse processo é difícil, gratificante e traz à tona conflitos e ansiedades que não entendemos.

A análise é um processo maravilhoso de se poder participar por nós mesmos e nossas famílias. Eu o incentivaria a defendê-lo, protegê-lo e também perceber suas limitações significativas, tudo ao mesmo tempo.

Como disse um professor, ele estava com um pouco de inveja dos progressos realizados e de como meus colegas candidatos e eu poderíamos mudar o campo de formas que ele não conseguia imaginar nem seria capaz de fazer. Não precisávamos depender do passado, mas ele sentia que poderíamos construir e aprender. Ele esperava que pudéssemos começar de onde ele terminou, nos beneficiar de suas experiências e avançar no estudo da mente de formas que continuarão a ser animadoras e a proporcionar resultados melhores para nós, nosso campo e, mais importante, nossos pacientes.

22. Cecilio Paniagua

Madri, Espanha

Caro candidato,

O editor deste livro original e oportuno, Fred Busch, pediu que escrevêssemos um capítulo curto de reflexões pessoais sobre nossa experiência de nos tornarmos psicanalistas. Com esse propósito, exporei algumas memórias e conclusões minhas na esperança de que ressoem de maneira útil com as antecipações e as lutas em alguns de vocês.

Após terminar meus estudos de medicina em minha cidade natal, Madri, fui para os EUA com uma bolsa de estudos Fulbright. Após um estágio rotativo em que o meu desnorteamento vocacional ficou bastante evidente, decidi fazer residência em psiquiatria, a especialidade clínica menos parecida com as outras a que eu tinha sido exposto. Tudo o que eu tinha lido sobre psiquiatria era taxonômico, fenomenológico e orgânico. Minhas referências sobre psicanálise eram muito nebulosas. Fui aceito para a formação no Jefferson Medical College da Filadélfia, e ali começou minha boa sorte. Minha identidade profissional aos poucos tornou-se menos difusa à medida que ouvia os professores e os instrutores que por acaso eram psicanalistas. Foi aí que me dei conta do que eu queria ser quando "crescesse". O modo de pensar profundo, amplo e sistemático desses professores proporcionou, enfim, uma estrutura coesa para minhas sublimações científicas e humanísticas juvenis.

Depois, ao trabalhar como psiquiatra em hospitais e clínicas de saúde mental, matriculei-me em um programa de psicanálise. Como candidato do Instituto Baltimore-Washington, meus interesses pessoais e profissionais se solidificaram à medida que aprendi teoria por meio das observações clínicas dos professores, cuja maioria era de psicólogos do ego. Considerei cativantes as leituras dos seminários.

Por motivos familiares, depois de me formar em 1986, voltei à minha antiga Madri para morar e clinicar. Claro, eu estava ciente de antemão da antipatia antiamericana predominante entre a intelectualidade do sul da Europa; no entanto, não esperava pelo grau em que acabaria me sentindo estrangeiro em meu próprio território após ter sido estrangeiro nos EUA. O grupo psicanalítico de Madri foi patrocinado inicialmente pela Sociedade de Paris e posteriormente influenciado por analistas emigrados da Argentina, principalmente kleinianos e lacanianos. De colegas mais antigos, precisei ouvir a respeito da "superficialidade" da psicologia do ego.

Na Associação Psicanalítica de Madri, dei seminários sobre Freud e técnica, tornando-me um professor bastante popular. Eu era analista didata e supervisor na minha sociedade local, mas nenhum candidato me escolheu para sua análise pessoal. Supervisionei apenas um jovem colega de outro país. Como secretário do comitê de formação, tentei mudar nosso sistema de seminários, propondo que as aulas fossem inseridas no currículo na forma de temas como "desenvolvimento infantil", "teoria das pulsões", "psicologia do ego", "mecanismos e formas de neurose", "analisabilidade", "técnica" e "princípios de psicoterapia". Apresentei também a ideia de que os seminários de Freud, os únicos obrigatórios até então, pudessem ser temáticos em vez de cronológicos. Minhas propostas foram totalmente rejeitadas com o argumento principal de que os candidatos eram todos graduados da universidade e não precisavam voltar a "ensinamentos semelhantes ao Ensino Médio". O modelo Eitingon era considerado antiquado. A minimização da centralidade dos seminários na formação devia-se sobretudo à ideia de que, para os candidatos, a aquisição de competências deve girar predominantemente em torno da sua análise pessoal e da supervisão clínica. Sem sucesso, raciocinei que esse aparente desequilíbrio poderia privar futuros analistas de um meio fundamental para aprender visões independentes sobre sua profissão com menos colorido transferencial (cf. Busch, 2019).

Em 1998, após 12 anos de filiação à Associação Psicanalítica de Madri, renunciei a ela, permanecendo o único membro ativo da Associação Psicanalítica Americana na cidade. O fracasso para me adaptar foi doloroso, mas também teve resultados positivos inesperados para mim. Durante esses anos na Associação Psicanalítica de Madri, tive a oportunidade de comparar em primeira mão diferentes teorias da técnica – minha área preferida de interesse –, discernindo repetidamente a aparência enganosa do entendimento comum. Aprendi muito sobre o uso de racionalizações e intelectualizações por mim e por outros em nossas abstrações conceituais. Até hoje fico maravilhado com a nossa inveterada tendência de transgredir regras de correspondência sensível entre a linguagem empírica (da observação) e a linguagem teórica.

Acabei desenvolvendo uma prática clínica muito gratificante fora do meio analítico oficial e, mais importante, tive tempo para leitura produtiva e comunicação cibernética com colegas respeitados do ponto de vista científico. Minha dedicação à investigação da psicologia dinâmica aumentou com o tempo e consegui publicar nacional e internacionalmente mais do que qualquer um dos meus conterrâneos psicanalistas. Meu amor por nossa protociência cresceu exponencialmente e me senti cada vez mais afortunado e feliz com minha escolha vocacional. Minha identidade profissional e minhas convicções se fortaleceram longe da quase esterilidade das reuniões programadas e das apresentações excessivamente teóricas. Adquiri um sentimento definido de solidez em minha evolução, e a angústia dos meus anos de juventude foi deixada para trás. Agora, em meados dos meus setenta anos, meu interesse pelo progresso da psicanálise como ciência semântica permanece inabalável. Das minhas reminiscências, resumirei agora o que considero que possa ter algum interesse educacional para você.

A exposição a diferentes tradições e linguagens representa, sem dúvida, uma experiência extremamente enriquecedora. No entanto, fazer análise em uma língua diferente necessariamente implica limitações devidas aos diversos pressupostos subculturais, a possibilidade de mal-entendidos expressivos e o inevitável crivo afetivo pelo qual as expressões verbais precisam passar. Deixe-me ressaltar aqui o lembrete de que "denotações" não são o mesmo que "conotações". Claro que esses fatos não anulam a análise como forma de tratamento nessas circunstâncias, mas afetam sua eficácia.

Sou defensor da psicoterapia dinâmica como prática diferente da análise. Penso que as pessoas que afirmam que tudo que um analista faz é psicanálise se iludem, idealizando seu ofício, prestando possivelmente um desserviço a muitos pacientes. Recomendo que, para muitos casos neuróticos, abordagens dinâmicas focais capazes de obter resultados "suficientemente bons" sejam consideradas antes de prescrever tratamentos de quatro sessões por semana (cf. Dewald, 1973). Minha experiência profissional posterior em um ambiente menos abundante do que aquele em que me formei pode ter me sensibilizado para essa questão.

Os futuros analistas precisam adquirir um repertório de estratégias psicoterapêuticas baseadas na avaliação especializada de patologias e situações complexas. Os candidatos devem saber por que e quando a tríade "anonimato, neutralidade, abstinência" é indicada, ou seja, até que ponto é útil ou arriscada. Com certeza, os candidatos não devem terminar sua formação pensando que a "grande cirurgia" é a única solução eficaz para os conflitos neuróticos. Acho que o humanitário "*guerir parfois, soulager souvent, consoler toujours*"[1] pode ser suficiente.

Em minha opinião, análises clássicas longas são indicadas, primeiro, para transtornos de personalidade com traços de caráter extremamente desadaptativos em que o paciente fique fadado a repetir ao longo de sua vida padrões autodestrutivos excessivos, transmitindo uma patologia significativa para as gerações futuras; e, segundo, para os indivíduos que precisam conhecer profundamente suas tendências e vulnerabilidades inconscientes para realizar seu trabalho profissional, ou seja, psicanalistas.

A dedicação à psicanálise implica um nível considerável de paciência, tolerância à incerteza, resistência às críticas e sacrifício econômico. *Acredito que analistas devam ser movidos por elevado coeficiente de idealismo para enfrentar esses desafios.* O fascínio pela pesquisa disciplinada dos fenômenos psíquicos inconscientes precisa ser primordial durante sua formação. Citarei aqui o lembrete de Anna Freud em seu pequeno texto de 1967 sobre "A avaliação de candidatos à formação psicanalítica": "Se quiser ser um verdadeiro psicanalista, deverá ter grande amor pela verdade, tanto pela verdade científica quanto pela verdade pessoal, e precisará colocar esse apreço pela verdade acima de qualquer desconforto

---

1 Aforismo geralmente atribuído ao cirurgião francês Ambroise Paré que significa "curar às vezes, aliviar com frequência, consolar sempre" [N.T.].

ao enfrentar fatos desagradáveis, sejam eles do mundo externo ou do seu próprio mundo interno" (citada em Kappelle, 1996, p. 1213).

A escolha do analista pessoal e dos supervisores é da maior relevância. É aconselhável informar-se sobre sua reputação, claro, mas sugiro também que siga sua intuição. Um velho ditado diz: "Os professores não ensinam apenas o que sabem, mas também quem são", e as internalizações desse último serão importantes no desenvolvimento de sua carreira. Em sua análise pessoal e sua autoanálise, haverá tempo para explorar os determinantes transferenciais de suas escolhas.

Quanto aos seminários, é conveniente em nossa era de pluralismo ser exposto a teorias passadas e existentes, tornando-se adepto do que De Urtubey (1985) denominou "poliglotismo metapsicológico", procurando discernir sempre na compreensão de conceitos árduos o que é complexidade e o que é prolixidade. Apreender o significado de diferentes noções requer uma atitude questionadora sobre o que os autores veem como evidência ao fazer suas inferências. Concordo com a afirmação de Boesky (2015) de que "os seminários em nossos institutos discutem comparações dos vários modelos teóricos, mas essencialmente ignoram suas premissas epistemológicas" (p. 66).

É essencial desenvolver os próprios critérios de verossimilhança e preferências técnicas após longa escuta e inter-relação de ideias teóricas distintas. Devemos ter a mente aberta, "mas não tão aberta que o cérebro caia", nas palavras de um colega sênior estadunidense. Podemos chegar a nossos próprios julgamentos e estilo sem abandonar o respeito pela experiência dos analistas mais idosos. Ao mesmo tempo, devemos nos comprometer a nunca jurar sobre os pronunciamentos de nenhum mestre ("*Nullia in verba iurare magistri*!"), mas a buscar a exploração das verdades psíquicas mesmo que pareçam divergentes dos ensinamentos de clássicos admirados (*"Amicus Sócrates, sed magis amicas veritas!"*[2]).

Será necessário aprender acerca das abordagens contemporâneas uni- e bipessoais, navegando entre a convicção de objetividade e a pretensão de imperturbabilidade de um lado e a crença na compreensão fusional de outro, ou entre ceticismo e credulidade excessivos. Para a exploração da complexidade das formações de compromisso inconscientes entre derivações pulsionais, contraforças defensivas e autorrepresentações, nem todas as teorias da técnica nasceram iguais. Minha preferência pessoal no trabalho clínico consiste em recorrer a uma série de abordagens que facilitem *interpretações do analisando* sobre suas próprias associações, que podem confirmar, amplificar ou refutar as conjecturas do analista. Em minha experiência, a técnica do processo próximo proposta pela psicologia do ego contemporânea parece a mais apropriada para esse propósito. No entanto, no "estudo sistemático do autoengano e suas motivações" (Hartmann, 1959, p. 22) – minha definição concisa favorita de nosso esforço –, todos os analistas precisam chegar às suas próprias conclusões sobre qual é a metodologia de pesquisa mais verdadeira e a abordagem mais eficaz para seus pacientes.

Muitas felicidades, jovem colega, e bem-vindo ao que muitos de nós consideramos a profissão mais interessante do mundo.

---

[2] Frase atribuída geralmente a Platão que significa "amigo de Sócrates, mas mais amigo da verdade".

23. Ellen Sparer

Paris, França

Caro analista em formação,

Escrever sobre "tornar-se" psicanalista é tão paradoxal quanto escrever sobre estar em análise. Como escreverei sobre o que, para mim, é essencialmente uma jornada pessoal, alimentada pelo desejo e pela experiência pessoal? Ao mesmo tempo, uma vez admitido em um instituto de psicanálise, esse "devir" também está contido dentro de uma instituição, com suas demandas e exigências singulares e específicas. "Tornar-se", assim, fica enquadrado tanto pela realidade interna, psíquica, quanto pela realidade externa, institucional.

Em francês, denominamos "formação" pois se trata de um processo constante de modelagem, moldagem e transformação – não a um molde externo, mas para manter vivo, esperamos, o trabalho psíquico interno iniciado durante a análise. O "fim" da formação enquanto tal, se assim se puder falar, em última análise, é a apropriação da função analítica, em grande parte aprender a distinguir a função de psicoterapeuta da função analítica.

Para passar do divã para a poltrona atrás dele, será necessário ter elaborado "suficientemente" seu próprio mundo psíquico, tanto o polo edipiano quanto o narcísico. Espero que tenha pensado e analisado seu desejo de se tornar psicanalista, com suas identificações, suas rivalidades e seus desejos assassinos em relação a seu analista. Você conhece o bastante do seu mundo psíquico para poder falar a respeito dele, de seu impacto no presente e do impacto de acontecimento passados em sua vida atual. A transferência de seus pacientes testará a força de seu funcionamento psíquico, por isso, é indispensável que sua análise pessoal tenha avançado bem.

Esses são alguns dos elementos que analisamos nas três entrevistas quando o candidato se inscreve na Sociedade Psicanalítica de Paris. Facilitar esse movimento, do deitar-se no divã para o sentar-se atrás dele, manter a verdade analítica, a honestidade e a ética também é, de alguma forma, nosso "objetivo" – se faz sentido falar de "ideia deliberada" durante os anos de formação.

Espero que você se apaixone pela obra de Freud, cuja arquitetura da mente, tão cuidadosamente construída ao longo de décadas, continua sendo a estrutura mais completa da psique. Uma das tarefas de sua formação é aprender a ler Freud. O que quero dizer com isso? Cada artigo que Freud escreveu foi escrito em um contexto e, com o passar dos anos, os textos posteriores deveriam ser entendidos em relação a reflexões e teorizações anteriores. Em que outros artigos ele trabalhava quando escreveu determinado texto? Que noções ele tocou algumas vezes anos antes e depois voltou a desenvolver? Muitas vezes as notas de rodapé são pistas inestimáveis de como as elaborações posteriores modificaram as proposições anteriores.

Gostaria que você entendesse os seguidores dele no contexto da sua obra e dos eventos históricos. Os psicanalistas mudaram de uma área para outra; as línguas e as traduções do alemão influenciaram o que é importante em diferentes escolas analíticas. E então espero que você possa usar sua criatividade pessoal para ampliar a estrutura clínica e metapsicológica.

Estou impressionada com a rapidez com a qual cheguei à minha "esperança" para você. Esta carta poderia ser reduzida a uma linha: espero que você encontre seu próprio caminho, mas, com toda a honestidade, tenho algumas convicções sobre as implicações desse caminho. Para mim, para nós, formados no modelo francês, a análise é sempre uma busca pessoal. Só pode ser durante esse esforço pessoal que se descobre ou talvez se confirma o desejo de tornar-se psicanalista.

Muitos colegas lhe dirão que o estado atual do mundo e a redução do lugar da psicanálise nele são um grande problema para você. Só concordo em parte. A psicanálise quase sempre esteve sob ataque. Mas voltarei um pouco adiante ao que considero os maiores perigos em sua formação.

Aos vinte e poucos anos, apesar da aparência exterior de sucesso, encontrei-me em dificuldades com minha vida e meus relacionamentos e comecei minha primeira análise. Foi durante esses anos de análise, trabalho de graduação e pós-graduação, e graças à possibilidade que tive de trabalhar com alguns analistas extraordinários, que meu desejo pessoal de seguir esse caminho surgiu claramente para mim. Apenas para ser confrontada com a quase impossibilidade para a psicóloga que eu era de ser aceita para "formação" em um instituto de psicanálise nos EUA, a menos que estivesse disposta a aceitar para análise somente pacientes de "pesquisa". Debati-me por um tempo, trabalhei e, então, por um desses acontecimentos fortuitos da vida, tive a oportunidade de me mudar para Paris. Paris, o lar de tantos grandes psicanalistas e de uma sociedade (na verdade sociedades, mas meu coração se decidiu por uma, a Sociedade Psicanalítica de Paris, a SPP) que não usou contra mim a falta do diploma de medicina.

O que me trouxe até aqui? Acontecimentos externos da minha vida? A possibilidade de me tornar psicanalista? Comecei esta carta falando de duas realidades, institucional-externa e psíquica-interna. Temos a convicção de que cada analista em formação deve ser livre para escolher seu caminho ou jornada para se tornar analista, mas, fundamentalmente, quanta liberdade temos a partir dos impulsos psíquicos internos que nos empurram numa direção ou noutra? Ao mesmo tempo, se há uma diretriz que não mudou desde que me tornei analista da SPP, é a importância da jornada pessoal.

Na SPP não temos "aulas", no sentido de anos letivos; o candidato entra para a formação quando que se sente preparado, após um mínimo de três anos no divã por um mínimo de três sessões semanais com um membro da SPP ou da Associação Psicanalítica Internacional (IPA). Isso porque a análise é um esforço pessoal a ser realizado com o analista de escolha do candidato, independentemente do lugar do analista na hierarquia institucional. E sim, muitas pessoas na SPP estão em análise durante sua "formação".

O "requisito" mínimo para "validar" a formação são duas supervisões, uma individual e uma coletiva (em grupo). Cada analista em formação é livre para escolher os orientadores com quem gostaria de trabalhar, embora o comitê de admissão possa solicitar que a pessoa inicie com a supervisão individual ou com a coletiva.

Os seminários são realizados a critério do candidato, embora recomendemos seminários sobre a leitura de Freud, consultas iniciais e início do tratamento. A participação ativa é importante.

Então, qual é a dificuldade de estar em "formação" hoje? Eu responderia em termos da realidade material, especificamente a dificuldade de encontrar pacientes de análise hoje ou mesmo investir em uma "carreira" cujos princípios estão tão distantes da atmosfera cultural atual. A questão da cultura aproxima-se de uma questão geralmente presente – e problemática – durante a formação, especificamente o sentimento de muitos candidatos de que estão sendo infantilizados. Essa experiência deveria, penso eu, ser entendida em relação a um sentimento concomitante, o de idealização. Com isso quero dizer idealização da instituição. Ambos os sentimentos devem ser entendidos do ponto de vista psíquico para evitar a projeção tão comum na chamada "realidade" de um instituto infantilizador.

Tornar-se psicanalista em um instituto inevitavelmente o coloca em um lugar "infantil" do ponto de vista psíquico. Você está entrando em um mundo no qual espera encontrar e ocupar seu lugar tanto em uma genealogia analítica quanto em um grupo ao qual aspirou, diferentemente dos antecedentes em que nasceu. O que acontecerá nesse grupo é muito parecido com o que Freud descreveu em seu texto sobre psicologia de grupo. O pai e a mãe inconscientemente idealizados serão inelutavelmente despertados, bem como as alianças e as rivalidades com os irmãos e irmãs analíticos. O que acontecerá nesse grupo provocará certos elementos transferenciais encontrados em sua análise pessoal, o que faz parte do motivo pelo qual sua análise deve já ter avançado bastante.

É muito provável que você se veja preso entre se identificar cada vez maior com seu "grupo" e, ao mesmo tempo, colocar esse grupo no lugar de ideal de ego. Isso pode colocá-lo em risco de sentir o instituto como persecutório. As imagos que serão despertadas podem ser maternas ou paternas, dependendo de sua história e sua constituição psíquica. Trabalhar isso para evitar uma dolorosa desidealização do instituto/sociedade é crucial, sem o qual você pode optar por desinvestir sua libido dessa sociedade. Tornar-se psicanalista requer muito trabalho e elaboração contínua da sua vida interior, bem como da vida no grupo ou sociedade do qual, espero, você se tornará membro.

24. Harriet Wolfe

São Francisco, EUA

Caro candidato,

Gostaria de poder conhecê-lo pessoalmente. Ao escrever isso, percebo que minha preferência pelo diálogo pessoal é uma transição para algo sobre o qual gostaria de conversar com você: os desafios que se desenvolvem na formação psicanalítica durante as transições, os desafios relativos à mudança.

Esse é um momento de transição na educação psicanalítica. No contexto do avanço da tecnologia, surgem questões a respeito de como a formação da identidade analítica é mais bem alcançada e se a formação mediada pela tecnologia se compara à formação presencial. Provavelmente você será solicitado a considerar essa pergunta durante a sua carreira.

Fiz a formação psicanalítica de 1986 a 1994 em São Francisco, na Califórnia. Meu instituto usava, e ainda usa, o modelo tripartite de Eitingon. Minha análise didática foi muito útil para mim. Eu estava com quarenta e poucos anos e apenas desejava ter aprendido psicanálise e encontrado um analista mais cedo. As aulas variavam muito em termos da capacidade de ensino dos membros do corpo docente. Os professores variavam de analistas que conduziam o seminário como se fosse uma sessão clínica e uma oportunidade de associação livre a comunicadores exímios sobre a história e o significado da teoria e o leque de intervenções possíveis com o paciente da supervisão oficial. Meus supervisores foram excelentes. Precisei escolhê-los, mas poderia mudar de supervisor caso parecesse necessário e fosse útil. Formamos uma associação de candidatos que acabou encontrando lugar no conselho da diretoria.

No mundo atual da formação, existe a pressão controversa por maior abertura para a formação remota, também chamada de formação a distância/mediada pela internet. A variedade da linguagem usada para descrever a formação remota reflete o mal-estar de muitos educadores da psicanálise constrangidos com o tratamento analítico (especialmente a análise de candidatos) fora do enquadre de dois corpos na mesma sala. Existem opiniões intensas, mas poucos dados reais para se fazer uma escolha fundamentada sobre o assunto. Existe literatura clínica sobre o aspecto comunicativo não verbal do corpo em tratamento - desde borborigmos até contorções e maneirismos inconscientes. Essa literatura apoia a visão de que é importante o analista ter exposição pessoal ao paciente e o paciente ter essa exposição ao analista. Há também literatura afirmando que as relações por tela - ou a imagem e a voz virtuais em trocas mediadas por internet - não conseguem proporcionar a profundidade tridimensional necessária para sustentar o tratamento psicanalítico. No entanto, é possível conhecer pessoas que se sentem muito beneficiadas com o tratamento mediado.

Qualquer que seja a resposta a essa pergunta complexa, as novas tecnologias inevitavelmente mudam o mundo, e isso inclui a psicanálise. Resistir à mudança em favor de um ideal conservador ou mesmo nostálgico é uma estratégia equivocada e jamais poderia proteger nossa disciplina. Muita coisa mudou, por exemplo, desde que comecei a formação há mais de trinta anos, incluindo o acesso *de todos* a relações "a distância". Dadas minha idade e minha experiência passada, preciso resistir de maneira consciente à tendência de generalizar a comunicação mediada pela internet como bidimensional. Minha filha adulta, os candidatos atuais em São Francisco e meus pacientes que trabalham em empresas como o Google usam constantemente a tecnologia para se comunicar nos negócios e nas relações pessoais. Acho que pode haver uma diferença geracional na experiência e nas condições para a intimidade.

Quando eu era candidata, a formação remota não estava disponível, mas definitivamente havia distanciamento. Tinha a ver com a hierarquia social/profissional que separava analistas didatas, analistas pós-graduados e candidatos. Havia restrições a respeito de quem poderia participar de nossas reuniões científicas mensais, por exemplo. As reuniões científicas hoje estão abertas a todos os tipos de membros – membros da comunidade, candidatos e analistas pós-graduados – e também estudantes interessados e outros visitantes. A maioria dos membros considera que essa mudança é um movimento positivo de afastamento do elitismo, bem como um reconhecimento de que os analistas em formação são clínicos maduros que não necessitam de proteção dos mais velhos. Outros consideram que essa é uma perda de influência intelectual por parte dos membros mais experientes, os analistas didatas e supervisores, que não atendem mais na mesma proporção de quando a presença era restrita.

Acho que essa perda de participação do analista didata e do supervisor reflete uma resistência à mudança que é inevitável, complexa e muito difícil de elaborar. No entanto, mudança é exatamente o que pretendemos conseguir por meio do tratamento psicanalítico. Quando consideramos a mudança em termos de nossas organizações, no entanto, ela nos desafia de maneira inconsciente e consciente e muitas vezes coloca questões de poder e autoridade em primeiro plano. Essa dinâmica pode vir a ter mais influência do que o julgamento clínico ou a investigação científica.

Gostaria de contar-lhe uma história. É uma composição, não uma comunicação confidencial, mas todos os elementos são verdadeiros. Um candidato sênior cuja esposa recentemente perdera o emprego, principal sustento da família, perdeu seu primeiro caso de supervisão oficial porque a esposa de seu paciente tinha sido aceita para pós-graduação em outro local do país. O caso pagava honorários plenos e estava indo bem, mas a realidade interveio e o candidato perderia o caso 21 meses após o início do tratamento. O candidato sabia que o caso precisaria continuar por ao menos 24 meses para receber créditos válidos para a formação, e tanto ele quanto seu paciente estavam ansiosos para continuar o trabalho. Ele pediu permissão ao seu supervisor para continuar o caso por Skype. O supervisor sabia que não havia permissão para formação a distância e respondeu que tinha simpatia pela situação, mas não podia aprová-la. Além disso, na opinião dele, o tratamento por Skype era inútil.

O candidato ficou consternado e buscou apoio em um nível superior. Dirigiu-se ao diretor de formação, que tinha a mesma opinião do supervisor do caso: o tratamento por Skype não era permitido nem considerado válido. Até esse momento, nenhuma autoridade tinha perguntado sobre o caso, a natureza do trabalho ou a natureza dos problemas do paciente. Não houve possibilidade de recorrer da decisão. O candidato e seu paciente optaram por continuar por Skype, mas o candidato não podia contar ao instituto. O candidato não recebeu crédito pelo caso. Não conseguiu encontrar um caso com honorários plenos durante o ano seguinte e não podia dar-se ao luxo de trabalhar com pacientes cujos honorários fossem muito baixos. Acabou abandonando a formação, pois considerou que o instituto não respondia às necessidades dos pacientes nem dos candidatos.

Os temas dessa história são tristemente familiares. É uma história sobre regras rígidas e inflexíveis e atitudes autoritárias. Apresento os detalhes para ilustrar que a natureza da autoridade é complexa. Existem muitas camadas organizacionais envolvidas na educação e, em um momento de transição, é possível confundir quem está no comando do quê. Mesmo quando o lócus de autoridade é claro do ponto de vista objetivo, os participantes da formação psicanalítica podem resistir à mudança e vê-la mais como uma perda indesejável do que um ganho ou provável oportunidade.

Existe a tendência a vincular a certeza e o controle de qualidade à abordagem antiga e conhecida de formação; uma nova abordagem será oportuna algum dia, mas uma grande ameaça no dia seguinte. A primeira pergunta sobre autoridade em tempos de transição é: quem tem o poder de dizer sim ou não? Em segundo lugar, há o desafio da flexibilidade. Quando a flexibilidade é uma oportunidade e quando é uma ameaça ao controle de qualidade? Em terceiro lugar e, em minha opinião, tanto mais importante quanto mais irritante, quais são as implicações de colocar o modelo de formação existente acima das necessidades individuais do paciente/candidato? A recusa de levar em consideração uma exceção reflete uma regressão organizacional previsível diante das incertezas em tempos de transição?

Uma questão permanece em aberto: a análise a distância é um bom desenvolvimento? Qualquer que seja a resposta que possamos endossar pessoalmente, a mudança está aí. Gostaria que vocês, futuros analistas e líderes, levassem em consideração a relação com as mudanças.

Quando estruturas ou padrões mudam, acontecem duas coisas: (1) a incerteza se torna uma fonte de ansiedade e de provável regressão; e (2) a comunicação e o diálogo dentro e entre os elementos da organização tornam-se extremamente importantes. A tarefa da liderança passa a ser proporcionar clareza e previsibilidade e fazer os participantes em todos os níveis lembrarem de seus papéis e das oportunidades que a mudança representa. O líder pode reconhecer a oportunidade de destacar a regressão, mas interpretar no contexto da mudança organizacional é uma questão delicada. Corre-se o risco de ser considerado tendencioso, manipulador ou até imprudente ao abordar um motivo inconsciente no *setting* de trabalho ou educacional.

A psicanálise é uma abordagem ao pensamento e à educação que enfatiza a reflexão e a compreensão. Torna-se uma contradição em termos quando as regras relativas ao modelo de formação psicanalítica assumem caráter absolutista. A preservação de determinado modelo em lugar do estabelecimento de políticas e procedimentos que reflitam o cuidado com a formação pessoal e com as necessidades clínicas é incompatível com princípios psicanalíticos fundamentais.

O fascínio das regras é o fato de oferecerem uma sensação de segurança e estabilidade, especialmente em tempos de rápidas mudanças. Na melhor das hipóteses, as regras promovem o funcionamento saudável e melhoram a produtividade. Elas nos tornam melhores. Na pior das hipóteses, as regras tornam-se um baluarte contra novas ideias importantes, igualando-se a uma ortodoxia que apenas se perpetua.

A posição do meio parece mais adequada. O controle de qualidade é essencial, mas temos um método analítico vigoroso e bem testado e formas de entender a natureza humana que merecem a confiança da organização. Em minha opinião, a flexibilidade diante das mudanças tecnológicas e culturais não é um risco específico para a psicanálise ou o prenúncio de um escorregar ladeira abaixo. A flexibilidade, a meu ver, é uma abordagem que reflete uma atitude geral de curiosidade, descoberta e abertura a novas ideias e disposição para enfrentar desafios sem medo excessivo.

Caro candidato, precisamos da sua ajuda para investigar os prós e os contras da flexibilidade nas metas e nos padrões da formação analítica. Por favor, participe ativamente das conversas em seu instituto enquanto vive o processo! Participe também das conversas nacionais e internacionais, agora muito mais fáceis graças à tecnologia da comunicação. Um sistema educacional aberto e transparente promete permitir maior ênfase em estudos, pesquisas e pensamento cooperativo, tudo de bom para o futuro da psicanálise.

25. Maj-Britt Winberg

Lund, Suécia

Caro candidato,

Você está enfrentando uma grande mudança em sua vida. Ela pode ser comparada, ou talvez não, com outros programas dos quais você já participou, do Ensino Médio à universidade.

Às vezes penso que os psicanalistas, como os cientistas, optam por permanecer como estudantes para o restante da vida adulta. Procuramos um espaço de lazer cheio de prazer, que nos dê satisfação numa experiência "ahá"!

O prazer em si atrai. Sabemos que podemos vivenciá-lo repetidamente no trabalho com pacientes, em situações de supervisão e em reuniões com colegas, alunos e candidatos.

A partir de agora, você não assistirá a um filme, lerá um livro ou se sentará para uma conversa durante o jantar com a mesma mentalidade de antes. Terá também uma nova visão tridimensional do que vê e aprende.

Em jantares, ao surgirem discussões, você poderá ser a "pessoa chata", ao ressaltar que há outra maneira de encarar a questão.

Da última vez que estive em um jantar, surgiu na conversa uma discussão sobre a conveniência de construir uma nova prisão perto de determinado local e a resistência em fazê-lo, e não pude deixar de propor outra dimensão. Levantei as hipóteses de que poderia ter a ver com os processos inconscientes das pessoas, o medo de fazer algo não permitido ou a identificação com os presos, mais do que com a localização em si do prédio (Freud, 1905).

Quer passar por essa mudança? Sim, claro que sim, é a minha resposta. É absolutamente maravilhoso e incrivelmente enriquecedor. Proporciona o objetivo de descobrir o sentido da vida que poucas pessoas têm o entusiasmo de vivenciar.

É como ciência, mas essa pesquisa está a serviço do humanismo. Você será apresentado a algo novo e animador, mas como adulto.

Na época em que eu estava a caminho dessa mudança, não tinha consciência exata do que aconteceria comigo. Como você, eu tinha instrução, experiência de trabalho e uma família com filhos pequenos. Pensei que tinha criado um trajeto para a minha vida.

Mas, em combinação com minha análise pessoal, meu conhecimento teórico e meu trabalho diário com pacientes em análise e supervisão, tive o privilégio de vivenciar uma mudança em minha vida adulta. As grandes mudanças que eu achava que já tinham ocorrido na minha vida, como instrução, trabalho, nascimento dos meus filhos e questões existenciais adultas, não foram as últimas.

Caro candidato, agora há outra mudança à espera. Obviamente, será possível protestar e dizer: “Mas mudanças fazem parte da vida”. Mas essas mudanças em sua vida, se você optar por prosseguir em sua formação para vir a ser psicanalista, acontecem em nível consciente, ou às vezes em nível inconsciente que depois se torna consciente.

Será possível avaliar seu pensamento e tomar decisões baseadas em nível consciente, o que lhe dará enorme liberdade. Às vezes, também ocasiona sofrimento. Você toma decisões conscientes que nem sempre são aceitas ou apreciadas. Mas, quando tiver terminado a deliberação sobre as diversas possibilidades e limitações, tome uma decisão de longo prazo. Às vezes poderá não ser o melhor para você. Mas em nível consciente, você pode permanecer em seu trabalho diário que, na verdade, não lhe agrada. Mas você o permite, para ser capaz de fazer mudanças conforme desejar, apenas estando atento e pacientemente à espera para ver o resultado, como um cientista e psicanalista.

Ao ultrapassar o limiar da minha formação como psicanalista, fantasiei que entraria em uma sociedade semelhante a um clube inglês de cavalheiros. Cenários com conversas intelectuais em pequenos grupos, em que os membros se sentariam em cadeiras Chesterfield e fumariam charutos. Fiz a formação na Dinamarca, um país igualitário, onde as mulheres também fumavam charutos, para meu grande fascínio quando visitei a Dinamarca na minha infância.

"Mulheres elegantes sentavam-se em salões de chá e fumavam charutos!"

Todas essas fantasias ocorriam naturalmente para minha vergonha, mas ainda ocorrem com facilidade, percebo, ao escrever. Durante o primeiro ano da minha formação, fiquei decepcionada, pois essas conversas intelectuais não eram tão tranquilas quanto eu imaginava que seriam e não obtive respostas imediatas para todas as minhas perguntas curiosas e "famintas".

Também fui acometida por uma doença grave, algumas semanas após o início da minha formação, tendo precisado de cirurgia e tratamento. Sou sueca e, como agora, morava no sul da Suécia.

Portanto, consegui cursar a formação na Dinamarca. Naquela época, ainda não existia a ponte Oresund entre a Suécia e a Dinamarca. O transporte era por barco. Viajar assim, claro, consumia muito tempo. Então, esse período da minha vida incluiu não só meus estudos, mas tratamentos hospitalares periódicos devidos à minha doença, tempo gasto com meus filhos pequenos, viagens frequentes entre países, e minha análise pessoal, supervisão, trabalho com pacientes e seminários teóricos. Hoje me pergunto por que fiz isso. Todo esse esforço.

Minha resposta é: não sei. Claro, deve ter havido uma força motriz. Mas não foi por carreira nem fama. Isso não é tão comum em nosso país; existe, mas não da mesma forma que no restante do mundo acadêmico.

Provavelmente foi a curiosidade e a busca de conhecimento, o desafio intelectual, mas aquele que também existe na academia. No mundo psicanalítico, você é em grande medida seu próprio examinador, e é movido pela crença na mudança e pela curiosidade, mas por conta própria. Para finalmente sair para um contexto mais amplo, com certeza.

Agora, ao resumir o passado, posso constatar que foi exatamente isso que me fez quem sou, mas talvez não em poltronas Chesterfield com charutos.

Já entabulei essa conversa comigo mesma várias vezes e também com colegas, candidatos, alunos e amigos. Como na psicanálise, as coisas precisam e devem levar tempo. É assim que a mudança duradoura acontece.

Minha convicção é que temos uma profissão muito importante, justamente nesse trabalho inerte de mudança a serviço do humanismo. Devemos transmitir o desejo de conhecer as asas da liberdade, de poder pensar de maneira livre e independente.

Não seria justo fornecer uma imagem de riqueza mental e literal. Não é assim. Ao contrário, ser psicanalista raramente produz riqueza material.

Também acontece de terminar seu trabalho diário com a pesada sensação de ter uma depressão enorme nos ombros. O dia parece cinzento e sem alegria. É a desvantagem de às vezes carregar grande parte do sofrimento alheio, mas é um material, material psicanalítico. Após um tempo, em geral é possível definir uma luz no túnel. Fazer um passeio de bicicleta, adquirir novos pontos de vista sobre o problema e o peso de outra denominação. Você pode decidir fazer algo no fim de semana para ter uma pausa mental. Pode encontrar um colega ou supervisor para discutir o problema; talvez já tenha identificado o paciente ou o material que o paciente apresenta que está lhe causando o peso.

Você escolhe trabalhar em uma profissão que às vezes lhe causa peso físico, mas também um desafio intelectual. O problema pode ser resolvido.

Caro candidato, quando leciono, parte do que tento transmitir é muito simples: leia Freud!

Talvez você comece a suspirar, um pouco entediado, ou talvez já tenha lido!!

Quer saber? Freud é a árvore de Natal que você decora com todo o seu conhecimento. Você precisa conhecer os fundamentos, caso contrário será difícil apreender.

Leia Freud de maneira não crítica, como ficção. Vivencie as coisas incríveis sobre os seres humanos e a vida que ele conseguiu captar. Há muito tempo, eu disse isso a candidatos que imediatamente contestaram: "mas Melanie Klein escreve . . ." (ou o que estavam pensando). Então, respondo sempre com um "Pare", deixe

Freud se defender! Deixe o conhecimento penetrar, leia de maneira não crítica e, então, quando você se apropriar dele com naturalidade, agarre-se às outras teorias, avalie e compare como foi o desenvolvimento.

O último texto que ensinei foi "As pulsões e suas vicissitudes" (Freud, 1915), então, se você ficar curioso e desejar, por favor o leia, de maneira não crítica. Preste atenção em como Freud começa a pensar de maneira agradável sobre objetos, não como se desenvolveram depois em objetos integrados etc.; a designação de objetos, e como desenvolve lentamente as ideias que usamos hoje. Ouço as asas fantásticas da história; temos esse prazer, essa oportunidade e essa fantástica teoria. Dê essa chance. Não seja crítico antes de decorar a árvore de Natal.

Mas e o que estava em minha imaginação então? O encontro com colegas, posso perceber agora, aconteceu. Mas será um encontro mundial. Talvez nem todo dia, semana, mês, mas será ainda mais gratificante e enriquecedor quando surgir.

Agora, ao ter essa oportunidade de olhar para trás, vejo um colar de experiências e conhecimentos, aos quais sou incrivelmente grata.

Então, caro candidato, se você deseja que sua vida mude nessa direção básica, não hesite. Você está diante de uma mudança maravilhosa de vida!

Claro, há objetivos e significados em nossa jornada –
mas é o caminho que vale o esforço.

Karin Boye
"I rörelse", Hardarna (1927)

26. Arlene Kramer Richardson

Nova York, EUA

Caro candidato,

Sinto-me muito afortunada por ter encontrado a psicanálise e por ser analista. Sou uma dessas pessoas que tentou outras profissões antes de experimentar a análise e tornar-me analista. Com certeza, existem outras profissões mais gratificantes do ponto de vista financeiro, mas nada foi mais cativante do que a análise.

Tornar-se psicanalista funciona bem para pessoas como nós que vivenciaram a análise pessoal, sentindo-se muito ajudadas pela experiência, e acham qualquer outro trabalho tedioso, sem sentido ou impossível de manter após algum tempo tentando. Eu mesma rejeitei uma oferta para me tornar avaliadora de seguros, embora o recrutador insistisse que eu poderia ter uma casa em um subúrbio exclusivo, carro, motorista e uma vida luxuosa e aposentar-me cedo. Tentei lecionar no Ensino Fundamental, na faculdade. Nada vingou. O trabalho com seguros parecia entediante; eu não conseguiria passar minha vida fazendo isso todo dia. A escola primária era divertida, mas muito cansativa; eu não conseguiria passar tantas horas trabalhando todos os dias sem uma pausa para ir ao banheiro. O ensino universitário era mais divertido, mas eu não conseguiria emprego em Nova York sem antes trabalhar em outra localidade. E eu não abandonaria minha família. Depois fiz análise. Durante minha análise, tentei projetos de pesquisa em psicologia e ensino universitário. Os empregos em pesquisa exigiam a redação de propostas de financiamento, adaptadas aos decretos federais para pesquisa. Entediante. E o trabalho na academia exigia a participação em reuniões do corpo docente para discutir quem tinha prioridade de usar as copiadoras. Entediante.

Então, nada restava a não ser fazer pelos outros o que fizeram por mim: psicanálise. Isso foi infinitamente interessante e tem sido assim por todos os cinquenta anos em que tenho trabalhado. Na verdade, tive muita sorte de aprender psicanálise em uma época em que psicólogos nos Estados Unidos não eram aceitos para formação nos institutos de psicanálise da Associação Psicanalítica Americana, exceto no de Topeka, no Kansas, e em alguns outros. Como outras leis irracionais, essa gerou transgressão. Os psicólogos eram analisados por membros da Associação Psicanalítica Americana ou por refugiados europeus que, como Freud, acreditavam que a análise "leiga" (não médica) era legítima e valia a pena.

Um grupo de dez psicólogos reuniu-se e contratou professores do Instituto Psicanalítico de Nova York para nos ministrar os cursos que ministravam em seu instituto de ensino. Mas pagávamos o que o instituto não lhes pagava, e eles não precisavam nos avaliar. Nós os avaliávamos, recontratando-os ou não. Isso os liberou para ensinarem segundo o que acreditavam, em vez de seguir uma linha oficial. Cada um de nós tinha seu analista e contratava seus supervisores. Chegamos até a contratar um de seus membros mais reconhecido para ler conosco a *Standard Edition*, todos os volumes, todas as notas de rodapé. Na época, fomos os primeiros a fazer isso, e acho que não existe um único instituto que faça isso hoje. Foi fascinante observar o desenvolvimento do pensamento de Freud e o desenvolvimento do campo ao longo da carreira de Freud. Compreendemos os conceitos em função do contexto da época em que foram escritos, da experiência dos primeiros analistas e das questões específicas que interessavam ao campo. Todos nós aderimos a essa experiência de seis anos. Alguns de nós se tornaram psicoterapeutas. Alguns se tornaram psicanalistas. Alguns se tornaram membros de sociedades e institutos locais de psicanálise. Alguns se tornaram membros da Associação Psicanalítica Americana e da Associação Psicanalítica Internacional. Essas associações levaram a contatos nacionais e internacionais com colegas que levaram a encaminhamentos de pacientes e ampliaram nossa prática.

Hoje um grupo assim poderia funcionar? Talvez apenas em uma cidade grande. Mas, mesmo se você ingressar em um instituto oficial, é possível promover cursos que lhe interessem se você reunir um grupo de pessoas com a mesma mentalidade que queiram aprender. Um grupo é importante pois lhe permitirá ter encaminhamentos, encontrar analistas para parentes e amigos de seus pacientes que desejem ou precisem de tratamento e ter suas ideias contestadas para não ficar bitolado. Mesmo após fazer o curso obrigatório, você terá o benefício de estudar junto com outros colegas, principalmente se incluir membros de outras instituições e até mesmo, via internet, de outros estados ou outros países.

O aprendizado da psicanálise ocorre em seu consultório, em seus grupos de estudo durante e após a formação, no ensino a outras pessoas e na leitura de poesia, romances, história e filosofia. Ocorre ao assistir e analisar filmes, peças, óperas, pinturas e esculturas. Ocorre ao lidar com conflitos com amigos e familiares. E, às vezes, se usado com moderação, o conhecimento psicanalítico pode ajudá-lo a entender e ter empatia com seus filhos.

Assim que você começa a pensar como analista, toda experiência que toque seus sentimentos, evoque empatia pelos outros ou desperte sua raiva, tristeza, medo ou qualquer emoção forte e faça você pensar sobre seus sentimentos produz conhecimento analítico. Assim, você pode continuar a aprender e desenvolver capacidades analíticas enquanto puder ouvir, articular e pensar. Isso permite que na nossa profissão seja possível trabalhar até a velhice. Não é necessário aposentar-se caso sua mente esteja funcionando bem. Isso evita a necessidade de uma aposentadoria polpuda. Para mim, o tempo que passo analisando é o tempo mais estimulante e satisfatório que consigo imaginar. Quando as pessoas me perguntam quando vou me aposentar, respondo que o farei assim que pensar em algo que preferiria fazer.

27. Gohar Homayounpour

Teerã, Irã

Caro candidato,

Enquanto pondero sobre esta carta que lhe escrevo, minha linha de associações me leva por dois caminhos diferentes. O primeiro, *après-coup*, faz uma retrospectiva de como foi ser candidato, e o segundo me leva ao que gostaria de transmitir aos nossos candidatos aqui no Irã, aos do Grupo Freudiano de Teerã e a você.

O que se destaca ao olhar para trás, para meu tempo de candidato, é o desejo constante que eu tinha de me ligar a analistas, supervisores e professores fora do meu instituto. Mesmo que a sua formação seja nos melhores institutos de psicanálise, é inevitável que cada instituto tenha sua cultura específica de pontos fortes e fracos, de traumas transgeracionais, de sintomas continuamente repetidos e encenados, de segredos e sua própria história de origem singular. Se você ficar apenas dentro dos limites do seu instituto, ficará enredado em todas essas formas de resistência e repetirá tudo isso com as próximas gerações de candidatos quando se tornar educador e analista. Mas, se você ampliar seu desejo também ao mundo exterior, fora do seu instituto, com outros supervisores, professores e analistas, parecerá mágica. Sangue novo fluirá pelas veias de sua mente psicanalítica em desenvolvimento; você correrá muito menos risco de perder de vista a natureza interminável do processo de tornar-se psicanalista; que é sempre e acima de tudo um contínuo "tornar-se". À medida que você for além do seu instituto, separando-se, transformando-se corajosamente e ficando fora de sua família imediata ou mesmo em terras distantes, poderá ajudar seu instituto a se transformar bem ao seu lado, pois você trará para a instituição todas as recordações de suas aventuras.

Isso me leva direto à minha segunda linha de associações e aos nossos candidatos aqui no Irã, onde, como não tínhamos muitos psicanalistas, os candidatos não tinham escolha a não ser procurar fora do nosso grupo para fazer supervisão e análise, e precisávamos convidar inúmeros colegas do mundo todo para ensiná-los. Posso dizer com orgulho, isso teve um efeito muito enriquecedor para eles.

Há também um perigo que devo mencionar, o de que nossos candidatos caiam na armadilha de se tornar "paus para toda obra e mestres em nenhuma", que, muitas vezes, é uma problemática geral da psicanálise contemporânea, portanto, esse perigo também precisa ser reconhecido e elaborado.

Não parece que na educação psicanalítica contemporânea, ao menos por enquanto, isso tenha levado à integração de teorias, apesar de ter ocorrido em algumas ocasiões. Levou principalmente à imitação de diversas partes de diferentes teorias, e não ao que se denominaria internalização. Nesses casos, não vejo a liberação, a integração e a criatividade que poderiam advir de tal modo de ser. Ao contrário, deixa a sensação de falta: a falta de um senso interno de quem os candidatos são e de quem podem tornar-se como analistas.

Outra linha de pensamento significativa que tento comunicar aos nossos candidatos é a necessidade de acreditar genuinamente no inconsciente. Continuamos a *fazer* coisas para nossos pacientes e candidatos porque, lá no fundo, não acreditamos no inconsciente. Precisamos passar do fazer ao pensar e ao ser, sendo esta a única maneira de desenvolver a mente psicanalítica (Busch, 2013). Mas se você continuar *fazendo*, como aprenderá a apenas ser e a ouvir os sussurros do inconsciente?

Para dar apenas um exemplo, participo de algumas poucas listas de e-mail de encaminhamento psicanalítico, que usei para tentar realizar uma pequena pesquisa, por curiosidade pessoal, nos últimos cinco anos. Os resultados mostram que os encaminhamentos quase sempre solicitam psiquiatras para prescrição de medicamentos e buscam diversas formas de psicoterapia, insistindo sempre que deve ser psicoterapia de apoio, terapia de casais ou ajuda para uma condição específica diagnosticada previamente e assim por diante.

Em raras ocasiões um psicanalista busca encaminhar um paciente a um analista para psicanálise! No entanto, precisamos lembrar que essas listas são apenas para psicanalistas! Talvez possamos ser levados a pensar que os pacientes não estão interessados e, assim, adotamos a abordagem capitalista de que o "cliente sempre tem razão". Soube há pouco tempo que dois institutos de psicanálise muito importantes contrataram recentemente um publicitário para atrair candidatos como você, pois há anos esses institutos sofrem com a falta de candidatos interessados. O publicitário, sendo um publicitário, perguntou-lhes: "Qual é a sua marca?".

Acho que quanto mais tentarmos vender psicanálise como se vende Coca-Cola, mais cavamos nossas próprias covas. Os psicanalistas estão eliminando a psicanálise, não por não sermos suficientemente democráticos, não por sermos caros, não por sermos "obsoletos", não porque as pessoas não estão interessadas em tratamentos longos (com certeza essas críticas poderiam ter sido aplicadas em outras ocasiões históricas também), mas principalmente, eu sinto, porque às vezes os psicanalistas não acreditam no inconsciente; pois a resistência prevalece acima da sombra do seu antigo desejo de conseguirem recordar o que já sabem.

Caro, caro candidato, ficamos complacentes demais para atrair clientes e tudo o que conseguimos é a perda de analisandos. Perdemos nosso mistério, inevitavelmente associado ao inconsciente misterioso, e, à medida que tentamos nos tornar cada vez mais claros, entramos no mundo da prosa baseada em evidências e da perda da fantasia inconsciente. Mas a psicanálise é um discurso poético e, então, como desde o início Freud nos informou, se um dia você estiver falando de psicanálise e as pessoas concordarem com você, isso significa que não fez um bom trabalho ao explicar a psicanálise. A psicanálise *par excellence* é perturbadora, a psicanálise é subversiva e deve permanecer como tal. No momento em que tentamos normalizá-la, esclarecê-la, detalhá-la e percebê-la, perdemos o inconsciente. Tendo a pensar que, na corrente predominante, a formação psicanalítica foi gentrificada em nome da neurociência e da medicalização, da forclusão da sexualidade e da fantasia inconsciente.

A psicanálise não é, nem nunca deveria ser, amistosa com o analisando.

Mas não sou um daqueles analistas que visualiza a ruína da psicanálise. A psicanálise sobreviverá graças a você, caro candidato.

A psicanálise sobreviverá porque o inconsciente não vai a lugar algum. Não importa quantos novos truques e formas de resistência sejam encontrados para eliminá-la, a psicanálise sobreviverá por seu desejo precário por essa profissão estranha e inexplicável; por sua transferência ao inconsciente; e por seu desejo de dizer o indizível. Por favor, não seja gentil demais com ela, tente sonhar com ela, tente sonhá-la. Descubra prazer na estranheza dela, e em sua estranheza pessoal, na de seus pacientes, no incognoscível e inevitável mistério dessa profissão muito possível que denominamos psicanálise

E você sempre está convidado a nos visitar em Teerã, onde o Grupo Freudiano de Teerã o receberá com a hospitalidade persa.

P.S. Por favor, leia Freud e leia bem.

28. Ines Bayona

Bogotá, Colômbia

Caro candidato,

Não há tempo real,
seu tempo pessoal,
é o real

(Ines Bayona)

Identidade psicanalítica

Tempo... Divã... Você... Viva-Vida...

Estou na época em que, não faz muito tempo, eu era candidata, dez anos. Tempo suficiente para perceber o que ser psicanalista tem sido para mim, pessoalmente em meu mundo interno e externo, em minha mente e em meu corpo; tudo isso em minha psique; e principalmente com meus pacientes em meu consultório particular, uma experiência muito enriquecida, quase indescritível, na verdade inacabada. Sempre haverá algo para fazer, compartilhar, aprender, vivenciar e, no final, transformar. Tudo está apenas dentro do "TEMPO" e a respeito "de si".

Acabei de voltar de três semanas de uma experiência acadêmica desafiadora. Um convite para ser conferencista na Rússia, em Moscou, onde há "fome" de psicanálise, o entusiasmo de todo tipo de profissionais é indescritível, enquanto em outros lugares do mundo e infelizmente entre colegas corre o boato de que a psicanálise está morrendo. Também estive no Congresso da Associação Psicanalítica Internacional (IPA) – Londres 2019. Ouvir, trocar e participar de painéis, conferências, de comitês e grupos de trabalho da IPA com colegas de todo o mundo; visitar o Museu Freud; a Clínica Tavistock; passear pelas ruas e parques onde uma parte da psicanálise continua seu desenvolvimento (de 6 de junho de 1938 até hoje), sem esquecer as origens na Berggasse 19, Viena (até maio de 1938). Meu conhecimento, minha mente e minha alma estão em lágrimas de apreço, gratidão e emoção.

Não consigo imaginar oportunidade melhor para aceitar esse convite e escrever essa carta pessoal para você, meu caro candidato. Não consigo imaginar minha vida cotidiana sem minha prática psicanalítica e mundo acadêmico, sem minha sociedade e sem fazer parte de uma comunidade psicanalítica internacional.

Enquanto você me lê, deve estar se perguntando: "OK, Ines, mas COMO e, a seguir, O QUÊ?".

Bem, minha resposta PARA VOCÊ, MEU CARO CANDIDATO: "Sinta e capte dentro de você SUA PRÓPRIA identidade psicanalítica".

Com toda a estrutura que você recebeu durante esses anos de formação psicanalítica, *continue transformando-a em sua formação psicanalítica pessoal para a vida*. E isso tudo depende de você, não da instituição nem de seus colegas nem da comunidade. Você, com sua vontade e seu desejo em mente, é que determinará sua maneira de conseguir captar o sentimento, o conhecimento e a experiência.

Não há “psicanalistas”; existe “você enquanto psicanalista”. Não há “TEMPO” para terminar a formação; de certa forma é “seu tempo pessoal”, e espero que você nunca termine o processo de transformação de si próprio enquanto psicanalista. Deve ser sempre “continua...”; não existe “O Fim”.

O Como. Deixe-me tentar compartilhar com você, meu caro candidato, meu modo de fazê-lo: aproveitar e sofrer cada momento. Mantenha o entusiasmo, a curiosidade, as ilusões, as horas inacabadas lendo e escrevendo, trabalhos, supervisionando, pacientes, grupos de estudo e, do meu ponto de vista, principalmente: “o divã”. Para você voltar a ele em diferentes momentos de sua vida pessoal e de seus pacientes. E você está bem ali escutando, acolhendo, entendendo. Sim, “o divã”, um divã cheio de lágrimas, medos, fúrias e desilusões, idealizações, frustrações, *insights*, sonhos, amores compartilhados e amores não correspondidos, sonhos e silêncios e, também, sentimentos de felicidade e paz, deve sempre acompanhar qualquer analista com respeito, neutralidade, ética de um modo ou de outro, e não apenas o analista em formação.

Desde que fui candidata, essa tem sido minha principal tarefa: “Sentir e captar a MINHA identidade psicanalítica no divã e fora dele”. Os institutos fazem o melhor que podem, mas “o melhor” tem que vir de você, caro candidato.

Segundo a proposta de Freud e os fundamentos da IPA, “supervisão, teoria, análise pessoal” é como chegamos a ser psicanalistas, mas do meu ponto de vista não é suficiente. *Não é suficiente para desenvolver sua identidade psicanalítica própria*. Só me lembro de um dos meus grandes professores usando a seguinte metáfora: “para poder compor e tocar jazz, você precisa conhecer os fundamentos da música, daí você estará livre para criar sua própria música”. Praticamente a mesma coisa vale para a formação analítica e para ser e desenvolver sua identidade psicanalítica.

A identidade psicanalítica não é apenas ser mais um psicanalista no mundo após o término da formação e se autodenominar "sou psicanalista".

O QUE é identidade psicanalítica? Do meu ponto de vista, e experiência enquanto eu era candidata e a partir daí, é VOCÊ sendo psicanalista, e isso é o que eu gostaria de compartilhar com você. É sua maneira própria de trabalhar com seus pacientes; seu modelo psicanalítico mental próprio de ver o sofrimento, o amor e a produtividade da vida; sua maneira pessoal de escrever psicanálise; sua maneira de incluir sua vida pessoal e a maneira como você vive a vida; sua maneira própria de tratar seus pacientes e a si próprio no divã e fora dele; e, seguindo a metáfora do meu professor, "a maneira como você compõe seu jazz, com embasamento teórico e criatividade constante".

Meu caro candidato, gostaria de escrever e compartilhar um pouco do que quero dizer quando digo "incluindo sua vida pessoal e a maneira como você vive a vida". Porque é isso que realmente fará você ser "você enquanto psicanalista e desenvolver sua identidade psicanalítica".

Antes de tudo, e muito importante, quero deixar claro que não tem nada a ver com compartilhar sua vida pessoal com seus pacientes. Não, por favor, não entenda assim. Tem a ver com seu mundo interno e externo em relação à sua prática cotidiana e como você os integra em sua mente e com a fala e a vida de seu paciente. Essa é a maneira como você faz sua prática psicanalítica artesanal, criativa. Explicarei com cuidado e tentarei colocar de forma simples, para poder comunicar o que quero dizer. Tem a ver com sua vida interior e inconsciente e com sua vida consciente e externa; a maneira como você vive a vida nesses dois mundos próprios e a maneira mágica e criativa como você a entremeia com toda a formação, teoria, supervisões e análises pessoais.

Há algum tempo, durante umas férias, eu visitava o museu em que está exposta a *Guernica* original de Picasso. Gostei da visita ao museu e admirei Picasso e a *Guernica*. Tenho "partes" de réplicas da *Guernica* em meu consultório. Além disso, eu estava viajando de trem e vi lindas plantações de girassóis. Na época, pensei em uma paciente com uma história muito difícil, mas tocante. Em uma sessão, ela me deu um girassol de papel. Às vezes, essa paciente descrevia como estava se sentindo naquele dia usando essa expressão artística. Quando eu estava no museu, em frente à *Guernica*, voltaram à minha mente as plantações de girassóis e também minha paciente. Ali percebi o quanto pude entendê-la, seu doloroso trabalho no "divã", quando essas três imagens se juntaram em minha mente, "Ela - *Guernica* - Girassóis", e nos meus sentimentos enquanto estava ali parada no museu. Após essa experiência, escrevi um artigo muito produtivo para um simpósio psicanalítico, e a análise no divã movimentou-se de forma diferente, nossa relação analista-paciente se fortaleceu. Esse é um exemplo de como é possível entremear sua vida vivida com sua formação psicanalítica. A maneira criativa de usar experiências semelhantes à que acabei de compartilhar é o que faz você ser "você enquanto psicanalista com sua identidade psicanalítica própria".

Além de todas as outras coisas que antes mencionei nesta carta para você, existem outras ferramentas muito importantes e valiosas que o ajudarão a desejar, desenvolver e transformar sua identidade psicanalítica.

Quando eu estava em formação, li o livro *Psicanálise: a profissão impossível*, de Janet Malcolm. De certa forma, o título do livro está correto; ela também é apaixonante e desafiadora. Li esse livro chegando à conclusão de que eu precisava ser criativa como psicanalista para não ser impossível. Outros livros, como *O homem da bela voz: e mais histórias do outro lado do divã* [*The Man with the Beautiful Voice: And More Stories from the Other Side of the*

Couch], de Lilian B. Rubin; *Minhas pistas para ser feliz: Sigmund Freud* [*Mis Claves para ser Feliz: Sigmund Freud*], de Sebastian Dozo Moreno; *Quando Nietzsche chorou*, de Irvin D. Yalom; *Salomé, sua vida e obra* [*Salome, her life and work*], de Angela Livingston; e *Freud não ortodoxo: a visão do divã* [*Unorthodox Freud: The View from the Couch*], de Beate Lohser e Peter M. Newton, têm sido histórias que mantêm minha autoidentidade, mantêm-me motivada e me ajudam a lembrar que minha identidade psicanalítica precisa estar em transformação o tempo todo, para mim, meus pacientes e minha escolha de como trabalhar. Além disso, eu poderia contar o que cada um desses livros deixou e deu para eu continuar transformando minha identidade psicanalítica.

Para terminar esta carta para você, caro candidato, gostaria de compartilhar as palavras de Freud no livro *Partindo hoje: os Freud no exílio 1938* (*Leaving today: The Freuds in Exile 1938*), do Museu Freud de Londres. Uma carta de Freud para seu amigo Max Eitingon de 6 de junho de 1938, o dia em que chegou a Londres após exilar-se.

"O sentimento de triunfo de ter sido libertado está intensamente mesclado com tristeza, pois apesar de tudo eu ainda amava muito a prisão da qual fui libertado."

Sempre que a formação terminar, será triste, mas libertador, como os sentimentos de Freud no momento do exílio. Mais uma vez, depende de você, como foi para ele, continuar seu desenvolvimento, transformação e identidade psicanalíticos, como Freud e Anna Freud em Londres continuaram a desenvolver e a escrever. Freud, apesar de refugiado e muito doente, conseguiu terminar seu último artigo, "Moisés e o monoteísmo" (maio de 1939). Ele nunca deixou de viver sua vida e integrar e entremear a vida que viveu com sua profissão.

Caro candidato, desejo-lhe o melhor em SEU PRÓPRIO trajeto para encontrar sua identidade psicanalítica. Lembre-se, está sempre em TEMPO com seu *self*.

29. Donald Moss

Nova York, EUA

Caro candidato,

Tome cuidado com o grupo. Tome cuidado com a teoria. Tome cuidado com o supervisor. Tome cuidado com a profissão. Tome cuidado com as reuniões. Tome cuidado com a discussão de caso. Tome cuidado com Freud, Klein e Bion. Tome cuidado com a reviravolta das relações. Tome cuidado com o novo. Tome cuidado com o antigo. Tome cuidado com o contemporâneo. Tome cuidado com o clássico. Tome cuidado com a psicologia do ego. Tome cuidado com Lacan.

Você estará sob contundente escrutínio ao navegar em sua trajetória para tornar-se psicanalista. O escrutínio virá de dentro e de fora. Você se perguntará quem realmente você é – o que é autêntico em você e o que é apenas disfarce; o que é real e o que é defesa; o que é força e o que é sintoma.

Forças vigorosas exercerão intensa atração em você. Mude. Fique como é. Seja verdadeiro consigo mesmo. Venha por aqui, seja assim, pense assim, faça assim. Elas citarão sua própria autoridade como evidência de sua força, sua força como evidência de sua validade. Tome cuidado com essa lógica. Esteja alerta para a tensão sentida ao deparar com essa lógica. O grupo vai usá-la, e a teoria também. O clássico, o novo, todos usarão.

Você se perguntará se e quando deve acumular que tipos de energias em defesa própria, a quem e a que deve dedicar sua lealdade. É possível confiar em si? Sob pressão, você pode realmente confiar em si? Ou talvez seja melhor, afinal, pois indiscutivelmente você é novo nesse jogo, voltar-se para outro lugar, para as pessoas que estão em volta, Ogden, talvez, Feldman, todas as fontes disponíveis, todas as pluralidades, os outros, os já prontos, os anteriores, os apropriados? Não seria melhor recorrer ao menos a alguns? Você, afinal, quem você realmente é?

Quero contar dois momentos emblemáticos em minha formação. Fiquei atordoado, sem chão. Em cada um desses momentos, foi como se eu tivesse me chocado contra uma parede invisível, enquanto corria com liberdade e despreocupação. No entanto, em nenhum deles fiquei ferido com gravidade. Na verdade, em ambos eu me desenvolvi. Acima de tudo, esses momentos me expuseram à minha própria ingenuidade. Eles me surpreenderam, pré-condição crucial para qualquer tipo de aprendizado. Eis o que acho que aprendi: no mundo da psicanálise, junto com suas trilhas recomendadas, existem esse tipo de muros invisíveis. Na verdade, acho que são muitos. Não serão para você os mesmos que foram para mim. Mas tenho certeza de que você se chocará contra alguns. Então, eu lhe digo, proceder com despreocupação enquanto se torna psicanalista pode não ser uma boa ideia.

Seja cauteloso, caro candidato, seja desconfiado.

Eis um momento do terceiro ano da minha formação:

> *éramos uma turma de dez. Estávamos trabalhando a questão do término e um colega de classe apresentava*

> *material de caso no intuito de exemplificar uma situação tratada de forma adequada. Tomei a palavra dizendo, basicamente, que algo na sessão não me parecia ter sido tratado adequadamente; que, na verdade, algo importante tinha sido deixado de lado. Fui o único a me manifestar assim. O professor, pessoa muito conhecida nacionalmente, olhou ao redor da mesa do seminário. Lembro-me da expressão em seu rosto, um olhar familiar para mim desde a escola primária, o olhar de certeza em um rosto de autoridade, certeza misturada com integridade. Bem, ele disse, nove entre nós veem o material de um modo; um de nós vê de outro. Ele sorriu. Nenhum dos meus colegas disse nada. Fim da discussão.*

Mais cru do que a maioria dos momentos e, portanto, mais memorável, essa experiência, no entanto, representa uma força corrosiva contínua que esteve presente, e talvez ainda esteja, definindo os sistemas de formação de nosso instituto.

Eis aqui o outro, talvez mais doloroso, talvez menos cru:

> *eu era residente de psiquiatria em um hospital psicanalítico. Ted, meu melhor amigo na residência, e sua namorada, Annie, eram próximos de mim e de minha esposa. No mesmo dia, Ted e eu fomos notificados de que tínhamos sido aprovados no exame de licenciamento. Naquela noite, eu estava de plantão no pronto-socorro. Ted entrou carregando Annie no ombro. Ela havia tomado uma overdose de barbitúricos, escrito um bilhete: Ted, agora que você foi aprovado no exame, não precisará mais de mim. Apesar do nosso esforço*

no tratamento, ela morreu. Voltei com Ted para o apartamento dele, ficando na mesa da cozinha até amanhecer, quando precisei voltar ao trabalho. Ted me fez prometer que não contaria a ninguém sobre o suicídio. Ele queria fazê-lo. Prometi e Ted me beijou, muito calorosamente, ao darmos um abraço de despedida. No dia seguinte, descobri que naquela manhã Ted também se matara. Ele tinha conseguido os barbitúricos na farmácia do nosso hospital. Os comprimidos não lhe teriam sido fornecidos se soubessem que Annie se matara. Evidentemente, a equipe e os pacientes trabalharam com afinco, separados e juntos, para dar sentido ao que tinha acontecido. Nas reuniões de equipe, eu estava cercado por psicanalistas clínicos seniores. Eles pareciam saber qual deveria ter sido a resposta emocional adequada a tudo aquilo. Alguns visaram Annie. Deveríamos ficar furiosos com ela por nos tirar Ted. Claro, eu tinha feito o que era certo. Quem poderia saber? O problema para mim, porém, era que eu não estava com raiva de ninguém. Eu também não tinha certeza de ter feito a coisa errada. Na verdade, eu não tinha certeza de nada. No entanto, estava cercado por certezas alheias. Lembro-me de quantas vezes ouvi a frase: "Você deve estar se sentindo..." e algo se seguia. Nenhuma vez meu sentimento correspondeu ao que eu deveria estar sentindo. Não sabia o que fazer. Não falava muito. Não me sentia culpado nem inocente, nem com raiva nem clemente. Tinha acontecido, assim me parecia. Eu não tinha ninguém com quem falar que estivesse realmente envolvido. Ambos estavam mortos. As certezas ao meu redor começaram a adquirir um aspecto barulhento e estridente. Eu queria encontrar alguém para conversar. Um supervisor recomendou um analista, um homem que eu não conhecia, de quem nunca ouvira falar. Em nosso encontro, enquanto eu contava para ele o que tinha acontecido, enquanto eu repassava, ele não disse nada. O que ele fez, porém, após algum tempo foi fechar momentaneamente os olhos, como se, por um segundo, o que estava ouvindo tivesse sido demais para tolerar. Ele abriu os olhos e manteve o silêncio durante todo o nosso encontro. O tempo tinha sido meu, não dele. Foi um alívio enorme. Fiquei dez anos com ele, no que, para mim, foi um tratamento psicanalítico transformador.

Sinto que aprendi lições importantes nesses dez anos de experiência, como no início eu estava perdido, como sem saber procurava um refúgio – um lugar ou uma pessoa – em que eu pudesse encontrar o tipo de quietude que precisava. Aprendi que a certeza psicanalítica pode ser muito prejudicial, distorcida e sedutora. E aprendi que a presença psicanalítica tranquila e clara pode capacitar, restaurar e fortalecer. Após os suicídios, cercado de certezas, não fiquei seduzido. De alguma forma, eu sabia que algo estava errado e que não poderia ser rapidamente apreendido. Eu precisava e encontrei tempo, precisava e encontrei a chance de prosseguir devagar. Mais tarde, soube que Freud havia, de fato, se referido à psicanálise como "magia lenta". E, de fato, é magia lenta.

Acho que a maioria de nós é capaz de resistir ao canto da sereia da certeza. O lugar dessa capacidade nada tem a ver com *insight* ou introspecção. Ao contrário, marca nossos pontos de partida, nossas origens como seres conscientes – nosso lugar mais natural, mais privado. Esse local e o que ele gera estão fora do alcance da interpretação. Ninguém além de você pertence a esse local. Ele é só seu.

O acesso a esse lugar é a pré-condição para qualquer um de nós tornar-se um psicanalista digno. Permitir acesso, deixar estranhos entrarem será renunciar à nossa chance de fazer o tipo de trabalho que, creio, todos gostaríamos de fazer.

Acho que este é um dos objetivos da análise, ajudar outras pessoas a recuperarem o acesso a esse lugar, purificá-lo de antigas presenças, restaurá-lo à sua condição original de dignidade, decência e franqueza – restaurar sua privacidade e, portanto, a promessa de relações produtivas com os outros. Esse local natural e privado nos permite toda a possibilidade de julgamento digno e triste, de pensamento digno e triste, de amor digno e triste e, é claro, as delícias de brincadeiras eróticas indignas, alegres.

A oportunidade de seguir esse objetivo, de segui-lo armado com mais de um século de pensamento aceito, pensamento que começou com Freud e que continua ao nosso redor, é um grande presente. Caro candidato, aproveite esse presente que, se você for cuidadoso, continuará infinito.

30. Virginia Ungar

Buenos Aires, Argentina

Caro candidato,

Estou muito feliz por ter esta oportunidade de lhe escrever e contar minha experiência de formação analítica.

Em primeiro lugar, gostaria de parabenizá-lo por sua decisão de se formar psicanalista. Claro, isso implica um compromisso de vários anos e, como já deve ter percebido, um investimento de tempo, esforço e dinheiro. Tomar essa decisão requer boa dose de coragem para iniciar um caminho que não é o mais fácil dentre as opções oferecidas no campo da saúde mental.

Não me refiro à dificuldade intrínseca dessa pós-graduação, mas às exigências que ela coloca para deixar de lado outras opções que você possa ter para o pouco tempo livre de um jovem profissional da área. Além disso, ao iniciar o caminho para tornar-se psicanalista, logo fica perceptível que também é um modo de viver, um modo de estar no mundo. Sabemos que as condições de trabalho envolvidas não são fáceis em muitos lugares, mas, apesar disso, você escolheu esse caminho e essa decisão atrai meu olhar afetuoso.

Deixe-me contar algo da minha história para dar uma ideia do que sinto hoje, muitos anos depois, sobre a jornada que empreendi. Comecei a fazer análise aos 18 anos, incentivada por meu pai que era radiologista. Se isso o surpreende, explico-lhe que nasci, estudei, morei e trabalhei em Buenos Aires, na Argentina, e isso foi no final da década de 1960, época em que a psicanálise se desenvolveu muito por lá. Minha primeira entrevista foi com o pai de um de meus colegas de escola, José Bleger, um dos grandes nomes da psicanálise argentina. Essa experiência deixou em mim uma impressão enorme que permanece até os dias atuais, e esse foi o momento exato em que começou a jornada que tento relatar a você agora.

Bleger encaminhou-me para uma analista, e fiz análise pessoal com ela por sete anos. Eu tinha começado a estudar antropologia na universidade, mas depois de dois anos decidi que queria ser analista. Naquela época, só podia fazer formação quem fosse médico, então saí da antropologia e entrei na Faculdade de Medicina da Universidade de Buenos Aires. Para minha surpresa, foram anos maravilhosos, gostei de estudar todas as disciplinas e tive um grupo grande de colegas, conseguindo visualizar no processo um lado da vida que antes eu não conhecia, pois muitos desses estudos foram realizados em um hospital público na Argentina.

Mesmo que eu tenha passado para a especialização ao me formar, logo percebi que preferia escutar os pacientes em lugar de examiná-los.

Fazendo uma pequena digressão na minha história, no final do meu terceiro ano me casei – bastante cedo para os padrões de hoje – e tive dois filhos, o primeiro nascido antes de eu terminar a Faculdade de Medicina.

Então me formei, trabalhei por alguns anos como profissional de saúde no hospital e atendi a pacientes em consultório com bons supervisores, tendo começado a estudar Freud com analistas da

Associação Psicanalítica Internacional (IPA) ainda quando era estudante.

Por isso, aos 28 anos, cerca de três anos depois de terminar minha análise pessoal, pedi para fazer as entrevistas de admissão em uma sociedade recém-criada chamada Associação Psicanalítica de Buenos Aires (APdeBA). Já havia iniciado minha análise didática, fui aceita e comecei a formação psicanalítica com um grupo de colegas com quem estudei durante quatro anos no instituto da APdeBA.

Foram anos muito intensos: estudando muito e fazendo análise, supervisões e seminários. Agora, olhando para trás, vejo como foi difícil o processo e, ao mesmo tempo, como foi única e singular minha experiência de formação.

Eu era muito jovem. Trabalhava meio período com pacientes e tinha dois filhos pequenos. Lembro-me de constantemente fazer malabarismos entre a formação e os estudos, aulas de balé, esportes e consultas com o ortodontista dos filhos, sem contar que, quando adoeciam, tudo precisava ser cancelado. Os fins de semana vendo-os brincar enquanto eu estudava ou escrevia trabalhos para seminários também me vêm à mente. Como eu disse, era preciso um esforço enorme, e tive a sorte de poder contar com minha família para ajudar no cuidado dos meus filhos.

Como a história não pode ser escrita à medida que os eventos descritos vão acontecendo, só agora vejo a oportunidade única que tive na minha vida que me permitiu estar quatro anos "imersa" na psicanálise, muito dedicada aos meus estudos, supervisão e minha análise em ritmo intenso.

O grupo em que eu estava na época tinha 24 candidatos e foi o primeiro a passar pelo instituto. Formamos um vínculo em nosso entusiasmo pela nova instituição, que foi imediatamente reconhecida como sociedade provisória pelo número de membros fundadores com alto nível de experiência e prestígio na Argentina e no exterior. Fizemos amizades sólidas e estudamos juntos, mas também passávamos juntos fins de semana, feriados e também viajávamos com os filhos e parceiros. Tivemos experiências boas, e outras tristes também. Ali foram semeadas amizades que permanecem até hoje.

Apenas uma questão pessoal: logo comecei a participar de reuniões científicas locais, regionais e internacionais, o que abriu minha mente de uma forma que só recentemente, na posição que hoje ocupo na IPA, percebo que foi o início da jornada que me trouxe até onde estou atualmente.

No entanto, não quero passar uma imagem idealizada da minha formação. Mais uma vez, digo que houve muito esforço e dedicação naqueles anos, e muito tempo retirado de onde era possível, principalmente da vida familiar. Tive excelentes professores, e outros nem tanto. Tive supervisores maravilhosos que eram tão generosos quanto exigentes. Meus colegas diziam que escolhi os mais difíceis, mas com eles aprendi muito durante minha experiência clínica em psicanálise. Acima de tudo, porém, e sendo fiel a Bion, aprendi pela experiência o que é dedicar-se a uma tarefa e ter paixão pela psicanálise.

Agora, gostaria de contar algumas lembranças daquela época que me vêm à mente enquanto escrevo. Meu primeiro supervisor, Darío Sor, conhecido especialista em Bion, disse-me no final do meu segundo ano de supervisão que me avaliaria na próxima vez que nos encontrássemos. Na semana seguinte, cheguei e ele disse que ia começar a avaliação. Um pouco preocupada, preparei-me para escutar. "Minha querida doutora", ele disse: "Você não tem medo do inconsciente". Esperei para ouvir o que viria a seguir, e ele disse, para minha surpresa: "Essa foi a sua avaliação". Só anos depois percebi o que ele quis me dizer, e entendo melhor porque a supervisão é uma das minhas atividades profissionais favoritas. Para mim, é um espaço privilegiado para transmitir psicanálise.

Trabalhei com crianças desde o início e foi graças a essa prática que pude compreender o que sinto como o elemento mais precioso da minha experiência clínica: o contato com os pontos mais arcaicos, mais infantis e mais criativos dos seres humanos. São áreas que nem sempre estão abertas e são de fácil acesso, e se revelam nas brincadeiras das crianças.

Caro candidato, com isso em mente, recomendo que, ao menos uma vez em sua vida profissional, experimente psicanalisar uma criança. Você me agradecerá pela recomendação.

Outra lembrança diz respeito ao dr. Benito López, que foi meu orientador por onze anos. Ele me honrou com sua amizade e foi uma das pessoas mais talentosas e generosas que já conheci. Infelizmente, ele morreu jovem. Eu já havia terminado minha formação quando trabalhei com ele, que foi quem me apresentou a Donald Meltzer. Meu encontro com esse analista excepcional mudou não apenas minha visão da psicanálise, como também minha visão da vida, do mundo e, principalmente, de mim mesma. Não me cansarei de agradecer a oportunidade de tê-lo conhecido e de organizar com colegas quatro de suas visitas à Associação Psicanalítica de Buenos Aires. Também estudei e tive supervisão com ele e compartilhei momentos inesquecíveis em Buenos Aires, Oxford e outros lugares do mundo.

Mas agora, devo voltar ao motivo pelo qual estou em contato com você, caro candidato, não esquecendo de lhe dizer que fiz minha formação durante a última ditadura militar na Argentina, anos que foram os mais sombrios e horríveis da história do meu país. Analistas desapareceram, perdi amigos, muitos professores emigraram e aqueles de nós que ficaram viveram por anos com medo constante. Aquele não foi o melhor contexto para praticar psicanálise, mas a vida institucional nos proporcionou contenção, ajudando-nos até mesmo nas leituras sobre a guerra.

Caro candidato, chegou o momento de me colocar no presente, olhando para o passado, mas também focando o futuro. A formação mudou de muitas maneiras. Ainda que, com o cargo que hoje ocupo, eu tenha acesso a um amplo panorama de contextos, gostaria de falar sobre o que vejo em meu instituto.

Hoje, em termos de teoria e prática clínica, a formação tornou-se pluralista. Quando me formei, estudamos principalmente Freud, os autores clássicos e alguns outros e, no meu instituto, Klein e os autores pós-kleinianos também foram importantes.

Dessa época em diante, a gama de teorias ensinadas se ampliou. Agora, o candidato pode escolher os professores que apresentam seus cursos, e a relação é mais aberta e há um intercâmbio fluido e horizontal.

Antes de terminar, gostaria de dizer que nós dois – aluno e professor – devemos nos esforçar para lembrar sempre que você e seus colegas estão fazendo pós-graduação e, como tal, já são nossos colegas. Mesmo que haja algo assimétrico implícito tanto na relação analítica quanto no ensino e na aprendizagem, nós, de nossa parte, não devemos tratá-los como crianças e vocês, de sua parte, devem lutar para não ficar nessa posição. Por isso prefiro chamá-los de "analistas em formação", e não de "candidatos".

Para finalizar, desejo apenas que você possa desfrutar aproveitando ao máximo essa imersão na psicanálise. São circunstâncias que podem nunca mais se apresentar.

31. Arnold Richards

Nova York, EUA

Caro candidato,

Acho que posso afirmar que quis ser psicanalista desde muito jovem. Minha memória verbal mais antiga é da leitura da morte de Freud no *Yiddish Forward*. Para mim e para muitos de meus companheiros, a psicanálise combinou as virtudes da ciência com as humanidades. É um campo em que a pessoa nunca se cansa. Os desafios clínicos e científicos nunca terminam.

Durante minha formação no Instituto Psicanalítico de Nova York (NYPSI), alguns de nós referiam-se a ele como a Igreja de Roma. Era o baluarte da ortodoxia freudiana. O corpo docente era diferenciado, incluindo um grupo que emigrou da Europa Central pouco antes da Segunda Guerra Mundial. Eles tinham sido formados pelo grupo que havia sido analisado por Freud ou analisados por outras pessoas que haviam sido analisadas por Freud ou por seus seguidores próximos. Tivemos muita sorte porque o corpo docente, que era a nata da psicanálise da época, incluía Hartmann, Lowenstein, Mahler, Young, George Gero, Ruth Eissler,

Martin Stein, Lily Busell, Charles Brenner, Jack Arlow, Otto Isakower, Herman Nunberg, Ken Calder e Charles Fisher.

Em 1989, a Enciclopédia Britânica publicou um artigo que escrevi, "Psicanálise: florescente e sitiada" [Psychoanalysis: Burgeoning and Beleaguered]. Quando comecei minha formação analítica em 1964, a psicanálise florescia. No artigo, referi-me a essa época como a psicanálise da abundância – havia muitos candidatos e muitos pacientes. Na época, como escreveu Auden, a psicanálise não era apenas um ambiente opinativo, era também a abordagem terapêutica mais importante.

Sinto-me muito feliz pela época em que entrei nesse campo. A experiência de ser candidato e os desafios que o candidato enfrenta hoje são muito diferentes do que eram naquele momento. O lado positivo hoje é que na Associação Psicanalítica Americana, diferentemente do passado, os não médicos são bem-vindos. Há também o impacto positivo do pluralismo psicanalítico. Terminei minha formação antes de Heinz Kohut publicar *Análise do self*. Melanie Klein, Winnicott e Bowlby não estavam inclusos nas listas de leitura das minhas aulas. Até certo ponto, havia uma ortodoxia freudiana estupidificante no NYPSI, defendida pelos emigrados europeus, mas rebatida, até certo ponto, por alguns americanos, especialmente Jack Arlow e Charles Brenner.

No entanto, a rigidez organizacional e a estrutura e as políticas de exclusão permanecem até hoje em alguns institutos. Os candidatos estão naturalmente interessados em formar-se, progredir em seus institutos após a formação e ter condições de receber encaminhamentos. Opor-se à rigidez institucional poderá, e provavelmente vai, prejudicar algum candidato. Não há solução fácil para essa situação, e não tenho certeza do conselho que possa dar. Certamente, a diversificação de filiação pode ser útil na pós-graduação. Mas conheço vários analistas que precisaram mudar-se para outra cidade para encontrar um ambiente mais agradável. Enfim, precisamos tentar ser verdadeiros conosco, com nossos princípios e nossas crenças. E é importante lembrar que isso faz parte da melhor atitude analítica.

Nos anos que se seguiram à minha formação, fiquei muito orgulhoso do meu sucesso em promover a escrita de colegas, candidatos e alunos mais jovens. A psicanálise oferece muitos prazeres e satisfações – tratar pacientes, ensinar e fazer política. Cada análise é uma viagem de descoberta para o paciente e o analista. O par analítico aprende como funciona a mente, e esse conhecimento promove a cura e a mudança de vida. As satisfações intelectuais e clínicas do campo permanecem para poucos dedicados. Quaisquer que sejam as dificuldades envolvidas na formação para essa profissão e em sua prática, os riscos não poderiam ser mais significativos. Em um segmento da PBS sobre a psicanálise que eu produzi, entrevistamos Charles Brenner. Quando lhe perguntamos sobre a importância do que o analista faz, ele disse: "Pode ser uma questão de vida" – pausa – "ou morte". A todos os possíveis candidatos, sejam bem-vindos.

32. Ellen Pinsky

Cambridge, EUA

Caro candidato,

Quando eu era candidata, meus amigos e eu costumávamos jogar o seguinte jogo:

> *Imagine que toda a literatura psicanalítica seja destruída amanhã. A psicanálise desaparece, mas você pode enterrar uma cápsula do tempo para ser desenterrada após algumas centenas de anos. Nessa cápsula será possível colocar alguns artigos – um punhado de trabalhos curtos, ou trechos de trabalhos mais longos, no máximo dez ou doze trabalhos curtos que as pessoas do futuro poderão usar para reconstruir a psicanálise. O que você colocaria nessa cápsula imaginária?*

Então, eis aqui uma tarefa: crie sua própria cápsula do tempo imaginária. O conteúdo da sua cápsula não será igual ao de nenhuma outra pessoa. Além disso, a composição da sua cápsula não é estática, mas mudará necessariamente com o tempo. A questão é o processo dinâmico: suas leituras, questionamentos, reflexões sobre os textos – avaliando e aprendendo com os conteúdos sempre mutantes. Algumas seleções para sua cápsula podem permanecer, outras ficarão por um tempo e, em seguida, você removerá uma ou duas para dar espaço a outras.

No processo de criar e recriar sua cápsula, você não apenas acompanha seu desenvolvimento como psicanalista, mas também preserva a disciplina. Talvez o mais importante, você vai escrever uma carta que enviaria às futuras gerações de aspirantes a estudantes de psicanálise, ligando-se dessa forma ao passado e ao futuro. (Penso na frase melodiosa de Freud em "Escritores criativos e devaneios", sobre fantasia, ou devaneios, e a função da brincadeira de uma criança: "Assim, passado, presente e futuro estão ligados, por assim dizer", Freud escreve, "no fio do desejo que os atravessa" [1908, p. 148].)

Aqui, à guisa de orientação e encorajamento enquanto você trabalha em sua cápsula, ofereço o seguinte, de outro campo: "Se a França fosse destruída amanhã e nada restasse além desse filme", escreveu certa vez o crítico Richard Roud (1980), "todo o país e sua civilização poderiam ser reconstruídos a partir dele" (p. 841).

Essa audaciosa afirmação sobre a obra-prima de Jean Renoir, *As regras do jogo*, pede ao espectador que pense em uma obra de arte abrangente: que poder tem o filme de sintetizar, em uma hora e cinquenta minutos de projeção, uma cultura inteira – de comprimir uma essência, através de uma gama, desde a germinação da semente até o total florescimento?

Em palavras mais simples, como o filme funciona? Como pensar a esse respeito e articulá-lo?

A notável "cura pela fala" de Freud também pode ser sintetizada ou preservada nessa semente? É possível captar essa essência psicanalítica em sua cápsula do tempo?

A ideia principal é que cada pessoa projete (e reprojete) uma cápsula do tempo pessoal e particular. Não se trata de uma lista, mas de um processo – uma pessoa aprendendo ao longo do tempo. Para constar, divulgarei minha cápsula pessoal: uma combinação de ingredientes-padrão, canônicos e idiossincrasias, seu conteúdo ainda não fechado, jamais finalizado. Ao longo dos anos, adicionei e removi obras, mas certos textos estão sempre lá: por exemplo, o artigo de Hans Loewald (1960) sobre ação terapêutica, "Acerca da contratransferência" de Paula Heimann (1950), "O uso de um objeto" de Winnicott (1969), e a curta narrativa de Freud sobre seu neto bebê conhecida como "Fort-da" (1920, pp. 14-15). Às vezes incluo "Escritores criativos e devaneios" de Freud (1908), ou "A natureza da ação terapêutica da psicanálise" de Strachey (1934), e, às vezes, escritos mais recentes: por exemplo, "Notas sobre a transferência" de Brian Bird (1972), "Transferência: a situação total" de Betty Joseph (1985), "O desenvolvimento da transferência" de Ida Macalpine (1950), "O trabalho na contratransferência" de Irma Brenman Pick (1985); ou acrescento um artigo, talvez dois, de Melanie Klein, John Klauber ou André Green. A combinação muda sempre, alguns ocupantes são transitórios, outros nunca removidos.

É sempre útil argumentar por que determinado texto é indispensável para reconstruir a psicanálise. Mas para mim, e talvez não para outros, Freud ocupa sempre grande parte da cápsula, com dois de seus artigos mais curtos nunca removidos e disputando o primeiro e o segundo lugar: "Recordar, repetir e elaborar" (1914) e "Observações sobre o amor de transferência" (1915). Nesses dois ensaios curtos intimamente ligados (apenas vinte páginas ao todo) – ricos, enlouquecedores, impossíveis de esgotar –, nessas duas peças lindas, ainda encontro a base.

Mas se eu precisar escolher, "Observações sobre o amor de transferência" reina absoluto no topo da minha lista. O ensaio de Freud é o documento essencial – define o quadro clínico, mapeia seus perigos, fornece preceitos éticos para orientar o tratamento e, talvez, acima de tudo, no contexto dessas questões éticas, confronta o imenso poder e a necessária estranheza da transferência: essa forma de amor, ou apego, que sustenta o processo psicanalítico.

Após todos esses anos, ainda reviso minha cápsula. Recentemente, acrescentei o lindamente escrito (e presciente) "Fantasmas no quarto do bebê", de Selma Fraiberg e colaboradores (1975) – nele ouço um eco de Freud "convocando um espírito do submundo" (1915, p. 164) – e também incluí "Transferência e amor" (Transference and Love), de Loewald (1988), companheiro especialmente rico para o ensaio de Freud de 1915 sobre esse tema fundamental. Loewald escreve com eloquência sobre "as comunicações entre paciente e analista, cada um sendo movido pelo outro" (p. 562). Minhas seleções, como podem ver, enfatizam e reforçam a importância dos conceitos de transferência e contratransferência, com sua elaboração ao longo dos anos. Também sinto-me atraído por escritores que entendem o primeiro ano de vida e a infância. Valorizo especialmente pensadores que iluminam a natureza da relação terapêutica: "Qual é o lugar do amor", eles perguntam, "e que tipos de amor ocorrem entre as duas pessoas na sala de tratamento?".

Repetindo mais uma vez, o jogo da cápsula do tempo marca a importância da literatura, quaisquer que sejam os textos que a pessoa escolha, além de introduzir o humanismo de forma mais plena. O que importa é escolher e escolher novamente. O objetivo é manter algo vivo, não apenas o desenvolvimento pessoal do analista, mas a disciplina em si evoluindo e cada vez mais comprometida. A cápsula pessoal, tanto com seus ocupantes permanentes quanto com os outros em constante mudança, é um modo de ilustrar (ou acompanhar) o crescimento, a mudança e o desenvolvimento para o analista em formação e para todo analista ao longo da vida inteira de aprendizado. Esse é meu ponto de vista de educador.

Eu o estimulo a se apaixonar pelos escritores, a valorizar os textos, a ler, ler e ler. Seja curioso, aprenda a linguagem, experimente teorias diferentes, mas ao mesmo tempo desconfie de jargões e modinhas. Esforce-se sempre para usar palavras simples. O inconsciente, afinal, aninha-se no corpo, não em termos técnicos polissilábicos.

Deixe-me concluir com meu mais recente acréscimo à cápsula, uma passagem de uma escritora especialmente boa e professora magistral. Eis Ella Freeman Sharpe (1930), há quase cem anos, sobre a "qualificação" como analista:

> *Em qualquer leitura para qualificação analítica, eu tornaria obrigatório os seguintes livros: canções de ninar, os livros de Alice, A caça ao Snark, Grimm, Andersen, os livros do Compadre Coelho, Water Babies, Struwwelpeter, Ondina, Rumpelstiltskin, Peter Ibbetson, tragédias e mitos gregos), as peças de Shakespeare.*
>
> *Se eu fosse avaliar a formação, criaria o exame a respeito desses livros como prova final que aprovaria ou reprovaria o aspirante a analista. Meu exame final para qualificação se daria de acordo com esses aspectos:*
>
> *1. Cite na íntegra um verso que diz "A ponte de Londres está caindo".*
>
> *2. Conte resumidamente a história dos três ratos cegos.*
>
> *3. Se os ratos eram cegos, como eles correm com tanta objetividade atrás da esposa do fazendeiro? Avalie a amputação de suas caudas.*
>
> *Ilustre que drama inconsciente está sendo encenado quando um paciente pensa em si próprio como um dos ratos cegos. Que inferência sobre a saúde do ego se tira do fato de que as caudas foram amputadas em vez de os camundongos serem mortos?*

> *Em algum lugar dessa lista de histórias imortais, todos encontraremos uma fantasia inconsciente nossa. Compreender até mesmo a história dos três ratos cegos é conceber o que esses termos cristalizados id, ego e superego realmente significam em termos do drama da vida. Diante de um interrogatório sobre rimas infantis em termos de teoria psicanalítica, com aplicação às lutas que ocorrem em nós ou em nossos pacientes, algum de nós faria mais do que passar cambaleando? Ser aprovado com credibilidade significaria ter uma boa chance de ser um técnico digno de crédito (pp. 256-257).*

Os exemplos de Sharpe lembram *As regras do jogo* de Renoir. Se, como diz Richard Roud, esse filme contém a semente necessária, não é por articular grandes ideias, ou clichês históricos explícitos, mas pelos detalhes: dos costumes, da culinária, de engenhocas, diversões sociais e hábitos de adultério em diferentes classes sociais.

A prova de qualificação de Sharpe está de acordo com outra passagem curta sobre educação psicanalítica: a imaginada "faculdade de psicanálise" de Freud (talvez a própria cápsula do tempo de Freud?), uma escola em que o currículo para candidatos a psicanalistas incluiria: "história da civilização, mitologia, psicologia da religião e ciência da literatura. A menos que esteja bem à vontade nesses temas", escreve Freud (1926), "um analista nada pode fazer de uma grande quantidade de seu material" (p. 246). Como é emocionante para mim, uma ex-professora de inglês do Ensino Médio, não só descobrir que Freud é um escritor maravilhoso, mas também observar como ele valoriza profundamente as humanidades.

Por fim, caro candidato, mais uma coisa: sua cápsula do tempo precisa incluir uma canção de ninar, história infantil, história em quadrinhos, conto de fadas ou mito da sua escolha.

Aproveite!

33. H. Shmuel Erlich

Tel Aviv, Israel

Caro candidato,

Embora nunca tenhamos nos encontrado e mal nos conheçamos, sinto necessidade de lhe escrever, de partilhar algumas experiências minhas (ai de mim, tanto tempo! Os anos passam rápido demais...) que, espero, tenham significado para você, e de lhe dizer por que me sinto tão próximo e envolvido no que você deve estar passando. Espero que não se importe se eu for um pouco pessoal, pois é uma parte importante da história: tudo é muito pessoal, e não apenas profissional.

Conversar com um candidato como você invariavelmente suscita em mim as perguntas que enfrentei quando me inscrevi, fui aceito e comecei minha formação no Instituto Psicanalítico de Israel. Uma grande questão era: por que eu preciso disso? E foi antes mesmo de eu saber no que estava me metendo. Tive a sorte de ter uma excelente formação de orientação psicanalítica com pós-doutorado no Austen Riggs Center e, quando voltei a Israel, muitas pessoas me consideravam psicanalista. Não importa como, logo percebi que as pessoas com quem eu compartilhava uma linguagem comum eram todas psicanalistas, então decidi completar minha formação, candidatei-me ao instituto e fui aceito.

Em primeiro lugar, portanto, a resposta de por que eu precisava disso está nesse nível: conviver com pessoas com quem eu teria muito em comum. Para ser franco, e como você já deve ter vivenciado, a verdade é que mesmo dentro do instituto, e mais tarde na sociedade psicanalítica, tenho mais em comum com algumas pessoas, menos com outras e muito pouco com algumas outras. Mas isso me ensinou uma importante lição de humildade: as pessoas sempre são diferentes umas das outras em tudo o que fazem ou a que pertencem. Isso é assim mesmo dentro de uma família, em que as pessoas diferem de muitas maneiras. No entanto, novamente como em uma família, há uma comunhão que as mantém e as une, além de quaisquer discrepâncias e discordâncias.

Outra coisa que descobri ao longo dos anos, e mais uma vez sirvo-me da metáfora da família, é que eu (e a maioria dos colegas que conheço) não estou nessa tarefa psicanalítica por lucro financeiro (não há nenhum) nem para obter a estima de quem está fora do campo (raras vezes há algo que se aproxime vagamente disso, com mais frequência obtém-se uma resposta atônita de por que pertencer a algo extinto, esotérico e irrelevante), mas simplesmente por amá-la. Acredite, é um raro privilégio, um grande prazer e imensamente valioso passar a vida envolvido com algo que se ama.

É muito possível você perguntar: o que há para amar? A formação pode ser exaustiva e pesada, a leitura muitas vezes é difícil de entender e raramente agradável, as pessoas que atendo em análise podem ser muito difíceis e não facilmente amáveis, e o que projetam em mim às vezes é tão detestável ou melancólico que é quase impossível receber. Bem, tudo verdade. Você já deve ter deparado com o aforismo "a profissão impossível". Mas deixe-me abordar essas reclamações (ou observações realistas, se preferir) uma de cada vez para ver o que podem significar para você.

Comecemos com o material de leitura. Evidentemente, você tem razão ao dizer que muito do que lê é difícil de compreender. Há várias razões para isso. Primeiro, os psicanalistas não são necessariamente bons escritores. Alguns de fato o são e é um grande prazer lê-los, mas, mesmo assim, é preciso ter cuidado para não se apaixonar pela beleza da prosa e manter um julgamento imparcial a respeito dos méritos psicanalíticos: é original ou uma repetição? Contribui de alguma forma para a expansão do que sabemos, ou só serve para engrandecer o ego do autor? Envolve-se com o que se pode chamar de ideias do núcleo psicanalítico, ou "expande" nossos horizontes para incluir ideias pouco relacionadas, seja espiritualidade, misticismo ou noções românticas? Isso pode soar excessivamente crítico, mas acredito que seja crucial se você deseja chegar ao que chamei anteriormente de "núcleo psicanalítico", pois manter-se nele lhe dará a perseverança e a resistência necessárias.

Nesse sentido, uma exceção importante é a leitura de Freud. Confessadamente é uma predileção muito pessoal, portanto, deixe-me explicar. Cheguei a Freud um pouco depois, após a formação em psicologia do ego, complementada por um panorama interpessoal. Tendo ocupado a Cátedra Freud na Universidade Hebraica de Jerusalém por quinze anos, ofereci cursos sobre o desenvolvimento do pensamento freudiano abertos a estudantes universitários. Continuei a lecionar Freud do mesmo modo no instituto e, há muitos anos, ofereço um seminário a membros de nossa sociedade, muitos dos quais são analistas experientes e preparados, no qual lemos e discutimos sistematicamente os escritos de Freud. O que descobri em todos esses compromissos é notável: eu e todos os outros simplesmente gostamos tanto que se torna um exercício prazeroso. Além do prazer, também é um modo ótimo de aprender psicanálise de uma forma que integra o básico com contribuições contemporâneas. Recomendo vigorosamente que você encontre um professor que ame Freud e estude com ele, seja dentro ou fora do instituto.

Você afirma que as pessoas a que atende em análise são difíceis. Provavelmente é verdade, e por mais de um motivo. Quando a habitual fachada social é removida ou deixa de ter importância, as características menos atraentes da natureza humana tendem a se mostrar, e nem sempre isso é bonito. Isso repercute um dito atribuído a Sullivan, de que todos nós somos mais humanos que o contrário. Mas também se deve a outros fatores, principalmente às formas assumidas pela psicopatologia contemporânea, muitas vezes intensamente colorida por traços narcisistas e *borderline*. Nisso você tem minha simpatia, embora com ressalvas importantes. Apesar de ser verdade que frequentemente este é o quadro apresentado ou a compreensão inicial, tenha em mente que isso pode ser colorido ou distorcido por predileções teóricas. Frequentemente deparei com casos que se apresentaram como personalidades narcísicas, por exemplo, e acabaram sendo mais histéricos e/ou neuróticos em termos da dinâmica real subjacente. Diferentemente da medicina, não chegamos de modo independente aos achados de patologia que deem apoio às nossas impressões clínicas; portanto, o diagnóstico em grande parte ainda consiste na arte da observação sujeita a preferências teóricas. Algo ainda mais complicado pela preferência dada com maior frequência à psicodinâmica acima do diagnóstico classificatório. É importante lembrar que a neurose, como doença humana, não desapareceu da face da terra.

Dito isso, há outra questão que tem a ver com o que é idealmente adequado para um candidato poder aprender psicanálise. A ampliação do escopo da psicanálise, juntamente com a autosseleção das pessoas que optam por fazer análise e estão dispostas a investir nela dificultaram a busca de pacientes adequados para análise em termos do que se considerava adequado no passado. Como resultado, muitas vezes encontro candidatos que fazem o que passei a chamar de "tratamento heroico" de um paciente muito difícil. Embora essas terapias sejam muitas vezes admiráveis, nem sempre fica evidente o que o candidato aprendeu sobre psicanálise. É uma questão difícil que também está muito sobrecarregada por conotações políticas, e é melhor abordá-la com seu supervisor. Só posso desejar que ao menos alguns dos casos que você atenderá em análise sejam do tipo mais neurótico, para você poder ter uma visão mais equilibrada da análise.

Chegamos à sua terceira dificuldade, que tem a ver com as coisas desagradáveis, às vezes detestáveis ou geradoras de ansiedade que esses analisandos projetam em você. Você acabou de suscitar o que talvez seja o aspecto mais fundamental e geralmente reconhecido da psicanálise: a transferência. Leva tempo e esforço, e, mais importante, sua análise pessoal, para avaliar esse aspecto da análise, que talvez seja mais bem denominado criação analítica. Como bem se sabe, a transferência é ubíqua e onipresente em toda a vida. No entanto, o único lugar designado especialmente para permitir que ela ocorra impune, para estimular suavemente seu desenvolvimento e ser capaz de trabalhá-la para libertar a pessoa da compulsão à repetição – o único lugar em que você a encontrará em seu sentido profundo e real é a psicanálise.

Levei muito tempo para entender isso de verdade, mas, uma vez entendido, funciona como um feitiço. Minha dificuldade inicial teve a ver com minha experiência no Austen Riggs Center que mencionei antes. No Riggs, cada paciente era atendido quatro vezes por semana no que chamávamos de "psicoterapia individual intensiva de orientação psicanalítica". Quando comecei a atender pacientes em análise, durante a formação, primeiro foi difícil entender a diferença entre essa "psicanálise" e a "psicoterapia" que fiz no Riggs. Procurei bastante a resposta e finalmente cheguei ao que para mim é uma dimensão importante que distingue as duas: a questão consiste na *proporção* em que ambos os participantes conseguem sentir-se livres do impacto da realidade externa e enfocar o mundo interno e a realidade psíquica. Na melhor das hipóteses, a análise permite isso muito mais que a psicoterapia; contudo, não é algo absoluto, mas uma questão de proporção.

O que então lhe permite trabalhar com a transferência do analisando? O fato de poder oferecer-se de forma plena e desinibida à pessoa que você está tratando, porque o que você lhe oferece é sua escuta e compreensão, seu compromisso inabalável de estar presente nas sessões, de criar e manter o enquadre analítico. Ela permite que você faça tudo isso e muito mais, pois você começa a perceber que o desagrado que surge em seu caminho – seja ódio e agressão, resistência e teimosia, ou adoração debilitante e demandas por intimidade real – pouco tem a ver com quem você é, como pessoa real. Sei que é um tema muito estudado e debatido, e muitas pessoas pensam que o lugar da pessoa real do analista desempenha um papel ativo e até crucial no que se desenvolve. Permita-me evitar os escritos eruditos e as opiniões de colegas respeitáveis e falar por mim. Naturalmente, é inegável que nós, analistas, bem como nossos pacientes variamos de forma ampla e profunda, e com certeza isso afeta o que acontece no consultório. No entanto, acredito que o que todo analista (e, nesse sentido, o psicoterapeuta psicanalítico) oferece é uma parte especial de seu *self* (ego), uma parte que considero sua parte profissional, com formação psicanalítica, e o conhecimento que adquiriu – intelectual, emocional e experiencial, até mesmo inconsciente e *rêverie* – integralmente e sem reservas. As outras partes da pessoa "real" estão presentes, claro, e colorirão a especificidade de seu *self* profissional, mas devem permanecer fora da cena, escondidas nos bastidores. As únicas vezes em que podem subir ao palco é se algo inconveniente acontecer com o ator principal.

Percebo que isso é difícil de assimilar. Como eu disse, levei muito tempo para entender. Compartilho com você agora na esperança de que facilite de alguma forma a *transição* que você deve fazer: de experimentar e responder às pessoas que o tratam como seu objeto real (desculpe o termo psicanalítico), com quem você se relaciona, como deveria, como objetos reais que têm direito de projetar suas preocupações transferenciais, sentimentos e desejos em você. Provavelmente essa transição é o aprendizado mais significativo que você realizará.

Esta carta está ficando um pouco longa, mas tenho uma última questão que quero compartilhar com você. Também decorre do meu trajeto e desenvolvimento pessoal; se lhe serve é algo para você decidir por si, com base em suas inclinações e preferências. Tenho em mente um lado da psicanálise pouco enfatizado, mas muito influente em muitos aspectos: a política da psicanálise. Por política quero dizer as atividades, que acontecem fora do consultório, em nossa vida pública e social, das quais também participamos, bem como nossos semelhantes. É um empreendimento intrincado, complexo e às vezes difícil, mas também muito interessante e inquestionavelmente influente em nossa existência e status profissional. Se somos, como todos os empreendimentos sociais, parte do mercado, devemos levar isso a sério, porque as regras do jogo nesse mercado são muito diferentes das regras a que aderimos em nossa prática. Envolve esforços tão variados como participar da universidade, influenciar a legislação pertinente, aparecer na mídia etc. Na esfera mais próxima começa com nossas próprias instituições: a sociedade e o instituto psicanalítico a que pertencemos, bem como nossas organizações mais amplas e remotas, por exemplo, nossas regionais e globais.

Percebo perfeitamente que nem todo psicanalista considera isso um aspecto importante da sua função profissional, e alguns até o consideram uma contraordem para ser um bom analista, aquele que usa todo o seu tempo e esforço no consultório. Vejo de forma diferente; não acredito, de forma alguma, que sejam aspectos opostos ou contraditórios. Na verdade, podem muito bem enriquecer um ao outro. Eu mesmo fiz isso – como coordenador da comissão de ensino e presidente de nossa sociedade, e como representante regional em quatro mandatos no Conselho da IPA e coordenador de vários de seus comitês. Então falo por experiência própria. A psicanálise, como Freud a visualizou, é o método específico para pesquisar a mente humana, a teoria que deriva desse método e o método de tratamento baseado nessa teoria. Mas também é um movimento, que representa a psicanálise para o mundo e para si mesma.

Seja o que for que você decida fazer, desejo-lhe uma experiência enriquecedora, que permanecerá com você por toda a vida. Espero que algumas das ideias que compartilhei se tornem parte dessa jornada.

Boa sorte!

34. Bent Rosenbaum

Copenhague, Dinamarca

Caro candidato,

Você está diante da entrada para um mundo de trabalho possivelmente criativo e inspirador – dependendo de você; de seus professores e seus métodos de ensino; das dinâmicas de grupo entre os candidatos com quem vai partilhar seu período de formação; dos momentos inspiradores de intervenções do seu analista; e da capacidade de seus supervisores de equilibrar, por um lado, a transmissão de *insights* sobre a base trans-subjetiva da dinâmica transferência-contratransferência, derivados das experiências deles, e, por outro, o favorecimento do seu pensamento criativo para desenvolver seus esforços para atender e analisar o desejo de seus analisandos.

Eu o recebo com entusiasmo por muitas razões, e uma delas é que o progresso da associação psicanalítica precisa de mentes jovens sérias para reler, repensar e desenvolver ainda mais nossas questões fundamentais. Você deve explorar, de formas que nunca fez, a dinâmica de como as mentes se encontram e, nesses encontros de mentes, surpreender-se com representações ainda não pensadas, expressões intuitivas de pensamentos desconhecidos e pensamento integrador, dinâmicas de raiva, tristeza e ansiedade – tudo isso e muito mais são a *mise-en-scène* de aspectos que você inicialmente poderá sentir como confusos e caóticos para depois experimentar como presentes inspiradores que enriquecem sua vida.

Se o seu desenvolvimento e formação psicanalítica for no modelo de Eitingon, você provavelmente já abriu pela metade a porta para esse mundo por já estar em análise há algum tempo; já experimentou a dificuldade de ser franco, honesto e direto em sua escuta e de falar sua verdade na presença de outro, seu analista. Já sentiu partes de si que você (de maneira consciente e pré-consciente) pode ouvir mais ou menos claramente, bem como as partes muito maiores de si que você não pode (e às vezes não quer) ouvir e, portanto, às quais não tem acesso direto. O único acesso que você tem a essas partes ocultas, reprimidas e negadas de si é por meio do deslocamento de significantes inconscientes, e eles nunca se expressarão com as palavras certas ou com o tom de voz certo quando estiverem surgindo na consciência e interferindo em seu trabalho cotidiano e na comunicação social, na sua vida erótica e na sua criatividade artística no espaço transicional entre você e o outro.

Você deve estar começando a perceber como os sujeitos das mentes, no *setting* analítico, estão ao mesmo tempo ligados e separados entre si, dependentes e independentes, dominando e sendo dominados pelo que vem do outro. Houve momentos bons e problemáticos na compreensão da dinâmica de sua psique ao experimentar as diferentes posições a partir das quais você e seu analista proferem afirmações e palavras – as posições do analista (com atenção uniformemente flutuante) e do analisando (você, associando livremente e sem reter nenhum "*Einfall*") encontrando-se em um enquadre específico e muito peculiar. Além disso, você se viu tocado por reconhecer quão polissêmica é a linguagem verbal e paraverbal na troca entre as camadas conscientes e inconscientes de sua fala.

Sua *análise pessoal*, aprimorando sua autoanálise, continuará por muitos anos, juntamente com o acréscimo em breve de *seminários teóricos* (provavelmente, e espero, começando com o *insight* sobre o desenvolvimento das ideias frutíferas de Freud e sua importância na instituição da psicanálise como ciência clínica com especificidade própria) e da *supervisão de casos* em que você será colocado na posição do psicanalista. A existência concomitante dessas três atividades de estudo das bases prepara suas capacidades de escuta com habilidades específicas para ouvir as camadas e ordens da cadeia de significantes que chegam aos seus ouvidos (incluindo o terceiro), provenientes do inconsciente do analisando – o não dito, o não ouvido, o ainda não inscrito na psique que espera o momento para ser criado de novas maneiras.

A dialética entre as três áreas de sua formação psicanalítica – sua análise pessoal, suas reflexões nos seminários teóricos e sua experiência de supervisão – pode ser concebida como os nós borromeanos, tomando emprestado um modelo que Lacan usa para ilustrar a relação entre o Simbólico, o Imaginário e a Ordem Real.

Esse modelo de nós mostra as três dimensões unidas de tal forma que, se uma delas for cortada, todas se desfarão. Não é possível ter uma postura psicanalítica sem os três. Elementos como criatividade, interesse em brincar com o sentido da fala, postura de não saber, capacidade de escutar as harmonias e desarmonias dos pensamentos e integração simbólica pertencem a cada uma dessas dimensões – ainda que de maneira diferente.

Você pode sentir que essas afirmações sobre as três dimensões estreitamente ligadas são senso comum. No entanto, enquanto estiver alojado em uma delas, você vivenciará quanto trabalho é necessário para conectar e integrar uma com as outras duas. Por exemplo, ao participar de um seminário sobre os "Três ensaios sobre sexualidade" de Freud, ou "As pulsões e suas vicissitudes" ou outros textos, perceberá que dá muito trabalho relacionar as leituras dos textos e as discussões em grupo nos seminários teóricos com suas experiências pessoais (expressas em sua análise) de desejo erótico e vincular as pulsões a objetos com os quais você está profundamente envolvido (música, dança, pintura, atividades específicas, literatura sobre tópicos específicos – todos relacionados à sua história pessoal) e, ainda, relacionar as leituras dos textos teóricos com as intervenções que digam respeito ao seu analisando – intervenções que você leva para a supervisão para os comentários do seu supervisor.

Lembro-me da transformação que vivenciei quando, na minha formação de analista, comecei a encontrar linhas reflexivas ligando, por exemplo, o conceito de "o seio como objeto" com "o seio como objeto perdido" e ainda com "objeto subjetivo a ser encontrado" transformado em "objeto subjetivo objetivamente percebido" (Winnicott), e ainda "aguardando o seio, percebendo a ausência do seio que poderá satisfazer a espera" (Bion). Essas conceituações aparentemente diferentes não apenas poderiam ser ligadas em suas formas abstratas, como também se fazer presentes no espaço analítico de maneira que o divã que acalma e contesta seja "o seio" e os pensamentos do analista sejam o leite – algumas vezes mais nutritivo e digerível do que outras. E com essa vinculação o conceito de pulsão oral e oralidade tornou-se vivo como "palavras, ideias ou imagens sendo absorvidas, mastigadas, mordidas aos pedaços, provadas, engolidas e digeridas facilmente ou não".

É importante, ao refletir e se colocar em ação para vincular as três dimensões, que isso seja feito tentando relacionar-se com a pergunta subjacente: "por que desejo tornar-me analista?". Não é uma pergunta possível de responder imediatamente ou antes de iniciar sua formação analítica. Ela surgirá repetidamente durante sua formação e a cada vez acrescentará reflexões diferentes à sua resposta.

Pessoalmente

É exatamente nos momentos em que você transforma a ideia de senso comum da relação das três dimensões em profundo interesse em "como" elas se conectam e nas múltiplas maneiras em que podem ocorrer que a formação para se tornar analista pode ser satisfatória e continuar em seu trabalho ao longo da vida como analista e, portanto, certamente não terminará com sua graduação.

Durante minha vida como analista, tenho refletido cada vez mais a respeito do que impulsionou e moldou meu "desejo de tornar-me analista". Acho que não pensei muito sobre isso de forma direta quando iniciei minha formação, mas tenho certeza de que minhas influências foram: o contexto cultural duplo fundamentando minha sensação de que o significado se baseia em discursos divergentes e convergentes; o interesse inicial e profundo em filosofia existencial e política, dando um lugar ao conceito de inconsciente no discurso cultural e grupal, não apenas no discurso individual; as reuniões de família, em que tanto a música de câmara quanto tocar de ouvido eram essenciais, ensinaram-me que a improvisação é uma arte, bem como a formação exata e árdua; ter um tio diretor do teatro real e, portanto, compreender textos teatrais, as formas de atuação corporais e com a linguagem, e a imagética de fundo e de primeiro plano, fazendo parte do meu interesse na dinâmica psicológica; ser profundamente interessado em Erich Fromm como introdução a Freud e à psicanálise; e um interesse duradouro em semiótica e estruturalismo, aguçando minha escuta para significantes e sinais conscientes e inconscientes à medida que emergem do inconsciente e são trocados, com suas inúmeras funções comunicativas.

Se eu pudesse resumir essas experiências em um conselho, seria: a psicanálise não é apenas uma ciência clínica, é também uma arte. Ensine-se a deixar que sua formação artística se reflita em suas intervenções. Deixe a ordem oculta da arte fazer você sentir que o uso poético e metafórico da linguagem cria novos significados possíveis de transmitir em suas intervenções e que podem ajudar os analisandos a criar novos vínculos onde ocorreram ataques aos vínculos.

Por fim, antes de iniciar sua formação, é importante estar ciente do que análise pessoal, "teoria" e "supervisão" não significam. A análise pessoal *não* se trata de aprender introspecção, os seminários teóricos *não* dizem respeito a construir bibliotecas de conhecimento intelectual, e a experiência de supervisão *não* é para torná-lo especialista em comunicação. Essas capacidades – a crença de que você é capaz de ver adequadamente seu interior, conhecer a si mesmo e ser um especialista em comunicação – também podem atrapalhar o desenvolvimento da postura analítica, na qual o sujeito de si próprio está posicionado na dimensão do Outro, surgindo sem prévio conhecimento. Seus professores (debatedores em seminários teóricos) e seus supervisores podem agir como se conhecessem esse posicionamento no Outro. Mas lembre-se: seus pensamentos afetivos e linguagem também são produzidos pelo que eles não apreendem.

A força do pensamento psicanalítico será sempre: o inconsciente jamais pode ser negado. Esteja aberto para essa ideia básica e prepare sua mente para receber representações estranhas, incompreensíveis, desconhecidas, caóticas, provocadoras de ansiedade. Elas também abrigam a estética da beleza, da harmonia e da verdade.

Envio-lhe os melhores votos para o futuro!

35. Fredric Perlman

Nova York, EUA

Caro candidato,

Estou muito feliz por ter esta oportunidade de me conectar com você. Nestas poucas páginas, espero compartilhar meu entusiasmo pelo trabalho que fazemos, oferecer-lhe um estímulo espirituoso para enfrentar os desafios da formação e, acima de tudo, contar-lhe que estou feliz por você juntar-se às nossas fileiras.

Adoro ser analista. Não consigo imaginar uma vocação mais de acordo com meu caráter ou meu senso vital. Ao crescer, nutri muitas noções românticas sobre ideias de carreira totalmente diferentes e, por um tempo, segui ativamente uma carreira no teatro. Como ator, descobri que todo personagem, não importa quão nocivo, atormentado ou destrutivo seja, pode ser entendido em termos de sua história de vida, transmitida no texto ou criada pelo ator. Alguns anos depois, trabalhando com adolescentes problemáticos, esforcei-me para entender seu comportamento autodestrutivo e muitas vezes antissocial. Descobri que conseguia entender essas crianças, tanto quanto passava a entender os personagens de uma peça. Mais uma vez, descobri que, para mim, eles tinham uma espécie de sentido humano, uma vez que eu conseguia imaginar seu mundo interno e histórias de vida. Um assistente social que conheci durante esses anos costumava citar Harry Stack Sullivan dizendo que "somos todos muito mais simplesmente humanos do que o contrário". Isso soou verdadeiro para mim, e considerei comovente. Alguns anos depois, em minha análise pessoal, descobri que meu desejo de entender os outros tão bem quanto a mim mesmo era produto da minha história de vida, necessidade que tomou forma no contexto da infância passada em uma família multigeracional complicada, às vezes tumultuada, em que as paixões muitas vezes corriam soltas, acima da minha cabeça, não sem deixar sua marca na minha vida emocional.

Adoro o fato de que a essência da nossa vocação seja um encontro humano definido exclusivamente com o propósito de entender a vida de outra pessoa. Todos nós precisamos nos sentir compreendidos, ser mantidos na mente do outro, para experimentar a sensação de segurança e afirmação que possibilita pensar sobre nós mesmos e sobre nossa maneira de viver. Encaremos: é difícil ser uma pessoa – difícil para cada um de nós de uma forma ou de outra. Não somos dotados por natureza de um programa determinado de maneira inata para viver. Cada um de nós deve moldar seu próprio modo de vida. Como analistas, sabemos que nossos esforços para fazê-lo são complicados por determinantes e conflitos inconscientes e por hábitos originados na infância. Como adultos, muitos de nós vivemos com as estranhezas e disfunções autodestrutivas que herdamos da nossa infância, sofrendo as consequências dessa herança e nos responsabilizando como se fôssemos culpados por nossos problemas. A vergonha e a culpa que acompanham essa invalidação aumentam o custo de nossos problemas.

O tratamento que oferecemos aos nossos pacientes é curativo e recuperador, uma afirmação vital de autenticidade e personalidade em um mundo movido por interesses da produção e do consumo; da indústria e do comércio; e uma indústria cultural que promove dentes mais brancos, sapatos novos e carros maiores como nutrientes da felicidade. Esses interesses institucionais são poderosos. Nós os encontramos não apenas em nossas vidas pessoais, mas em nossas vidas profissionais como analistas: nas apólices das seguradoras, nos produtos das empresas farmacêuticas e até nos currículos educacionais dos programas de formação em saúde mental. A ordem institucional promove pílulas para os "desequilíbrios químicos" que alega serem as causas do sofrimento humano ou protocolos de tratamento de curto prazo com início, resultados e duração definidos. Simplificando, a cultura mistifica e engana e, quando os pacientes sofrem, oferece soluções que podem aumentar sua confusão e sua alienação. Neste mundo, nós, psicanalistas, somos discrepantes em nossas ideias e práticas, à margem da indústria da saúde mental e à cultura mais ampla que a molda.

É um status difícil de habitar, mas estimulo-o a adotá-lo. Deixe-o revigorá-lo em vez de desanimá-lo. Os psicanalistas não são agentes de adaptação social nem de melhora sintomática, mas curadores da dor interior, parteiros de *selves* que emergem da confusão. Nós, analistas, somos os únicos curadores que conheço cujo objetivo principal é entender e esclarecer, em vez de persuadir: ajudar nossos pacientes a entenderem a si mesmos, recuperar as histórias perdidas por trás de seus problemas, restaurar seu senso de coerência e autoestima e, ao longo do tempo, promover sua capacidade e sua coragem para criar seus próprios projetos de vida.

A psicanálise nada mais é que a cura da alma: uma cura que se alcança pela curiosidade e não por corretivos, por *insights* pensados averiguados em conjunto e pela gentileza transmitida na moeda da empatia, do respeito e da compaixão.

No mesmo espírito, quero incentivar cada um de vocês a aproximar-se da sua formação com o mesmo respeito por sua própria criatividade e autonomia que você se esforça por trazer aos seus pacientes. Seus *selves* profissionais precisam crescer e se desenvolver de forma consistente com suas sensibilidades e seus julgamentos pessoais. Leva anos, talvez a vida inteira, para que nossas ideias continuem se desenvolvendo. Lembro-me de Martin Bergmann, por ocasião de seu 85º aniversário, comentando que não poderia se aposentar porque, como disse, "estou realmente começando a ficar bom nisso!".

Um dos obstáculos mais assustadores para o desenvolvimento da identidade profissional é a ansiedade que o trabalho analítico acarreta. Temos grande responsabilidade em relação aos nossos pacientes. Ao mesmo tempo, o analista inevitavelmente está em águas desconhecidas à medida que o tratamento se aprofunda. Estamos fadados a nos encontrar em estados de confusão sobre o processo e sujeitos a dúvidas sobre nossa competência ou nosso caráter à medida que avançamos. Precisamos de teoria para nos fundamentar, mas não há uma única teoria em que confiar. O caminho para a identidade profissional é muito mais um labirinto que uma estrada.

Ingressei na formação psicanalítica em 1981, numa época em que a psicanálise já era um empreendimento pluralista. Embora alguns institutos de Nova York promovessem uma única escola de análise, o Postgraduate Center, em que me formei, era um centro movimentado de práticas e pensamentos diversos. Entrei na formação dedicada à psicologia do *self*, mas, em virtude de circunstâncias do instituto, comecei análise com um inveterado freudiano e, dos meus dois supervisores do primeiro ano, um era versado em relações objetais e o outro em psicologia do ego. Peguei-me discordando de todos – inclusive de mim mesmo! Logo ficou claro que eu não era o único com problemas. Todos os meus colegas pareciam ter ansiedades semelhantes – e ideias igualmente fixas, muitas vezes de acordo com as opiniões de seus analistas didatas ou de supervisores admirados. Lembro-me de pensar na época, como penso agora, que todos nós éramos movidos por nossas ansiedades em direção a identificações totalitárias com uma ou outra teoria dominante.

No meu segundo ano de formação, após eu me recusar a continuar com um supervisor opressivo e dominador, comecei supervisão com um sujeito chamado Alexander Wolf. Al era um pensador independente, um analista cujas inovações clínicas incluíam a análise em grupos e cuja preocupação central sempre foi a promoção do pensamento livre e da individualidade. Ele tinha sido um dos candidatos que, na noite da famosa destituição de Horney em 1941, marchou para fora do Instituto Psicanalítico de Nova York, junto com Karen Horney e seus apoiadores, cantando "Let My People Go". Jamais esquecerei minha primeira sessão formal de supervisão com Al.

Al começou contando-me a história de sua experiência de supervisão com Karen Horney. (Tente imaginar Al falando devagar, com forte sotaque de Nova York, pausando entre as frases.)

> *Toda semana eu ia à supervisão e contava a Karen Horney tudo o que meu paciente me dissera. E ouvia com muita atenção tudo o que Karen Horney me dizia sobre o paciente. E então eu dizia ao paciente tudo o que Karen Horney me dissera. E então eu ouvia tudo o*

> *que meu paciente dizia, e então dizia a Karen Horney tudo o que meu paciente dissera, e então escutava tudo o que Karen Horney dizia, e então contava ao paciente tudo o que Karen Horney dissera. E assim continuou semana após semana até que eu finalmente percebi: "Isso é ridículo. Por que os dois simplesmente não se juntam e me deixam fora disso!".*

Com essa narrativa hilária, dita no estilo de comédia do "cinturão do *borscht*", Al me apresentou à sua convicção central sobre individualidade. "Seu paciente é sempre *seu* paciente", enfatizou, "não *meu* paciente. Você sempre o conhecerá melhor do que eu o conheço. E você precisará trabalhar com ele do *seu* jeito, não do *meu*". Com certa ansiedade, eu disse a ele que, embora achasse que tinha meu caminho próprio antes de começar a formação, agora tinha percebido que realmente não tinha. Eu só tinha o jeito de outras pessoas. "É claro!" ele respondeu. "Você está apenas começando. Você precisa encontrar *seu* caminho para ser analista – assim como precisa encontrar *seu* caminho para ser uma pessoa."

O incentivo de Al me deu o espaço psicológico e o apoio de que precisava para crescer como analista. Assim como nossos pacientes, cada um de nós precisa desenvolver sua própria identidade consultando nossa experiência e nosso senso de realidade à medida que prosseguimos. Claro, só podemos aprender uma teoria por vez, e talvez seja necessário adotar uma única teoria como ponto de partida. Mas nenhuma teoria deve ser mantida com força excessiva, agarrada com convicção ou certeza absoluta. A certeza é atraente, mas é um cenário para mais ansiedade, porque nenhuma teoria é completa. Por isso a teoria psicanalítica continua se expandindo e proliferando.

Formar suas próprias convicções pode ser um desafio diante de "certezas" múltiplas e conflitantes e pressões por submissão. Fritz Wittels, Martin Bergmann e outros analistas citaram o conto bíblico sobre a experiência de Jacó lutando com um anjo como alegoria de suas próprias experiências de grande esforço para se emancipar da autoridade de Freud. O conto bíblico, eles escrevem, afirma nossa liberdade de discordar. Nesse contexto, eu o exorto a tolerar a ansiedade, acolher a dúvida e ter em mente que o caminho mais seguro para a autêntica individualidade não está na rejeição definitiva nem na adoção convicta de qualquer teoria estabelecida, mas no exercício de suas próprias faculdades. em busca da verdade que faz mais sentido para você.

36. Claudia Lucía Borensztejn

Buenos Aires, Argentina

Caro candidato,

Como você está? Tenho pensado em você todos esses meses desde que recebi o convite para lhe escrever. Tenho me perguntado se você está indo bem. Como você está se sentindo? Você encontrou a atmosfera suficientemente boa para se tornar psicanalista? Talvez tenha sentido que sim. Talvez tenha iniciado sua formação e já tenha alguma vivência de trabalho, de leitura de Freud e dos pós-freudianos? Talvez já tenha feito supervisão de alguns pacientes e também tenha iniciado sua análise pessoal recentemente ou até há alguns anos. Ainda assim, a ideia de ter todos esses aspectos juntos e ao mesmo tempo por alguns anos, a saber, análise, supervisão e seminários em uma instituição psicanalítica pertencente à organização criada por Freud com o objetivo de manter a psicanálise viva, é uma experiência totalmente diferente.

Lembro-me muito bem dos meus anos como candidata. A sensação de pertencer a uma família especial de profissionais deu-me autoconfiança. Eu já estava trabalhando com pacientes, em uma instituição pública, e simultaneamente criando meus filhos e construindo minha família. A psicanálise adentrou minha vida cotidiana. Era um modo de vida, deu sentido aos fatos da vida, preencheu meu desejo de respirar verdade e sentido. Ler e estudar suscitou questões que foram feitas em seminários, mas também entraram em minha análise: quem sou eu? Tive esses sintomas? Que tipo de personagem eu sou? Trata-se de uma expressão somática, um sinal de conflito, e, em caso afirmativo, de que se trata esse conflito? Além disso, então com um paciente: esse problema é meu ou dele? Por que me sinto ansiosa antes de esse paciente tocar a campainha? Também estou seguindo as regras corretamente? Estou sendo uma boa psicanalista?

Quando comecei minha formação, a Argentina ainda era um lugar em que os analistas eram muito requisitados. Havia longas listas de espera de futuros analistas. Alguns esperaram anos. Eu não queria demorar tanto. Procurava análise para mim, não apenas para fins de formação. Consequentemente, quando um analista me perguntou se eu tinha uma necessidade urgente de começar, acrescentando que não levaria a urgência em conta, pensei que ele não seria o analista para mim. Eu queria uma análise verdadeira, e não "como se" – apenas para "fins de formação".

Acho que nós, analistas, temos problemas reais para pensar e elaborar ao decidir nos tornarmos analistas. Não é uma questão intelectual; é muito profunda e emocional. Temos a sensação de confiança no poder terapêutico da psicanálise, a partir do efeito singular de ser curado, qualquer que seja o sentido que queiramos dar a essa palavra. Se não tivermos uma ideia clara do efeito que nossa terapia psicanalítica pessoal teve em nossas vidas, em nossas mentes e em nossas relações, não poderemos ter a convicção do poder do inconsciente e de suas possibilidades terapêuticas por meio da psicanálise.

Quando falo com novos candidatos, vejo o mesmo entusiasmo que eu tinha quando comecei minha formação. Mas existem diferenças nos parâmetros sociais e culturais que são importantes e devem ser consideradas. Na época da minha formação, uma vez aceita nos seminários, após a confirmação do analista de que estava pronta para começar, abria-se uma porta importante para muito trabalho clínico. Naquele tempo era fácil tratar pacientes em alta frequência, não apenas para supervisão, mas também em nossa prática habitual. Nós, jovens analistas, tínhamos nosso consultório cheio de pacientes que vinham quatro ou cinco sessões por semana, e três sessões eram consideradas o mínimo – com exceção das análises de crianças, que geralmente começavam com duas sessões por semana. (Não digo crianças com transtornos graves que ainda aceitavam tratamentos intensos, mas crianças que sofriam de fobias, enurese, tiques, dificuldades de aprendizagem, comportamento agressivo etc., portanto, sintomas neuróticos; muitas vezes passavam a ser tratadas com menor frequência, pois as crianças e os pais tinham uma agenda semanal pesada a seguir.)

Então, com a virada do milênio e a aceleração tecnológica do tempo, com os dispositivos móveis inteligentes, o uso das redes sociais, a oferta de medicamentos e terapias de curta duração que alegavam efeitos curativos, e também com o declínio econômico e as dificuldades da classe média, as pessoas que buscavam análise passaram a exigir mais por menos. Mais resultados em menos tempo. Acredito que essa mudança na prática não vem da resistência interna do psicanalista, mas de mudanças profundas em nosso modo de viver ocidental, que levam muitos de nós a pensarem que a psicanálise está chegando ao fim. Mas não acho que esse seja o caso. Ao contrário, acredito que nossa prática e nosso trabalho clínico estão tomando novas formas. Algo igualmente verdadeiro para nossa teoria. Há novas concepções surgindo dos desenvolvimentos da teoria que ampliaram nossa disciplina a tal ponto que é quase impossível ter conhecimento completo dela como um todo. Todos nós precisamos escolher em que linhas de pensamento aprofundaremos nossos estudos. Claro, Freud é indispensável, nosso ponto de partida, e todos nós devemos saber ao menos as questões mais importantes abordadas pelas diferentes escolas; então, veremos o que é mais útil para dar fundamento e sentido à nossa prática, e o que pode ser chamado de referência psicanalítica para nossa clínica.

No início de seus estudos, cada autor lhe dá um ponto de vista específico. Mas, com o passar do tempo, essas ideias serão integradas à sua maneira de se comportar ao atender a um paciente; dessa forma, torna-se parte da sua personalidade e da função psicanalítica da sua personalidade, o que faz você sentir-se à vontade e natural ao falar com um paciente. Após internalizar a técnica psicanalítica (e, claro, esse processo é interminável), e uma vez que tenha terminado o curso regular de seminários, você terá um conjunto de teorias inconscientes para guiar seu trabalho em uma direção psicanalítica.

Encontrei muitas diferenças no trabalho com jovens estudantes que já estudaram teoria, mas ainda não tiveram experiência de análise pessoal, e estudantes que estudam fora de nossas instituições, em serviços públicos ou em universidades, ou outras instituições fora da Associação Psicanalítica Internacional (IPA) no meu país e no exterior. Existe um modo intelectual de entrar em contato com a teoria que não é suficiente para as capacidades necessárias para ajudar os pacientes. É preciso entrar em contato com todos os aspectos de sua personalidade e conversar com eles em nível que permita o movimento em sentido progressivo, promovendo assim o crescimento mental e emocional. Esta não é uma arte simples de aprender em pouco tempo, pois é preciso estar pronto para se transformar no processo. Então, ao ler Freud e outros escritores, para torná-la uma leitura transformadora, é preciso envolver-se com eles, discutir com eles e fazer disso uma experiência corpo-mente completa. Então, ao trabalhar com um paciente, é precisa estar pronto para analisar sua contratransferência, indagar e descobrir pontos cegos em sua escuta e analisá-los com seu analista.

Esse é o momento mais absorvente e mobilizador de sua carreira psicanalítica. Tempos de paixão, discussão, crítica, amor e ódio para alguns, e tempos de ilusão e desilusão, de esperança e ansiedade para outros. Você começa a selecionar os colegas para caminhar junto, trabalhar junto, escrever e trocar ideias; você começa a criar suas conexões, sua família psicanalítica em seu país e no exterior, nos encontros regionais e internacionais.

É preciso desenvolver a intuição como capacidade importante a ser usada quando faltarem palavras na conversa, quando houver comunicação sem articulação, quando houver lágrimas ou silêncios. Você precisará adivinhar o que determinado silêncio significa, se ele fala da necessidade de estar sozinho com alguém, ou expressa uma transferência negativa, uma resistência.

Além disso, enquanto estuda, você precisará escrever. Escrever é muito importante, mesmo que você não esteja interessado em se tornar escritor de psicanálise – ainda assim será necessário escrever. Precisará anotar as sessões dos pacientes atendidos para supervisão e certamente precisará entregar algum material escrito. Muitos candidatos têm inibições para escrever, mas você será ajudado nisso e, quando conseguir, será imensamente gratificante. A capacidade de escrever é uma habilidade importante a ser desenvolvida, pois o ajuda a esclarecer seus pensamentos e até mesmo a descobrir pensamentos que você não sabia que tinha.

Agora mesmo, enquanto escrevo esta carta para você, vejo-me criando algo que teria permanecido desconhecido para mim se não tivesse sido convidada a escrever para você. Converso comigo enquanto falo com você. É sempre assim: nossa voz se cria a partir da oportunidade especial de uma conversa. Escrever é sempre uma conversa com um leitor imaginário, neste caso com você, um candidato.

Espero que tudo corra bem e que você tenha bons professores. Mas não espere o ensino meramente gentil ou clássico, ou palestras adequadas. Não, seus professores o estimularão a ler e a pensar, a fazer perguntas e respondê-las. O aprendizado continuará para sempre. Então, essa é uma busca pessoal, seja qual for a qualidade do ensino, às vezes excelente, às vezes deficiente. Será preciso sempre fazer o melhor de um mau negócio. Esse é um título maravilhoso, que o brilhante psicanalista inglês Wilfred Bion deu a um de seus artigos. Fato é que vale também para o trabalho que temos com os pacientes. Precisamos aprender a entrar em contato com as partes mais criativas de suas personalidades para ajudá-los a lidar com outras partes que foram magoadas ou que os fazem sofrer por inteiro. Ser psicanalista significa que precisará aprender a suportar sofrimento, descobrir o que fazer em cada caso, decidir o que é relevante. Por exemplo, há alguns dias comentei a respeito de um paciente que tinha muitos problemas. A meu ver, seus conflitos podem ser considerados um tipo diferente de confusão. Mas um dos problemas tinha a ver com uma doença física, que me parecia necessário enfocar. O jovem analista e o paciente tentavam buscar explicações psíquicas e, enquanto isso, seu sofrimento físico não tinha o tratamento adequado, pois o exame médico não produziu resultados suficientemente claros. Para mim, esse era o ponto de urgência. Precisamos entender claramente quais são os pontos de urgência na trajetória de um tratamento, bem como em cada sessão, pois somos responsáveis pelas pessoas que nos consultam; precisamos dar-lhes a melhor oportunidade imaginável para seus problemas específicos.

Quando eu era candidata, não tínhamos essa ideia da psicanálise como um tratamento que precisa ter eficácia. Pensávamos nela mais como uma investigação atemporal do inconsciente. Não é essa a ideia nos tempos atuais. Os tempos não são bons ou ruins, apenas são, nem mais nem menos difíceis, apenas diferentes. E nesse momento em que você está iniciando essa jornada apaixonante, desejo-lhe boa sorte e felicidade.

37. Jane Kite

Cambridge, EUA

Caro candidato,

Começarei com algo que, ao ler pela primeira vez, impressionou-me como muito verdadeiro para a formação psicanalítica, ao qual retornarei no final da minha carta:

> *Lembro-me de algo que meu pai dizia . . . quando falava acerca de como criamos nossos filhos. Ele dizia que damos a eles um mapa dos lagos italianos e os enviamos para o Polo Norte (A. Freud, citada por Sandler, 1983).*

Sei que deveria estar lhe escrevendo uma carta com muitos anos de distância da minha formação – uma espécie de retrospectiva sábia –, mas o estranho é que ainda sinto que apenas comecei. Em tempo real, comecei há 33 anos no Instituto Psicanalítico de São Francisco; porém, no meu tempo interno, recomeço todas as manhãs. Entro em meu consultório com uma mescla de antecipação, curiosidade e, às vezes, ansiedade. O que o dia de hoje trará? Que tipo de analista serei?

Isso não quer dizer que minha formação psicanalítica quando fui candidata não tenha sido formativa, mas logo falaremos mais sobre isso. Todos nós começamos a formação em momentos históricos singulares no campo, e o mais memorável para mim ao iniciar a formação psicanalítica foi o fato de poder fazê-la. Minha entrada na formação psicanalítica completa como psicóloga em 1987 havia sido possibilitada pelo fato de psicólogos terem vencido uma ação coletiva movida contra a Associação Psicanalítica Americana por restrição à livre comercialização. O fato de pessoas não formadas em medicina não terem permissão para a formação completa como psicanalistas clínicos nos EUA e a crueldade em ambos os lados desse debate foram prolongados e desmoralizantes. Mas a questão central para mim foi perceber que era uma discriminação real, um sinal de "Não entre" sem base na realidade. Ter precisado esperar 10 anos, quando eu e centenas de outras pessoas estávamos prontas para começar a formação clínica completa, não fazia sentido, e até hoje continua sendo um capítulo sombrio na história da psicanálise estadunidense. É também um lembrete útil de que a idealização reflexiva do nosso campo nunca foi garantida. Muito depois eu li *A questão da análise leiga*, de Freud (1926), que ele escreveu para expressar sua oposição à medicalização da psicanálise no sentido de conseguir legitimidade para a profissão. Um ano depois, em um pós-escrito a esse ensaio, ele afirmou claramente que "A psicanálise faz parte da psicologia; não da psicologia médica no sentido antigo, não da psicologia dos processos mórbidos, mas simplesmente da psicologia" (Freud, 1926, p. 252). Essa experiência foi uma lição inicial para mim de uma das maneiras como a psicanálise pode ser deturpada e/ou inadequada, e uma premonição do fato de que cada um de nós cria a psicanálise novamente em nossa formação e prática pessoal.

Uma vez iniciada a formação, eu estava mais do que ansiosa para mergulhar. A mistura imediata de análise pessoal ("didática"), cursos e supervisão foi uma imersão diferente de tudo com o que eu já tinha deparado em uma carreira amplamente acadêmica, e fiquei viciada. Li muitíssimo e comecei a escrever logo no início da formação, na tentativa de harmonizar o que lia e ouvia com minha experiência pessoal – uma forma de me certificar, eu acho. Estimulo todos a ler muito e começar a escrever desde o início (e mais tarde também). Logo que começar a escrever, você verá do lado de fora o que está pensando. Escrever um relato de caso, por exemplo, pode revelar algo a respeito de você e do seu analisando que pode ter passado despercebido durante o trabalho. Esta é uma das coisas que considerei notável no que também poderia parecer um exercício; os muitos pequenos floreios de autorrevelação.

Em retrospecto, no entanto, o currículo formal em 1987 parecia maquinal e travado. Na verdade, havia praticamente uma única maneira de "fazer" análise. Sabendo o que sei agora, a abordagem de grande parte da teoria das pulsões/psicologia do ego para a análise "clássica" em meu instituto era limitada; as diferentes escolas – psicologia do *self*, teoria relacional, relações objetais – eram marginais em minha experiência didática e definitivamente isoladas como "outras". Havia pouco diálogo significativo entre elas, e comecei a vivenciar a teoria como baluarte, com valores e preconceitos inconscientes próprios. Como trabalhava um analista "clássico", e de fato seria tão diferente do trabalho de um psicólogo do *self*, de um analista relacional ou de um kleiniano? Qual era a relação expressa dos analistas enquanto pessoas com suas próprias teorias? Nas reuniões anuais da Associação Psicanalítica Americana, todos os painéis precisavam ter um representante de cada escola teórica, e pouco havia em termos de trocas reais. Tinha-se a sensação de que cada palestrante colocava sua "posição", talvez um debatedor tentasse uma síntese, e pronto. Por que as pessoas não falavam realmente umas com as outras? Havia alguma semelhança verdadeira entre analistas de diferentes convicções? O analista jurava fidelidade a uma teoria ou a usava criativamente como um modo de investigação?

Apenas após me formar começou o que considero ser minha verdadeira formação psicanalítica. Minha exposição à psicanálise britânica e a Winnicott, Klein, Fairbairn e Bion foi uma revelação. Comecei a viajar e a comparecer a conferências internacionais. Paulatinamente, ficou evidente que as diferenças teóricas são menos importantes do que imaginamos na conceituação do trabalho de análise. A paisagem psicanalítica tornou-se repetitiva. Naquela época eu sabia que a formação não era o compromisso com um currículo específico, mas com o processo de desenvolvimento. Interessei-me mais pelos analistas como pessoas sérias e comprometidas que pelos detalhes das teorias que eles defendiam. Percebi que, para mim, o que eu estava aprendendo tinha mais a ver com quem o analista era e como desenvolveu metodicamente uma teoria e uma prática em sua escrita e ensino do que com qualquer teoria *específica*. Eu admirava a consistência e a convicção de pensamento, bem como o tipo de modéstia evidente em pessoas como Winnicott. Eu evitava a estridência das escaramuças teóricas.

Mas também me incomodava pensar no analista como pessoa. De que maneira quem nós somos de verdade inevitavelmente molda nosso trabalho como analistas? E o que, aliás, era "técnica"? Poderia realmente ser ensinada como algo diferente de quem somos caracteristicamente? Eu sabia que estava interessada em psicanálise desde que encontrei um livro de Freud na biblioteca de nossa casa e me diverti com o que ele escreveu sobre "a psicopatologia da vida cotidiana" (seja o que fosse). Como leitora ávida e cheia de perguntas ainda não formuladas sobre por que minha vida de criança era do jeito que era e, mais especificamente, por que meus pais eram do jeito que eram, Freud me parecia um observador perspicaz. Eu sei que não é tão simples assim, e que eu provavelmente não tinha ideia, aos 12 anos, do que ele realmente estava falando, mas eu sabia que ele estava suscitando as perguntas certas. Eu sabia (ou achava que sabia) desde cedo que a única saída para minha infelicidade particular seria algo parecido com a psicanálise e, assim que pude pagar como jovem adulta, comprometi-me com o processo, muito antes da formação analítica ser uma possibilidade real. E assim que me tornei candidata, a pergunta que me orientou (antes e agora) foi "como o que é inconsciente se torna consciente?". O que eu sei que não sei que sei, e como eu chego a isso? Eu diria que essa pergunta faz parte do meu caráter e orienta meu trabalho com cada paciente.

Um aspecto crucial do meu desenvolvimento como analista tem sido a escrita. Muitas vezes, confiamos mais na intuição do que em qualquer outro aspecto na formulação de ideias, e se confiarmos em nossa intuição por escrito, muitas vezes abriremos novos caminhos (ou nova base para nós). No início como candidata, usando minha intuição e sem realmente saber do que estava falando, escrevi que todos nós "desenvolvemos uma técnica que se adapta ao nosso caráter". Hoje eu diria de forma mais direta: caráter é técnica. Como Larry Friedman logo me ensinou, os pacientes respondem a uma pessoa, não a uma teoria.

Percebi com o tempo que estou mais interessada aqui em questões de origem, por que foi que de alguma forma significativa *precisamos* nos tornar analistas, e esses são os tipos de perguntas que agora eu faria. Por que você quis ser analista? É demorado, caro e muitas vezes pouco claro. No que você está se metendo? Com o que está se comprometendo? Por que isso? Provavelmente de início você na verdade não saiba, mas peço que continue pensando em sua motivação pessoal. Torna-se mais clara e mais interessante, mais produtiva, com o tempo.

E depois há a importância central de sua análise pessoal nesse processo. Acredito firmemente, com base na experiência, que para estar profundamente interessado na história de outra pessoa, como analista, a outra pessoa deve estar profundamente interessada em você. Alguns de nós tivemos pais que estavam interessados em nós, outros não. Para as pessoas que não tiveram, é especialmente fundamental o interesse do analista. E por "profundamente interessado" não quero dizer apenas gostar; quero dizer estar interessado em investigar os estragos – chegar ao fundo. Essa é descrição do trabalho do analista. É uma forma de compromisso diferente de qualquer outra. É um processo que nunca se completa, mas é essencial ter a ideia de que é possível e de como fazê-lo. Sua experiência pessoal de análise é crucial para tornar-se analista, com a supervisão em segundo plano. Já foi dito que toda supervisão é a chance de outra análise. A presença do supervisor como terceiro elemento em seu trabalho com pacientes e muitas vezes em sua análise pessoal é vital. A combinação de análise e supervisão oferece (ou deveria oferecer) infinitas maneiras de descobrir sua própria vivência de ser pessoa e analista, algo que simplesmente não acontece na "vida real". Caso leia cuidadosamente a literatura psicanalítica, descobrirá que a trajetória da escrita de qualquer analista – além do tema – mapeia o curso do desenvolvimento pessoal. Também é útil voltar à análise com outro analista, conforme for necessário. Nunca termina, e sempre há mais para aprender. Sempre considerei esse aspecto excepcionalmente reconfortante. Acho que posso dizer com segurança que meu interesse pela psicanálise pode ser descrito como um caso de amor. Precisa começar com um "outro", mas com sorte continuará de forma privada por toda a sua vida.

Dito isso, o que provavelmente mais me incomodou durante a formação, e a partir dela, nada tem a ver com a teoria, nem com a maneira como fomos ensinados ou analisados. Na verdade, é o que *não* nos ensinaram, algo que talvez não pudesse ser ensinado, algo necessariamente não formulado sobre como nos comportamos como pessoas/analistas. O que tenho em mente é algo a que nos referimos eufemisticamente como infração em "violações de limites"; essencialmente, o mau uso dos pacientes pelo analista. Acho que geralmente entramos no campo achando que a ética está garantida, assumindo que a psicanálise é basicamente uma prática ética e que somos pessoas éticas de maneira fundamental. No mínimo, não faremos mal algum. Nesse ponto da minha experiência e da minha carreira, acho que posso dizer com segurança que a psicanálise não é *inerentemente* nada. É o que fazemos com ela e dela. É um método específico de investigação, que envolve duas pessoas sozinhas em uma sala "apenas conversando" por anos a fio. Levei muitos anos após a formação para entender o que deveria ser evidente em si: nossa ética própria como pessoas é inteiramente pessoal e em grande parte inconsciente, gravada em nossas mentes por nossas próprias experiências iniciais. Como fomos maltratados ou mal aproveitados, compreendidos ou mal compreendidos? Desenterrar esses sentimentos profundamente enterrados é a parte essencial de nossa análise pessoal. Por outro lado, o que é profundamente desconhecido em nós surgirá às vezes quando menos esperarmos, muitas vezes em ação no trabalho analítico que fazemos. Podemos reconhecer isso de maneira preventiva como contratransferência, ou podemos agir antes de "saber" o que estamos fazendo. Encenações em forma de violações de limites sexuais são especialmente arrasadoras e do ponto de vista inconsciente não diferem do incesto real. Do ponto de vista histórico, a psicanálise tratou esses episódios como extra-analíticos e reais, algo a ser julgado e dispensado. Mesmo que esses casos de má conduta analítica hoje sejam levados a sério e discutidos com maior franqueza, ao mesmo tempo, podem azedar, desmoralizar e confundir gerações inteiras em formação. Exorto-o a examinar as idealizações em si próprio e nos outros, a continuar conversando com os colegas e a voltar-se *para* a análise em vez de se afastar dela quando estiver decepcionado e com o moral baixo. Não confunda as ações de poucos com o potencial que a psicanálise tem como método de investigação, teoria da mente, e o melhor método que temos para diminuir o sofrimento psíquico.

Percebo que, ao escrever esta carta, passei de um caso de amor com a psicanálise para o potencial que ela também tem de grave decepção e desilusão. Ambos são verdadeiros. O sucesso, se é que podemos chamar assim, de sua carreira de analista dependerá do uso que você fizer dela, primeiro como pessoa e depois como profissional, na doença e na saúde. Você precisará questioná-la, tanto como teoria quanto como prática, mas não precisa fazer isso sozinho. Você terá professores, colegas e alunos, tudo depende de você. Espero que nunca volte atrás, mesmo que se encontre no Polo Norte; especialmente se estiver no Polo Norte. Na época em que Freud disse a Anna que as crianças recebiam um mapa dos lagos italianos e depois eram enviadas para o Polo Norte, os lagos italianos eram um conhecido local europeu para férias e o Polo Norte, um destino desconhecido para aventureiros intrépidos. Acredito que essa imagem foi intencional. Como analistas, somos todos exploradores de nossas próprias incógnitas, e os mapas que recebemos no início da nossa formação inevitavelmente se transformarão em algo que nos mapeia de maneiras que nunca poderíamos imaginar. Análise é uma profissão impossível, sim, mas também incomparavelmente gratificante. Desejo que você possa permanecer para usá-la e praticá-la plenamente.

38. Gabriela Goldstein

Buenos Aires, Argentina

Caro candidato,

Por que você quer tornar-se psicanalista? Talvez não saiba que você já sabe que a psicanálise é um universo de conhecimento, de questões e de trabalho apaixonante. Não tem respostas para tudo, porém; ao contrário, coloca questões e escuta a subjetividade, como você provavelmente já deve estar fazendo, ao se escutar enquanto pensa na formação como psicanalista. Durante esse processo, você aprenderá com seus professores, com seus supervisores, com seu "analista didata", mas, sobretudo, com seus pacientes sobre a natureza humana. E você perceberá o poder explicativo da descoberta psicanalítica.

Caro candidato: você escolheu começar a se formar para uma tarefa apaixonante, infindável e "impossível" (como educar e governar, assim disse Freud): psicanalisar. Amo a psicanálise e, por isso, escolhi essa profissão e esta instituição para minha formação: a Associação Psicanalítica Argentina (APA). Na APA, respira-se psicanálise em uma atmosfera ao mesmo tempo de liberdade e compromisso. O cunho psicanalítico freudiano dialoga com autores pós-freudianos, como Klein, Winnicott, Lacan, entre outros, navegando em direção às correntes contemporâneas de pensamento, em uma estrutura de criatividade.

Deixe-me contar o meu trajeto. Queria ser psicanalista desde que me lembro. Mas gostava de arte também. Por isso, em uma dessas reviravoltas da vida, decidi estudar arquitetura (e mais tarde descobriria o quanto arquitetura, arte e psicanálise têm em comum). Terminei meus estudos, trabalhei como arquiteta e aprendi muitas coisas: aprendi a transformar uma ideia em uma obra, e o que chamamos de criatividade. Mas a necessidade de chegar à psicanálise persistiu. Por isso, decidi estudar psicologia para iniciar minha formação a partir da década de 1990; a APA permite que a pessoa se torne psicanalista se tiver diploma de medicina ou psicologia. Estando já em análise com um analista didata dessa sociedade, candidatei-me às entrevistas para iniciar a minha formação. Nem todo mundo seria aprovado nessa rodada de entrevistas. Lembro-me muito bem de quando me disseram que eu poderia começar minha formação. Eu estava tão feliz. Jamais esquecerei o momento em que nós, os novos candidatos, fomos recebidos pelo diretor do instituto. Pensei: "Estou na APA. É aqui". *Aqui* é o lugar em que senti uma emoção indescritível - realização.

Logo depois, fomos recebidos pelo presidente da "organização dos candidatos". Eles me convidaram para fazer parte de um dos comitês de candidatos da APA. Eu não tinha certeza se gostaria de começar logo a participar dessas atividades, então consultei um amigo e analista sênior: "Claro, sem dúvida!", ele disse. "Durante a sua formação, você fará amigos para a vida toda." E assim foi e ainda é. Ao longo da minha vida fiz muitos amigos, mas a fraternidade e a amizade com meus colegas durante meu tempo entre "candidatos" e cursando "seminários" foi algo especial. Quando tive oportunidade de ser vice-presidente da Organização Internacional de Estudos Psicanalíticos (IPSO), a organização dos candidatos da Associação Psicanalítica Internacional (IPA), algo semelhante ocorreu. Acho que tive sorte, mas tenho certeza de que você também compartilhará essa experiência. Meus melhores amigos no amplo mundo psicanalítico são os colegas com quem compartilhei esse período de formação, na APA, na IPSO e na IPA.

Caro candidato: digo-lhe para aproveitar, entrar em contato, trocar ideias com seus colegas de formação em sua sociedade e ao redor do mundo; esses relacionamentos durarão por toda a vida. Bem como a psicanálise.

Quero falar sobre minha instituição: a formação, dentro dos pilares freudianos fundamentais, consiste em um programa educacional *pluralista* que permite estudar outros quadros de referência, como a "escola argentina": os fundadores e pioneiros da APA que deram importantes contribuições à psicanálise na Argentina e na América Latina, como Garma, Rascovsky, Racker, Langer, Bleger e os Baranger. A chamada "idade de ouro" da psicanálise também foi uma época de revoluções inovadoras na cultura e na sociedade argentina. Eram tempos excepcionais, os anos 1950 e 1960.

Fiz minha formação em outros tempos, mais recentes. Foram tempos estimulantes também. Hoje, os tempos mudaram. O mundo contemporâneo tem outras dimensões, outras complexidades, outras lutas e outros debates acontecendo.

Como eu imagino você?

Um futuro analista do mundo psicanalítico de hoje.

Você estará disposto a enfrentar os desafios do trabalho psicanalítico de hoje? Você está pensando nas novas tecnologias, nas diversidades, no "gênero", no autismo, talvez na depressão clínica grave? Você entrará no diálogo entre os conceitos fundamentais da psicanálise e as grandes mudanças culturais do nosso tempo, sem perder a especificidade do nosso campo e do "pensamento clínico"?

Considero a formação psicanalítica por meio do "tripé" uma "imersão total" na psicanálise que possibilita fazer da transmissão da psicanálise uma experiência psicanalítica própria; envolver-se na ética de nossa tarefa em nosso mundo contemporâneo; e navegar nas águas inquietas de nossa experiência clínica, as ansiedades de nossos pacientes e as nossas próprias. Esse é o caminho para continuar a pesquisa da "psique" (alma), enquanto estuda e compreende os efeitos da mudança na subjetividade de cada época.

Acho que cada tempo tem seu estilo próprio. Você não acha? Qual será o seu estilo? Nem todos os tempos são iguais, sabemos disso. Nem o tempo de Freud em Viena nem os "tempos dourados" da psicanálise argentina. A psicanálise disseminou-se em muitas esferas diferentes da vida e da cultura. Aqui, em Buenos Aires, muitas pessoas estão em "terapia" ou fazem psicoterapia. Será esta talvez a razão pela qual Buenos Aires permanece uma incógnita em relação aos "fenômenos psicanalíticos"? A atual multiplicação de "escolas de psicanálise" que oferecem ensino em psicanálise pode ser desconcertante. Posso imaginar. A difusão da ideia de terapias curtas ou de soluções rápidas está entre os desafios que a psicanálise enfrenta hoje.

Acho que o melhor psicoterapeuta é quem fez formação psicanalítica. Porque quem se forma psicanalista passará pela experiência da sua análise pessoal, participará de seminários e terá supervisão, *simultaneamente*. Ocorre um efeito que entendo como de *desalienação* e *subjetivação*.

Como você me imagina?

Hoje, sou professora de seminários do instituto e analista didata. Também sou supervisora. E além de todas as resistências, observo o interesse cada vez maior pela psicanálise. Porque a descoberta do que a psicanálise produz, como dimensão do pensamento, é revolucionária. Sempre nos surpreendemos – entendo que é o inconsciente em ação – com o efeito da psicanálise e a sua eficácia.

Manter nossa escuta analítica aberta é um desafio. A repressão e as "fórmulas" são soluções fáceis que evitam a angústia e o trabalho com o desconhecido, a estranheza, a alteridade em nosso trabalho e na vida.

Caro candidato, por todos esses aspectos, o efeito da transmissão da psicanálise e da formação é uma experiência única. O que circula nessa experiência compartilhada, combinado e permanentemente atravessado pelos limites do que não sabemos e não podemos resolver, produz um efeito subjetivante que instala dentro de nós um potencial de transformação que nunca nos abandona, denominado psicanálise. Seu caminho está aberto.

39. Eva Schmid-Gloor

Zurique, Suíça

Caro candidato,

Quero escrever-lhe a carta que gostaria de ter recebido na época de minha formação, no início dos anos 1980, quando procurava respostas para tantas perguntas, algumas das quais podem ser semelhantes àquelas com que você se defronta hoje.

Quando olho para o começo da minha formação, lembro-me sobretudo da sensação de confusão. Naquela época, uma cisão abalou a comunidade psicanalítica de Zurique, e o início da minha formação foi marcado pela profunda incerteza a respeito de aonde meu caminho me levaria. De um lado estavam meus colegas politicamente de esquerda, uma espécie de "geração de irmãos" mais velhos, sustentando a teoria cultural de uma psicanálise não institucional em alta estima e recusando-se a aceitar os requisitos de avaliação da Sociedade Psicanalítica Internacional (IPA) antes da admissão como membro da Sociedade Psicanalítica Suíça. No espírito de 1968, eu simpatizava com essa atitude de rebeldia. Do outro lado estava a "geração de pais" do grupo de Zurique, uma pequena equipe remanescente que mantinha o Instituto

Freud como centro de formação da Sociedade Psicanalítica Suíça e oferecia um ensino teórico-clínico no sentido da IPA.

Para uma iniciante como eu, a situação era confusa, e não era possível esperar qualquer orientação ou apoio, porque quem eu consultasse naquele momento representava uma das duas partes, portanto, era tendencioso. Decidi finalmente pela formação teórico-clínica clássica da geração de pais, que era reconhecida pela IPA. Naquela época, eu não conseguia avaliar plenamente o que significaria pertencer à IPA, em oposição à psicanálise não institucionalizada, para minha vida profissional posterior. Hoje estou muito feliz por ter escolhido esse caminho, pois me deu acesso privilegiado a uma comunidade que facilita o intercâmbio profissional com analistas de todo o mundo em vários comitês por ocasião de reuniões e conferências e, assim, uma incrível expansão de meu horizonte considerando minha experiência de trabalho na área clínica e organizacional. Se eu tivesse permanecido no grupo exclusivamente local, essas oportunidades nunca teriam surgido no meu caminho.

Embora essas circunstâncias fossem específicas para Zurique no momento da minha formação, quis abordá-las pois acho que muitas vezes vivenciamos movimentos em nossos institutos e sociedades que podem levar a cisões.

No curso da minha longa carreira profissional, que me levou a muitos lugares da Europa e do mundo, vi vestígios e efeitos desses processos de cisão nas comunidades psicanalíticas, que influenciam decisivamente tanto o desenvolvimento de certos grupos quanto diferenças na formação da teoria.

O que quero dizer-lhe, caro candidato, é o seguinte: em sua formação, tenha cuidado ao deparar com situações que exijam escolha entre um de dois ou mais lados – quando for instado a ser companheiro de armas de determinado partido que defende certas posições teóricas ou crenças! Se você deparar com esse tipo de pressão, deverá perceber que está em uma cultura psicanalítica que perdeu sua ética. Se você tem professores que estão convencidos de que sabem tudo melhor que todo mundo e que querem que você fique do lado deles, então sinta-se temeroso e procure ajuda.

As pessoas encarregadas da formação psicanalítica devem ter uma posição ética que exija uma atitude fundamentalmente aberta em relação a diferentes formas de pensar. Mesmo que estejam convencidos de que sua orientação teórica é a única útil, devem ao menos não defender isso declaradamente e, assim, impedi-lo de encontrar sua postura psicanalítica própria. Os professores devem respeitar o fato de que, ao longo do tempo – à medida que se torna mais proficiente em teoria e técnica –, você escolherá e determinará o que considerar mais útil para o seu trabalho clínico. Hoje, espera-se que uma cultura psicanalítica vibrante inclua representantes de diferentes escolas de pensamento que estejam dispostos a discutir e explorar uns com os outros por que este ou aquele conceito pode adaptar-se melhor em uma situação clínica do que em outra. Embora esse ideal ético esteja amplamente difundido, ainda podem surgir situações em que os candidatos sofrem abusos por parte de analistas didatas como desejados companheiros de armas.

Relembrando o início da minha formação psicanalítica em Zurique, gostaria de contar-lhe outra preocupação que me incomodou naquele momento. Confrontada com o imenso corpo da literatura de teoria psicanalítica, senti grande confusão. Parecia absolutamente impossível compreendê-la em profundidade. Nos seminários havia alguns candidatos que pareciam já bem versados em uma teoria ou outra e que brilhavam com contribuições habilmente formuladas. Eles me impressionavam, mas eu não entendia uma palavra do que diziam. A teoria psicanalítica parecia uma selva de conceitos, e eu apenas desejava um guia, um tutor, que me apoiasse em minhas tentativas de encontrar orientação. Participei de muitos seminários – cada qual sobre tópicos e áreas específicos – e aos poucos fui conseguindo adquirir um pouco de conhecimento. No entanto, senti falta de uma espécie de grande mapa da geografia das teorias psicanalíticas, um mapa que traçasse como e onde cada escola individual de pensamento tinha se desenvolvido de maneira separada ou mesmo contrária a outras, e como ainda se inter-relacionavam entre si.

Tenho essa visão ampla hoje? De modo geral, sim, mas ainda há algumas lacunas em meu mapa psicanalítico pessoal. Como clínica experiente, consigo conviver bem com esse fato. Minha análise pessoal reduziu meu desejo de "ter uma visão geral de tudo" a uma proporção realista. Agora tenho um "kit de ferramentas" teórico útil à minha disposição, que me apoia em todos os tipos de problemas e situações clínicas. E se eu me sentir bloqueada e não conseguir ir adiante com determinado paciente, discuto as ideias com colegas e eles, por sua vez, contribuem com ideias de seu "kit de ferramentas", para eu poder encontrar maneiras novas e muitas vezes surpreendentes de trabalhar com meus pacientes.

Posso oferecer-lhe o seguinte: não desanime ao perceber como nosso *corpus* teórico é infinitamente grande. Durante sua formação, esperamos que você tenha uma primeira ideia da ampla gama de diferentes abordagens teóricas da psicanálise. Sinta-se à vontade para escolher o que faz sentido para você, o que considera útil em seu trabalho clínico diário. Será um bom começo.

Quando nós, como analistas didatas, realizamos entrevistas de admissão com prováveis futuros candidatos à formação psicanalítica, queremos descobrir se nossos interlocutores têm potencial para desenvolver acesso ao seu inconsciente por meio da análise pessoal e da formação psicanalítica. Em outras palavras, ouvimos sua "capacidade de introspecção", sua potencial abertura ao desconhecido, ao que não tem forma. E alguns anos depois, ao final de sua formação, quando precisarmos decidir se poderemos admiti-los como membros de nossa sociedade psicanalítica e da IPA, avaliamos a competência psicanalítica dos candidatos: escutamos seu material clínico para determinar não apenas sua postura e identidade psicanalítica, mas também sua sensibilidade, mobilidade e receptividade no trabalho com seus pacientes. Se necessário, nosso futuro colega é capaz de revisar opiniões formadas, repensar as posições teóricas caso perca o paciente e permanecer aberto para aceitar o que inicialmente suscitou alguma resistência interna? O candidato consegue tolerar a sensação de fracasso e ouvir se o seu paciente lhe diz que ele está equivocado? Em outras palavras: existe espaço interno suficientemente estável que permita contínuos processos de elaboração no que diz respeito a defesas idiossincráticas, tendências ideológicas e impasses?

É exatamente esse tipo de consideração, caro candidato, que eu gostaria de recomendar-lhe caso esteja preocupado com seus professores de psicanálise e com a cultura psicanalítica na qual você estuda. Ela o ajudará a encontrar o seu caminho. Como mencionado, um bom clima psicanalítico consiste em representantes de diferentes escolas discutindo abertamente entre si e estando preparados para repensar suas posturas próprias, assim como em nosso trabalho clínico devemos estar preparados para repensar constantemente e, se necessário, questionar nossas ideias e posturas.

Em 2018, no Fórum de Educação da Federação Psicanalítica Europeia, os analistas didatas discutiram os atuais objetivos de aprendizagem na formação psicanalítica. Notei especialmente uma exigência: bons formadores e professores deveriam dar apoio aos futuros analistas no desenvolvimento de seu trajeto pessoal na aquisição do conhecimento psicanalítico. Eles devem ajudar os candidatos a se orientarem no ambiente teórico amplo e diversificado de tal forma que possam desenvolver seu estilo próprio, e não se curvar sem crítica a uma escola específica de pensamento. Em

2019, uma pesquisa do Comitê de Educação Psicanalítica da IPA também revelou que os atuais locais de formação psicanalítica dão grande ênfase à função do seminário para ajudar os alunos a desenvolverem sua identidade analítica própria, dando-lhes espaço suficiente para a compreensão pessoal do material clínico e teórico.

Após ter abordado as qualidades de nossa formação psicanalítica atual, gostaria de lembrar rapidamente que as condições nas quais os psicanalistas aprendem hoje em dia mudaram desde os anos iniciais. Imagine, caro candidato, que em 1927, quando começou o primeiro curso teórico de psicanálise no Instituto de Berlim, nossos colegas ficaram encantados porque, na opinião deles, a teoria psicanalítica finalmente tinha atingido uma forma que permitiria ensinar aos candidatos uma teoria exata e unificada em um curso de dois anos. O objetivo da aprendizagem era "transmitir os fundamentos estabelecidos dos princípios psicanalíticos da experiência e do sistema de conceitos de forma clara e homogênea, que corresponde ao estado atual de nossa ciência, mas da forma menos rígida possível, permitindo assim maior desenvolvimento" (Alexander, 1930, p. 58).

Essa revisão sucinta é para dar-lhe uma ideia do mundo diferente em que vivemos hoje, cem anos depois, quando nos engajamos na formação psicanalítica – seja como aluno ou como professor.

Desejo que você encontre seu próprio caminho e conheça colegas interessantes, animados e cosmopolitas que lhe darão apoio!

40. Adriana Prengler

Seattle, EUA

Caro candidato,

Quero aproveitar esta oportunidade para estimulá-lo em seu trabalho e desejar-lhe sucesso para levar adiante o legado de Freud. Como candidato, você faz parte do futuro da psicanálise, bem como do seu presente.

Com certeza me questionei, e talvez você também tenha se perguntado, por que o chamam de "candidato". A palavra "candidato" sugere que você está em formação e sendo considerado para fazer algo no futuro próximo. Mas o trabalho de análise já faz parte do processo de formação para tornar-se psicanalista. E, além de tudo isso, você já é profissional de saúde mental, aprendendo teoria e técnica psicanalíticas, oferecendo suas ideias, sua criatividade e sua experiência. Então, até certo ponto, você não é realmente um "candidato", pois já está FAZENDO o trabalho e CUMPRINDO o papel.

Então, por que é chamado de "candidato", se já está exposto a todos esses aspectos do trabalho desde o momento que iniciou a formação como psicanalista? Em alguns países, especialmente na

América Latina, onde me formei, os candidatos são chamados de "analistas em formação". E é esse o jeito que gosto de pensar a seu respeito.

Sua formação não é a escolha de uma carreira como qualquer outra. A psicanálise não é apenas sua profissão, é também um modo de vida – uma forma de se relacionar com os outros e se envolver com o mundo. É um jeito de pensar que não termina ao final da formação, mas continua pela vida afora. É como aprender outra língua que abre portas para novas terras, povos e culturas. Aprender psicanálise é afastar-se da forma comum de perceber o mundo e os outros. Significa abandonar para sempre o mundo do pensamento concreto e descobrir um mundo de significados em interpretações metafóricas e simbólicas. Pensar psicanaliticamente é desenvolver a capacidade de ler nas entrelinhas, ouvir com o terceiro ouvido e dançar entre o manifesto e o latente. A formação psicanalítica é educar-se para compreender as experiências de vida de maneira nova e diferente, descobrindo significados abaixo da superfície.

Sua formação, baseada nos três pilares da educação psicanalítica – seminários, supervisão e análise pessoal –, é uma jornada que, uma vez iniciada, nunca termina. É uma expedição pelo seu próprio inconsciente e um processo de identificação com um modo de vida construído sobre a ideia de que palavras, atos, sintomas, sonhos e fantasias têm significados inconscientes que, quando compreendidos, oferecem uma visão de nossas vidas. E uma vez que sejamos capazes de ler nas entrelinhas e revelar o que está escondido pelas defesas, nunca mais poderemos voltar a ver as coisas da mesma maneira literal.

Tornar-se psicanalista envolve um processo de amadurecimento e reflexão pessoal, levando à descoberta do seu inconsciente. Sua análise pessoal e seu trabalho psicanalítico com pacientes levam-no a olhar para dentro.

Sua formação é mais que a aquisição de informações. É a iniciação a uma nova maneira de ver as coisas. Mas tome cuidado para não ficar muito tempo em um processo interminável, pensando que você nunca está pronto para se formar, como se fosse uma eterna criança, nunca suficientemente madura. Você já é um profissional. Será bem-vindo como membro, e continuará aprendendo e crescendo pelo resto de sua vida.

Ser analista em formação, e posteriormente ser psicanalista, implica também ter um papel ativo na sua comunidade profissional: local, regional e internacional. Implica não só passar por sua análise pessoal, assistir aos seminários, às supervisões e ter uma prática clínica de alta frequência, como também desempenhar um papel ativo no seu instituto, fazer parte de um grupo de trabalho, cumprir um compromisso com o seu instituto, sua sociedade local, ou as associações regionais ou internacionais. Você pertence a organizações locais, regionais e internacionais com pensadores e clínicos, de todo o mundo. Cada pessoa tem um papel solidário a desempenhar, trabalhando juntos enquanto respeitamos e aproveitamos nossas diferenças, o que naturalmente sustenta o crescimento de nosso trabalho teórico e clínico.

Como membro da Associação Psicanalítica Internacional (IPA), você fará parte de um grupo de quase 13 mil membros em cerca de 65 países, falando vários idiomas, em diferentes contextos culturais. Poderá participar de conferências, trocar ideias e discutir trabalho clínico com outros analistas de todo o mundo. Alguns desses analistas se tornarão seus amigos e colegas de confiança por muitos anos. Você os encontrará em congressos, conferências e reuniões da IPA, e eles se tornarão parte de seus mundos profissional e pessoal.

Embora sua intenção fosse tornar-se psicanalista, a formação em si convida-o a tornar-se colaborador profissional, escrevendo artigos sobre suas ideias, apresentando casos clínicos, realizando pesquisas e colaborando com colegas internacionais. Você escolheu ser clínico, mas como psicanalista também será convidado a contribuir para o progresso da teoria e da técnica, escrever artigos e livros, expandir o alcance da psicanálise e aplicá-la a questões contemporâneas fora do consultório.

Durante a formação, há muita coisa acontecendo em seu trabalho clínico. Eu adoraria ter ouvido, desde o primeiro dia de minha formação, que ser psicanalista é ser escritor. Se eu soubesse, teria escrito muito mais, descrevendo em detalhes situações clínicas que me fascinavam e que seguramente ocorrem durante a formação. Sem incentivo para escrever desde o início, essas experiências muitas vezes são esquecidas, apesar de na época pensarmos que nunca as esqueceremos.

Será muito mais fácil ser "escritor psicanalítico" se você começar desde o primeiro dia a descrever suas aventuras com seus pacientes! Deixe de lado o medo de expressar seus pensamentos sobre seu trabalho no consultório, seus erros, os impasses, as interpretações "boas" e "más", as observações surpreendentes, suas fantasias e sentimentos contratransferenciais. Veja tudo como uma aventura e escreva a respeito.

Construímos nossa identidade analítica com base em nossas preferências teóricas, transferências, identificações, ideais, história, cultura, grupos sociais, desejos, perdas, anseios, experiências clínicas e experiências de formação. Assumimos o legado de nossos professores, analistas e supervisores, com base no que eles nos ensinaram a fazer e também no que nos ensinaram a NÃO fazer enquanto eles mesmos faziam. Tudo isso faz parte da sua formação amalgamada, esculpida pelo tempo.

Caro candidato, você é o futuro da psicanálise e parte do seu presente também. Você pode fazer parte da Organização

Internacional de Estudos Psicanalíticos (IPSO), sua associação internacional, e, assim que se formar, ingressará na IPA. Os benefícios de pertencer a uma associação internacional como a nossa são muitos. Você tem a possibilidade de se enriquecer por meio do intercâmbio de ideias com analistas de outros países e culturas diferentes da sua. Essa diversidade o enriquecerá e estimulará seu desenvolvimento e sua criatividade.

Fazer parte da IPA significa pertencer a uma organização mundial. Neste momento de convulsão internacional, enquanto ocorrem migrações em massa, você pode descobrir em breve a necessidade de emigrar ou deparar com a oportunidade de receber analistas emigrados em seu instituto e/ou sociedade. Você deixará os analistas emigrados de terras distantes o ameaçarem, ou considerará que as diferenças podem enriquecê-lo e ampliar seus horizontes?

Há muito tempo interesso-me pela maneira de os analistas experientes darem boas-vindas aos candidatos da profissão e passarem a tocha para eles. Como ocorre essa transmissão? Como deve ocorrer? Sempre que penso nisso, lembro-me do "Maestro", dr. Mauricio Goldenberg – o psiquiatra pioneiro da formação em saúde mental na Argentina e professor de várias gerações de psicanalistas, incluindo Horacio Etchegoyen. A influência do dr. Goldenberg foi significativa na formação psiquiátrica em toda a América Latina e também na Europa. Na época da Guerra Suja na Argentina, ele saiu de Buenos Aires e se exilou em Caracas, na Venezuela. Na época, eu morava em Caracas e, assim que me formei psicóloga, fiz pós-graduação em Clínica Psicológica em um hospital psiquiátrico de Caracas, onde Mauricio Goldenberg era um professor reconhecido e muito estimado. Infelizmente, fui a única aluna a se inscrever para o primeiro ano desse programa, portanto, o programa não pôde começar formalmente. O dr. Goldenberg, ao saber da situação, deu-me permissão de participar de seus seminários com o grupo que já estava em seu segundo ano. Entrei com timidez e com a sensação de ser uma iniciante intrusa em um grupo já constituído de estudantes formados. Na primeira sessão, no meio da aula, alguém trouxe uma bandeja com pequenos copos plásticos descartáveis de café venezuelano fumegante para todos, mas havia também na bandeja uma fina e delicada xícara de porcelana para o Maestro. Mauricio pegou sua xícara de porcelana, a única da bandeja, serviu um pouco de café e me entregou, enquanto escolhia para si um dos copos plásticos descartáveis. Este simples ato produziu forte efeito em mim. Foi o gesto de um professor sábio e generoso concedendo um lugar à jovem aluna, convidando-a generosamente a existir naquele espaço, com direito a ser, a receber os ensinamentos e a contribuir. Essa foi uma experiência poderosa e positiva da relação profissional entre as gerações, que, entre outras coisas, despertou em mim o desejo fervoroso de aprender e me identificar com o portador desse conhecimento e dessa generosidade. Eu queria me tornar sua herdeira e transmissora dessa mesma atitude em relação à próxima geração.

Na transmissão da psicanálise, a linguagem ocupa um lugar fundamental, mas não são menos importantes as transmissões além das palavras. A experiência de ser ouvido na análise pessoal é fundamental, bem como a confiança de poder compartilhar suas ideias sem ser vítima de pontos de vista dogmáticos por parte dos professores e supervisores. Quando somos escutados plenamente, temos a oportunidade de descobrir nossas difíceis verdades pessoais. E a experiência em si estimula nossa capacidade de escutar os outros.

O respeito ao outro, a concessão de um lugar, a abertura e a tolerância com diferenças de pensamento fazem parte da transmissão da psicanálise. Caro candidato, espero que você tenha a sorte de ter encontrado analistas que saibam admirar e se orgulhar do sucesso de seus alunos, que incentivem e acolham sua criatividade, seus pensamentos e a livre expressão de suas ideias, mesmo que essas ideias divirjam do modelo oferecido por seus professores.

Espero que você tenha a experiência enriquecedora de encontrar professores generosos, que o estimulem a pensar por si próprio, sem considerá-lo um oponente desafiador que ameace colocar em risco a posição deles. De qualquer forma, com o tempo e a experiência, você tomará o lugar deles e precisamos que esteja preparado para isso, aprendendo teoria e técnica, disposto a cometer erros, admiti-los, pensar neles e seguir em frente.

Mesmo ao trabalharmos na privacidade de nossos consultórios, não estamos trabalhando em total solidão. Descendemos profissionalmente de nossos professores, transmitimos o que recebemos para nossos alunos e eles, por sua vez, o transmitirão para a próxima geração. Assim, enquanto você se prepara para iniciar sua carreira como psicanalista, caro candidato, deixe-me oferecer-lhe, metaforicamente, uma pequena xícara de porcelana.

41. Rachel Blass

Jerusalém, Israel

Caro candidato,

Estou pensando em sua escolha de tornar-se analista, de passar pela formação em que está agora e que tem exigências extenuantes em muitos aspectos, práticos e emocionais. Imagino que possa haver diferentes razões para essa escolha. Sei que para alguns candidatos envolve objetivos e ambições educacionais e profissionais. Para outros, as considerações terapêuticas são centrais, guiadas pela noção de que a análise é um tipo suplementar de tratamento que pode ser mais eficaz com determinado número de pacientes. Nesta carta, gostaria de compartilhar com você outra motivação principal que influenciou minha escolha, bem como minha compreensão do que é ser analista. Minha esperança é que isso também influencie sua compreensão e possa destacar, despertar ou trazer à tona motivações latentes em você que, por sua vez, podem ser uma fonte de apoio e estímulo durante sua formação. O que tenho em mente pode ser chamado de "motivação ética", que está intimamente ligada ao que considero identidade analítica.

O que quero dizer aqui é que, enquanto a psicanálise oferece uma compreensão da pessoa que se enquadra no campo da psicologia e uma prática que pode ser considerada uma forma de terapia, a natureza única da compreensão psicológica e da prática terapêutica que ela oferece também molda uma visão ética profunda. A meu ver, podemos e devemos ser motivados por essa visão.

Considero que esse ponto de vista diz respeito ao poder da verdade e do amor. Propõe que o desconhecimento de si próprio, de suas verdades interiores, está na base do transtorno psíquico, e a cura analítica é permitir que o paciente venha a conhecer essas verdades antes inconscientes, desconhecidas. Conhecer a verdade nesse contexto não é simplesmente uma questão intelectual, mas implica a integração de partes de nós; significa viver a experiência dessas partes. E é também um ato com motivação, assim como o fracasso de vir a conhecer. Ou seja, em certo sentido, nós "escolhemos" conhecer e "escolhemos" negar e, nesse sentido, também somos responsáveis pelo nosso sofrimento psíquico e, como consequência, pelo sofrimento que causamos aos outros. Em outras palavras, o que enfatizo é que a psicanálise fornece à pessoa um modo de se conhecer e ser ela própria – escolher viver com a verdade, assumir a responsabilidade por quem é e pelo que faz. Esse objetivo é ético, e tornar-se analista é adotá-lo. Nesse contexto, o alívio terapêutico por meio da análise é apenas um derivado do esforço em direção a esse objetivo analítico – um de seus importantes benefícios. Ou seja, ser analista, a meu ver, não é buscar os melhores caminhos para o alívio dos sintomas, mas fazer parte da busca pela integração mais profunda do inconsciente do paciente, das verdades com as quais no fundo ele luta.

E que luta é essa? O que precisa ser negado? Aqui vemos outro aspecto essencial da visão ética da psicanálise. Embora existam muitas fontes de dor e sofrimento na vida – perdas reais, privações e injustiças, déficits ambientais de vários tipos –, em última análise, a preocupação da psicanálise não é com a realidade difícil em si, com as angústias normais associadas à vida. Preocupa-se mais com o mundo interno do paciente, suas *phantasias* íntimas e significados que distorcem a realidade e tornam a vida desnecessariamente difícil, como se pode ver na depressão, na sensação de vazio, na ansiedade, em obsessões e relacionamentos problemáticos de vários tipos com os quais nossos pacientes se apresentam.

No cerne desse mundo interno, dessas *phantasias* íntimas, está uma luta entre amor e ódio; entre o amor aos nossos objetos e o ódio a eles – ódio por frustrações inevitáveis, a existência do terceiro, inveja etc. O ódio aos objetos amados (ou o amor aos odiados), nossas fantasias destrutivas em relação a quem amamos são insuportavelmente dolorosos e, assim, escondemos de nós o ódio ou o amor ou o conflito ou os sentimentos que o conflito desperta e principalmente a culpa. Modificamos o mundo para atender às nossas necessidades e desejos. Negamos a realidade. Em certo sentido, nós a destruímos tal como ela é, tanto o mal quanto o bem que ela contém, para servir aos nossos interesses pessoais. Essas ideias sobre o que está por trás de nosso bem-estar e nossos transtornos psíquicos encontram diferentes formas de expressão nas teorias de Freud – por exemplo, no complexo de Édipo, nas teorias do narcisismo e da sexualidade, nas pulsões de vida e de morte – e em sua elaboração em Klein e nas ideias dela sobre a posição depressiva, reparação e inveja.

Essa luta com nosso amor impede que ele encontre sua expressão plena. E, assim, a integração que a psicanálise facilita, a verdade que ela permite, também liberta a pessoa para ver melhor o outro e amá-lo melhor. A psicanálise liberta a pessoa para amar.

O *processo* de análise é também de amor. Em seu curso, o paciente, em parte impulsionado por amor à vida e à realidade, está disposto a sofrer a dor que vem com o reconhecimento da verdade. Está disposto a entrar em contato com seu mundo interno, com todos os sentimentos de culpa, perda e limitação que isso acarreta, para que seus objetos possam ser verdadeiramente reconhecidos e valorizados, e a reparação dos danos causados a eles possa começar. Por sua vez, o analista também trata o paciente com certo tipo de amor – o amor analítico. Ao manter essa atitude analítica, ele tolera o mundo interno do paciente, está sujeito às projeções dele e enfrenta as forças desenfreadas de seu inconsciente. As tendências de se defender ou se submeter a essas projeções e impulsos, de se tornar os objetos bons ou maus que o paciente deseja encontrar no analista, são restringidas para o bem do paciente. O analista permanece sintonizado com a realidade e especialmente com a difícil realidade interna do paciente por amor à verdade e pelo desejo de ajudar o paciente a integrar e viver sua própria verdade, por meio do seu conhecimento. Tornar-se analista, em meu entender, é adotar essa visão ética da pessoa e participar ativamente de sua promoção.

Espero que refletir sobre essa visão do que significa tornar-se analista o ajude em seu trajeto – durante sua formação e também depois. Poderá chamar sua atenção para as ideias éticas fundamentais que embasam as inúmeras teorias e técnicas psicanalíticas que será necessário aprender. Isso permitirá uma visão mais rica e unificada e, portanto, significativa de muitas dessas teorias e técnicas, bem como melhor compreensão de como e por que elas diferem das não analíticas. Também pode permitir melhor compreensão das abordagens coexistentes no campo analítico contemporâneo. Apesar de em geral não serem reconhecidas como tais, inúmeras vezes o que está subjacente às diferenças são visões éticas adversárias, o que exige uma escolha ética. A questão não é que abordagem é mais comprovada ou mais eficaz em geral, mas qual é melhor à luz do nosso ponto de vista do que significa estar bem e de como concebemos nosso papel de analistas nesse sentido. Ser uma figura que estimula e apoia às vezes pode ser útil para o paciente, pode até trazer alívio dos sintomas, mas não atende à visão ética com a qual estou comprometida como analista e, portanto, consideraria errado fazê-lo como analista. Mas existem hoje (como também no passado) outros pontos de vista do que a pessoa consegue e deve alcançar por meio da análise. Alguns estão menos preocupados com o mundo interno, mais preocupados com os déficits ambientais/de desenvolvimento e com a responsabilidade do analista de preenchê-los. Para o analista que adota esse ponto de vista, comentários de apoio podem ser considerados necessários e a coisa certa a fazer. Reconhecer que essas são visões éticas adversárias esclarece o tipo de escolha que se enfrenta entre as abordagens. A opção eclética, tão popular em alguns círculos analíticos hoje, não é realmente sustentável quando se trata de visões éticas, e apenas dilui e, em última instância, distorce o que realmente os separa.

Considero que o reconhecimento da visão ética da psicanálise também ajuda a esclarecer o valor de se tornar analista para quem já pratica terapia psicanalítica. Eu diria que muitos psicoterapeutas psicanalíticos, especialmente os que fazem supervisão com psicanalistas, são guiados por um ponto de vista de ética analítica. Nessa medida, em certo sentido, já podem ser considerados analistas. No entanto, se nos ativermos à visão ética da psicanálise, como eu a entendo, esses terapeutas não trabalham em um contexto que lhes permita expressar plenamente sua identidade analítica. O divã e a frequência desempenham um papel crucial no processo de se defrontar com as poderosas lutas inconscientes que ocorrem na mente de nossos pacientes e integrar significativamente suas partes negadas. No *setting* analítico, essa visão analítica da pessoa e da relação realiza-se melhor. A formação analítica permite que as pessoas adeptas à análise se tornem mais plenamente analistas.

Espera-se, nesse contexto, que seu instituto e sociedade psicanalíticos também desempenhem seu papel. Ou seja, que o suporte da visão ética da psicanálise que eles proporcionam também o ajude a ser um analista melhor. É, de fato, difícil trabalhar sozinho. Mas esse apoio nem sempre vem. Ao contrário, suas instituições podem adotar uma visão mais pragmática da análise como prática que se justifica por sua eficácia geral para determinados pacientes ou incentivar o ecletismo ou visões de análise de natureza menos analítica. Nesse caso, será especialmente difícil e solitário manter a visão ética analítica, exercer sua prática a partir dela. E, nesse caso, pode ser reconfortante ter em mente que essa visão ética é poderosa e ainda hoje é mantida por muitos analistas em todo o mundo. Acho importante que você os procure - encontre-os em conferências de psicanálise em seu país ou no exterior, em seminários clínicos, em revistas contemporâneas de psicanálise e em grupos de discussão. Ou seja, recomendo-lhe não apenas reconhecer a profunda visão ética da psicanálise trazida por Freud, mas que se junte ao movimento criado por ele para dar-lhe apoio.

Desejo-lhe tudo de melhor em sua trajetória analítica.

42. Donald Campbell

Londres, Inglaterra

Caro candidato,

Parabéns por ter sido aceito para a formação psicanalítica.

Como não o conheço, qualquer coisa que eu escreva nesta carta que o impressione de maneira pessoal dependerá de sua resposta ao pessoal em mim que tentarei transmitir-lhe. Portanto, pense em ler esta carta um pouco (e só um pouco) como se escutasse um paciente e se escutasse ao mesmo tempo. Só que você pode ser mais egoísta. Na verdade, espero que algo que eu escreva repercuta em você de maneira que possa usar para aprofundar sua experiência de formação e prática analíticas.

Então, aqui vai.

Fu paciente antes de ser candidato a psicanalista. Para algumas pessoas é o oposto, ao menos conscientemente.

Nada sei do seu passado ou de como você veio a ser candidato, mas descobri que a forma como me tornei candidato influenciou minha formação e minha prática psicanalítica. Se eu contar um pouco de como vim a ser candidato, acho que você entenderá o que quero dizer.

Eu tinha 25 anos e morava em Washington, D.C., quando precisei admitir que, após a pós-graduação e diversos empregos diferentes, não sabia o que queria ser quando crescesse. Mais importante, percebi que sozinho eu não era capaz de responder essa pergunta. Precisava de ajuda. Um amigo recomendou que eu consultasse um psicanalista. Então, eu fui – um pouco apreensivo. O primeiro e mais formidável passo para vir a ser psicanalista é tornar-se paciente.

Como você provavelmente já sabe, tornar-se paciente não é tão fácil quanto parece. A psicanálise é um processo doloroso que se baseia em uma relação inusitada. Quando pesquisei acerca de análise para mim, esse foi o último recurso. Mesmo assim, resisti ao processo de ser paciente: deitado no divã, enfrentando vergonha, culpa, incerteza e dúvida enquanto tentava confiar em alguém que eu não conhecia, não via e que não se relacionava comigo como uma pessoa normal. Alguém que não fez nada para aliviar situações embaraçosas, que limitou seu contato comigo a 50 minutos e, depois, recomendou que eu o encontrasse cinco vezes por semana. E nem mencionei o fato de pagar muito por tudo isso, o que foi outra fonte de resistência e ressentimento.

Sei que alguns pacientes se aproximam da psicanálise como modelo médico estereotipado no qual o paciente geralmente é estimulado a aceitar o diagnóstico do médico e seguir suas recomendações de tratamento. Em contraposição, como paciente de análise, aprendi que meu analista não apenas não responderia minhas perguntas, mas interpretaria minha resistência a investigar minhas próprias questões.

Posso confirmar pessoalmente a visão de Freud a respeito da psicanálise como análise das resistências. Demorei para superar, com a ajuda do meu analista, minha resistência em me tornar paciente. Mas quando o fiz, bem, nunca inteiramente, a experiência da psicanálise confirmou algo sobre como eu queria me relacionar comigo mesmo e com os outros em um nível muito fundamental. Essa experiência confirmou minha convicção de que queria ser psicanalista. No entanto, para mim, isso também não foi tão fácil quanto parece.

Naquela época, final da década de 1960 nos Estados Unidos, a Associação Psicanalítica Americana não aceitava para formação candidatos que não fossem formados em medicina, o que era o meu caso. No entanto, eu tinha ouvido falar sobre a formação em psicoterapia infantil no que hoje se chama Anna Freud Center, em Londres, que era uma formação de quatro anos, incluindo três anos em período integral, que exigia análise didática cinco vezes por semana e a análise de uma criança com menos de cinco anos de idade, um lactente e um adolescente cinco vezes por semana. Em uma reviravolta interessante, o Anna Freud Center exigia mestrado, mas não aceitava candidatos com formação médica. Resolvi isso o mais rapidamente possível, um curso de dois anos em tempo integral para obter o mestrado em Serviço Social. Dois anos após minha consulta inicial sobre a formação, inscrevi-me no Anna Freud Center e fui aceito, para meu alívio e emoção. Menciono isso para ilustrar meu desejo de fazer a formação para tornar-me analista. Ao escrever isso agora, posso perceber quanto esforço, tempo e dinheiro estavam envolvidos em minha inscrição, mas na época não parecia sacrifício nem dificuldade. Sentia que encontrara a psicanálise e que ela me permitiria tornar-me quem eu deveria ser, qualquer que fosse a forma que isso tomasse.

Alguns amigos meus não compartilhavam meu entusiasmo pela formação para me tornar analista. Espero que as atitudes tenham mudado, mas, em 1969, alguns amigos meus criticaram minha decisão com comentários como: “Ah, é mesmo? Isso não é passado? Eu não sabia que as pessoas ainda faziam isso. Uma amiga minha acabou de voltar de uma maratona de fim de semana em grupo. Eles a trancaram em um quarto com um grupo de pessoas e elas começaram a brigar umas com as outras. Você já tentou a terapia do grito primal?". Outra resposta típica de zombaria era algo assim: "Ops! É melhor eu ter cuidado com o que digo. Suponho que você possa ler minha mente". Ou uma resposta mais sarcástica do tipo: "Você deve ter se resolvido de verdade e se tornado uma pessoa satisfeita e confiante".

Embora tornar-se *paciente* seja o primeiro passo para tornar-se psicanalista, mesmo ao se tornar psicanalista você nunca deixa de ser paciente, porque só aprende mais sobre o que não sabe. Como um paciente, nós, analistas, estaremos engajados em nossa autoanálise ao longo de nossas carreiras, pois nossos pacientes e, de fato, nós mesmos nos mantemos imaginando, questionando, tentando entender e duvidando de nós mesmos. Ser psicanalista não é tão fácil quanto parece.

Nós, analistas, tendemos a ser céticos em relação a *insights* iniciais e respostas fáceis, pois ficamos impressionados com o poder do inconsciente de dominar nossa consciência sem que saibamos. Grande parte da infelicidade e da dor em nossas vidas surge da falha de nossos *selves* conscientes para chegar a um acordo com medos e ansiedades enraizados em nosso inconsciente. O problema com o inconsciente é que ele é inconsciente, e é inconsciente por ser uma ameaça ao nosso *self* consciente. E, pelo fato de o inconsciente ser tão perigoso, erguemos defesas contra ele e resistimos às tentativas de descobri-lo. Por isso só temos acesso a ele quando irrompe em nossos sonhos, erros, lapsos de língua, pensamentos que nos pegam de surpresa e estados de *rêverie*. Compreender essas manifestações do inconsciente leva tempo.

Na Sociedade Psicanalítica Britânica, onde me formei, acreditamos que levar tempo significa estar em análise didática cinco vezes por semana e atender seus casos de supervisão oficial cinco vezes por semana pelo tempo que for necessário. Você pode se perguntar por que insistimos na análise didática cinco vezes por semana e no tratamento analítico cinco vezes por semana de dois casos de supervisão oficial, quando quase todos os outros institutos de psicanálise reduziram a frequência da análise didática para quatro ou três vezes por semana. É porque precisamos de toda a ajuda que pudermos obter para entender nosso inconsciente e o impacto do paciente sobre nós. Mais ajuda é melhor do que menos ajuda.

Descobri que trabalhar em análise com um paciente é difícil. É um trabalho duro. Muitas vezes estou mental e emocionalmente exausto. A maioria das sessões me enche de dúvidas e incertezas. E cometo erros. Por isso, também preciso de toda a ajuda que puder obter dos meus colegas, inclusive dos que não pensam nem trabalham como eu. Há diversidade em todas as sociedades psicanalíticas, por serem constituídas por grupos que representam diferentes tradições ou enfatizam diferentes aspectos da mesma tradição. Na Sociedade Britânica, nossa diversidade é representada pela existência de três grupos que representam as tradições freudiana, independente e kleiniana contemporânea. Tenho a impressão de que sociedades psicanalíticas saudáveis são as que *sustentam e contêm a diversidade*. No entanto, menos sociedades incentivam ativamente a *pluralidade*, ou seja, tentam conscientemente *compreender* o outro. Acho que perdemos a oportunidade de obter ajuda se não tentamos entender e aprender com as pessoas que representam formas de pensar e de trabalhar diferentes das nossas. Durante nossa formação, a leitura e a discussão em seminários devem nos expor à diferença, que nos será familiar à medida que aprendemos a respeito de nós mesmos e de nossos pacientes, à medida que descobrimos nossa própria estranheza e o outro não aceito em nós e em nossos pacientes.

Uma das formas que criamos para incentivar a pluralidade na Sociedade Britânica é a Sociedade pagar para que cada candidato tenha dez consultas em seu primeiro caso da formação, após o primeiro ano, com um analista didata que não seja de sua própria tradição. Essas consultas proporcionam ao candidato a oportunidade de aprender em primeira mão como funciona um analista de uma tradição diferente e, no processo, desenvolver uma perspectiva mais profunda sobre como o candidato trabalha. A aprendizagem pela exposição à diferença facilita o processo de tornar-se seu próprio analista. No meu caso, cheguei à Sociedade Britânica com formação na tradição freudiana contemporânea do Anna Freud Centre, os dois supervisores dos meus casos de formação analítica de adultos na Sociedade Psicanalítica Britânica eram independentes e, depois de me qualificar, fiz supervisão com analistas kleinianos. Qualquer que seja a tradição analítica com a qual você se identifique, ela deve fornecer-lhe uma sólida base de desenvolvimento e de teoria da técnica. Para mim, minha tradição freudiana contemporânea me deu confiança para: (1) rever-me, aprender com os erros e tolerar dúvidas, e (2) aprender com as outras tradições da Sociedade Britânica para desenvolver meus modelos teóricos e técnica próprios. Seja qual for a tradição da qual você venha, ajuda saber que a análise mudou sua vida – é isso que sustenta sua identidade psicanalítica. Para mim, a identidade psicanalítica é estranhamente sólida e evolutiva, é como ter uma base firme, mas nunca chegar. De fato, um dos requisitos do credenciamento anual na Sociedade Britânica é a participação em um grupo de colegas analistas que se reúne mensalmente para se revezar na apresentação de material de sessões clínicas.

Espera-se que esses grupos de desenvolvimento profissional continuado reflitam a diversidade de tradições da Sociedade Britânica.

Da minha perspectiva de mais de cinquenta anos de prática em Londres, gostaria de deixá-lo com quatro pensamentos ao iniciar sua própria aventura analítica. Em primeiro lugar, lembre-se de que mencionei ter tido uma carreira bastante conturbada antes de me tornar candidato. Se isso também for verdadeiro para você, não se envergonhe nem descarte seu passado – aceite-o. Na verdade, ter uma vida fora do consultório não é apenas outra fonte de *insight*, mas nos mantém humildes. Em segundo lugar, você pode ter uma vida decente como psicanalista, mas é pouco provável que fique rico. Espero que consiga resistir à tentação de reduzir a frequência das sessões do seu paciente para cobrar preços mais altos. Em terceiro lugar, você está ingressando em uma profissão na qual aprenderá principalmente com a experiência. Isso significa que quanto mais você praticar, melhor será. Você ficará menos ansioso, mais confiante e mais sábio. E, finalmente, há sempre a recompensa intangível de saber que aliviou o sofrimento e ajudou alguns pacientes a viverem uma vida mais gratificante.

Felicidades para a sua formação e depois.

P.S.

Imagino que você responderá a essas cartas de maneiras diferentes e, em última análise, suas respostas são a conclusão deste livro. Se você foi estimulado a refletir sobre o fato de ser candidato e a profissão em que está ingressando, para mim esse é o melhor resultado dessas cartas. Espero que isso leve a algumas discussões interessantes entre os grupos de candidatos locais e em todo o mundo de candidatos. Espero também que os envolvidos na educação de nossos futuros colegas encontrem nestas páginas sabedoria para pensar sobre nossos métodos de ensino.

Resumidamente, também quero agradecer aos colaboradores deste livro, cujo entusiasmo pelo projeto foi fundamental para sua criação. Acho que é possível dizer que esses analistas pensaram profundamente sobre nossa profissão e trabalharam duro para trazer-lhe suas ideias.

Melhores votos para o seu futuro.

Fred Busch

Março de 2020

Referências

Alexander, F. (1930). Der theoretische Lehrgang. In S. Rado, O. Fenichel, & C. Müller- Braunschweig (Eds.), *Zehn Jahre Psychoanalytisches Institut* (pp. 54-58). Vienna: Internationaler Psychoanalytischer Verlag.

Assoun, P.-L. (1995). L'Amour au Premier Regard: Spectroscopie du 'Coup de Foudre'. *Dans Le regard et la voix, Tome 2, Figures* (pp. 45-61). Anthropos.

Bird, B. (1972). Notes on Transference: Universal Phenomenon and Hardest Part of Analysis. *J. Am. Psychoanal Assoc.*, *20*, 267-301.

Boesky, D. (2015). Action and the Analyst's Responsibility: Commentary on Greenberg. *J. Amer. Psychoanal. Assoc.*, *63*, 65-83.

Busch, F. (2013). *Creating a Psychoanalytic Mind*. London: Routledge.

Busch, F. (2019). Troubling Problems of Knowledge in Psychoanalytic Institutes. *Int. J. Controversial Issues*, *2*, 3-26.

Celenza, A., & Gabbard, G. (2003). Analysts Who Commit Sexual Boundary Violations: A Lost Cause? *J. Am. Psychoanal. Assoc.*, *51*, 617-636.

De Urtubey, L. (1985). Fondamentale Métapsychologie, Inevitable Polyglottisme. *Rev. Franç. Psychoanal.*, *49*, 1497-1521.

Dewald, P. A. (1973). *Psychotherapy: A Dynamic Approach*. Oxford: Blackwell Scientific Publications.

Fraiberg, S., Adelson, E., & Shapiro, V. (1972). Ghosts in the Nursery: A Psychoanalytic Approach to the Problems of Impaired Infant-Mother Relationships. *J. Amer. Acad. Child Psychiatry*, *14*(3), 387-421.

Freud, S. (1908). Creative Writers and Day-Dreaming. *S. E.* (Vol. 9, pp. 141-154). London: Hogarth Press.

Freud, S. (1914). Remembering, Repeating and Working-Through. *S. E.* (Vol. 12, pp. 145-156). London: Hogarth Press.

Freud, S. (1915). Observations on Transference-Love. *S. E.* (Vol. 12, pp. 159-171). London: Hogarth Press.

Freud, S. (1920). Beyond the Pleasure Principle. *S. E.* (Vol. 18, pp. 1-64). London: Hogarth Press.

Freud, S. (1926). The Question of Lay-Analysis: Conversations with an Impartial Person. *S. E.* (Vol. 20, pp. 183-250). London: Hogarth Press.

Green, A. (1986). *On Private Madness*. London: Hogarth and Institute of Psycho- Analysis.

Hartmann, H. (1959). Psychoanalysis as a Scientific Theory. In S. Hook (Ed.), *Psychoanalysis, Scientific Method and Philosophy* (pp. 3-37). New York: New York Univ. Press.

Joseph, B. (1985). Transference: The Total Situation. *Int. J. Psychoanal.*, *66*, 447-454.

Kappelle, W. (1996). How Useful is Selection? *Int. J. Psychoanal.*, *77*, 1213-1232.

Kohut, H. (1968). The Evaluation of Applicants for Psychoanalytic Training. *Int. J. Psychoanal.*, *49*(4), 548-554.

Laplanche, J. (1999). *Entre Seduction et Inspiration: L'Homme.* Quadrige: Presses Universitaires de France.

Loewald, H. W. (1960). On the Therapeutic Action of Psychoanalysis. In *Papers on Psychoanalysis* (pp. 221-256). New Haven, CT: Yale University Press, 1980.

Loewald, H. W. (1988). Transference and Love. In *The Essential Loewald: Collected Papers and Monographs* (pp. 549-563). Hagerstown, MD: University Publishing, 2000.

Macalpine, I. (1950). The Development of Transference. *Psychoanal. Quart.*, *19*, 501-539.

Pick, I. B. (1985). Working through in the Countertransference. *Int. J. Psychoanal.*, *66*, 157-166.

Roussillon, R. (2009). L'Objet "Médium Malléable" et la Réflexivité. In *Le Transitionnel, Le Sexuel et la Réflexivité* (pp. 37-50). Paris: Dunod.

Roud, R. (Ed.). (1980). Jean Renoir to 1939. In *Cinema: A Critical Dictionary* (Vol. 2, pp. 835-845). New York: Viking.

Sandler, J. (1983). Discussions with Anna Freud on "The Ego and the Mechanisms of Defense: The Ego and the Id at Puberty". *Int. J. Psychoanal.*, *64*, 401-406.

Sharpe, E. F. (1930). The Technique of Psycho-Analysis. *Int. J. Psychoanal.*, *11*, 251-277.

Strachey, J. (1934). The Nature of the Therapeutic Action of Psychoanalysis. *Int. J. Psychoanal.*, *15*, 127-159.

Winnicott, D. W. (1968). The Use of an Object and Relating through Identifications. In *Playing and Reality* (pp. 115-127). London: Tavistock, 1971.

Winnicott, D. W. (1969). The Use of an Object. *Int. J. Psychoanal.*, *50*, 711-716.

Colaboradores

Ines Bayona – Psicanalista da Sociedade Colombiana de Psicanálise. Dedica-se ao consultório particular e a seminários para candidatos do Instituto Colombiano de Psicanálise. Cocoordenadora para a América Latina do *Dicionário Enciclopédico Inter-Regional de Psicanálise* (*Inter-Regional Encyclopedic Dictionary of Psychoanalysis*) da Associação Psicanalítica Internacional (IPA). Copresidente do Comitê de Grupos de Trabalho da IPA. Participação em congressos internacionais. Publicações internacionais e locais. Autora de dois livros, *Da tradição à criação: investigação conceitual em psicanálise* [*From Tradition to Creation: Conceptual Investigation in Psychoanalysis*] (2012) e *Investigação clínica* [*Clinical Investigation*] (2014). Vencedora do prêmio FEPAL – OCAL quando era candidata e autora de "Influência da biografia de Freud na minha formação psicanalítica" [Influence of Freud's Biography on my Psychoanalytic Training].

Heribert Blass, M.D. – Analista didata e supervisor, analista de crianças e adolescentes do Instituto Psicanalítico de Colônia-Düsseldorf da Associação Psicanalítica Alemã (DPV), presidente da Federação Psicanalítica Europeia (EPF). Publicou vários artigos sobre identidade e sexualidade masculina, a imagem do pai na vida mental humana e supervisão na educação psicanalítica. Última publicação: *Pegue sua vida e nunca/também retribua: o dilema narcísico-depressivo e seu significado para a geração atual e a próxima* [*Nimm dir das Leben und gib es nie/auch wieder her-das narzisstisch-depressive Dilemma und seine Bedeutung für die gegenwärtige und nächste Generation*] (No prelo, 2020).

Rachel Blass, Ph.D. – Analista didata e supervisora na Sociedade Psicanalítica de Israel, membro da Sociedade Britânica de Psicanálise, ex-professora de psicanálise das principais universidades do Reino Unido e de Israel. Representante do Conselho da Associação Psicanalítica Internacional (IPA) e do Conselho do *International Journal of Psychoanalysis*, como editora da seção "Controvérsias". Publicou um livro e mais de 80 artigos que elucidam os fundamentos do pensamento e da prática analítica, com especial enfoque na psicanálise kleiniana e suas raízes freudianas. Faz palestras, leciona, supervisiona e oferece seminários clínicos em muitos países. Seus escritos foram traduzidos em quinze idiomas. Atende em consultório particular em Jerusalém.

Stefano Bolognini – Psiquiatra, psicanalista didata e supervisor e ex-presidente da Sociedade Psicanalítica Italiana. Ex-presidente da Associação Psicanalítica International (IPA). Fundador e atual coordenador do *Dicionário Enciclopédico Inter-Regional de Psicanálise* [*Inter-Regional Encyclopedic Dictionary of Psychoanalysis*] da IPA. Publicou 240 artigos em revistas psicanalíticas e seus livros foram traduzidos em vários idiomas.

Claudia Lucía Borensztejn, M.D. – Psicanalista formada pela Associação Psicanalítica Argentina (APA). Psicanalista de crianças e adolescentes. Presidente da APA no período 2016-2020. Ex-diretora da *Revista de Psicoanálisis* da APA no período 2008-2012. Editora do *Dicionário Argentino de Psicanálise* [*Diccionario de Psicoanálisis Argentino*]. Editora da *Revista de Psicoanálisis.*

Abbot Bronstein – Psicanalista em São Francisco, frequentou a Universidade Johns Hopkins, a Universidade Hebraica e a Escola de Pós-Graduação Ferkauf da Universidade Yeshiva (Ph.D. em Psicologia Clínica). Foi psicólogo-chefe do Hospital Infantil de São Francisco. Formou-se no Centro de Psicanálise de São Francisco (SFCP), onde fez duas supervisões, com Betty Joseph e Elizabeth Spillius, além de outras no Grupo Kleiniano Britânico Contemporâneo por 25 anos. É analista didata e supervisor da Associação Psicanalítica Internacional (IPA) e do SFCP. Editor associado do *International Journal of Psychoanalysis* (IJP) e editor da seção "Analista no Trabalho". Representante estadunidense na IPA e cocoordenador do Grupo de Trabalho de Métodos Clínicos Comparados. Escreveu e publicou mais de 20 artigos.

Fred Busch, Ph.D. – Analista didata e supervisor da Sociedade e Instituto de Psicanálise de Boston. Publicou mais de setenta artigos de literatura psicanalítica, vários capítulos de livros e quatro livros, principalmente sobre método e teoria de tratamento. Seu terceiro livro foi *Criar a mente psicanalítica: teoria e método psicanalítico.* Seu último livro foi publicado em março de 2019, *As rêveries do analista: investigação do conceito enigmático de Bion* [*The Analyst's Reveries: Explorations in Bion's Enigmatic Concept*]. Participou de vários conselhos editoriais e atuou em inúmeros comitês da Associação Psicanalítica Internacional (IPA) e da Associação Psicanalítica Americana.

Donald Campbell, M.S.W. – Analista didata, membro ilustre e ex-presidente da Sociedade Britânica de Psicanálise e ex-secretário geral da Associação Psicanalítica Internacional (IPA). Atuou também como coordenador da Clínica Portman em Londres, onde atuou em psicoterapia psicanalítica ambulatorial como analista de crianças, adolescentes e adultos por trinta anos, trabalhando com delinquentes e indivíduos violentos e pacientes com perversões. Publicou artigos e capítulos sobre temas como adolescência, dúvida, vergonha, metáfora, violência, perversão, abuso sexual de crianças, autoanálise e monstros de filmes de terror. Mais recentemente, foi coautor com Rob Hale do livro *Trabalho no escuro: compreendendo o estado mental pré-suicida* [*Working in the Dark: Understanding the pre-suicide state of mind*], publicado pela Routledge.

Roosevelt Cassorla, M.D., Ph.D. – Analista didata da Sociedade Brasileira de Psicanálise de São Paulo (SBPSP) e da Sociedade Brasileira de Psicanálise de Campinas (SBPCamp). Professor titular de Psicologia Médica da Universidade Estadual de Campinas (Unicamp), membro do Conselho Editorial do *International Journal of Psychoanalysis* e colaborador do *Dicionário Enciclopédico* da IPA. Autor de vários artigos e capítulos de livros sobre psicanálise e psicologia médica. Seus últimos livros são *Avanços na teoria do campo psicanalítico contemporâneo* [*Advances in Contemporary PsychoAnalytic Field Theory*] (coeditor, com Katz e Civitarese; Routledge); *O psicanalista, o teatro dos sonhos e a clínica do enactment* (Blucher, 2016) e *Suicídio: fatores inconscientes e aspectos socioculturais* (Blucher, 2017). Recebeu o Prêmio Mary S. Sigourney por atuação excelente em psicanálise.

Michael Diamond, Ph.D., FIPA – Analista didata e supervisor da Sociedade e do Instituto de Estudos Psicanalíticos de Los Angeles. Suas principais publicações são sobre técnica psicanalítica e mente analítica, trauma e dissociação, masculinidade e gênero, além de paternidade e função paterna. Escreveu e editou três livros, incluindo *O segundo século da psicanálise: perspectivas evolutivas sobre a ação terapêutica* [*The Second Century of Psychoanalysis: Evolving Perspectives on Therapeutic Action*] e *Meu pai diante de mim: como pais e filhos se influenciam através de suas vidas* [*My Father Before Me: How Fathers and Sons Influence Each Other Through Their Lives*]. Seu último livro foi lançado em 2021 e se chama *Masculinidade e seus descontentamentos: a psique masculina e as tensões inerentes do amadurecimento da masculinidade* [*Masculinity and Its Discontents: The Male Psyche and the Inherent Tensions of Maturing Manhood*]. Atende em consultório em Los Angeles, na Califórnia.

Elias da Rocha Barros, M.D. – Supervisor e analista didata da Sociedade Brasileira de Psicanálise de São Paulo (SBPSP); membro da Sociedade e do Instituto Britânico de Psicanálise; ex-editor para a América Latina do *International Journal of Psychoanalysis* e cocoordenador para a América Latina do *Dicionário Enciclopédico Inter-Regional de Psicanálise* [*Inter-Regional Encyclopedic Dictionary of Psychoanalysis*] da IPA. Publicou amplamente na literatura psicanalítica e recebeu o Prêmio Sigourney.

Elizabeth da Rocha Barros, M.D. – Supervisora e analista didata da Sociedade Brasileira de Psicanálise de São Paulo (SBPSP); membro da Sociedade e do Instituto Britânico da Psicanálise; D.E.A. em Psicopatologia pela Universidade Sorbonne, em Paris; analista de crianças na Clínica Tavistock; e autora de vários artigos sobre simbolismo e representação.

Cláudio Laks Eizirik, M.D., Ph.D. – Analista didata e supervisor da Sociedade Psicanalítica de Porto Alegre (SPPA). Professor emérito de Psiquiatria da Universidade Federal do Rio Grande do Sul (UFRGS). Ex-presidente da Associação Psicanalítica Internacional (IPA). Presidente do Comitê de Novos Grupos Internacionais da IPA. Seu último livro, com Giovanni Foresti, *Psicanálise e psiquiatria: parceiros e competidores no campo da saúde mental* [*Psychoanalysis and Psychiatry: Partners and Competitors in the Mental Health Field*], foi publicado em 2019. Publicou artigos, capítulos e livros sobre formação e prática analítica, o ciclo humano de vida, principalmente envelhecimento e a relação entre psicanálise e cultura. Recebeu o Prêmio Sigourney em 2011.

H. Shmuel Erlich, Ph.D. – Ex-presidente e coordenador do Comitê de Formação da Sociedade Psicanalítica de Israel e analista didata, supervisor e membro do corpo docente do Instituto Psicanalítico de Israel. Foi professor (emérito) de psicanálise Sigmund Freud e diretor do Centro Sigmund Freud da Universidade Hebraica de Jerusalém. Presidiu o Comitê de Educação da Associação Psicanalítica Internacional (IPA) e participou em quatro mandatos como Representante Europeu no Conselho da IPA. Atualmente é presidente do Comitê de Assuntos Institucionais da IPA e recebeu o Prêmio Sigourney. Suas publicações abrangem desenvolvimento e psicopatologia do adolescente, dimensões experienciais de relações objetais, processos grupais e organizacionais, bem como dois livros: *O divã no mercado* [*The Couch in the Marketplace*] e *Alimentado com lágrimas, envenenado com leite* [*Fed with Tears, Poisoned with Milk*]. Atende em consultório particular em Tel Aviv.

Abel Mario Fainstein, M.D. – Mestre em Psicanálise. Analista didata e ex-presidente da Associação Psicanalítica Argentina (APA). Ex-presidente da Federação Psicanalítica da América Latina (FEPAL). Representante do Conselho e do Comitê Executivo da Associação Psicanalítica Internacional (IPA). Fundador de *Otra Mirada*, revista cultural da APA. Fundador do novo conselho editorial da APA. Professor do Instituto Angel Garma da APA. Organizador e membro do Conselho de Mestrado e Doutorado dos Programas de Psicanálise da Universidad del Salvador e da APA. Tem capítulos em diferentes livros e é coeditor de *Sobre análise didática* [*On Training Analysis*], do Conselho Editorial da APA. Supervisor clínico em diferentes hospitais.

Allannah Furlong, Ph.D. – Psicóloga em consultório particular em período integral, membro da Sociedade Psicanalítica de Montreal; ex-presidente da Sociedade Psicanalítica de Montreal; e ex-membro do Conselho Editorial Norte-Americano do *International Journal of Psychoanalysis*. Escreveu sobre diferentes aspectos do enquadre (falta às sessões, pagamentos simbólicos em sistemas de saúde estatais, consentimento informado, confidencialidade, emissão de consentimento do paciente para uso de material clínico em publicações e apresentações clínicas). Coeditora em 2003 de duas coleções interdisciplinares sobre confidencialidade. Membro do Comitê Norte-Americano de Confidencialidade da Associação Psicanalítica Internacional (IPA). Tem trabalhos mais recentes sobre trauma e temporalidade no mal de amor (coração partido, desilusão amorosa), desumanização como escudo contra nossa abertura impotente ao outro e consentimento informado em psicanálise.

Gabriela Goldstein, Ph.D. – Analista didata, supervisora e professora do Instituto e da Associação Psicanalítica Argentina (APA). Membro do Comitê de Cultura da Associação Psicanalítica Internacional (IPA) desde 2007. Membro do Comitê de Comunidade e Cultura da Federação Psicanalítica da América Latina (FEPAL) em 2014. Conselheira da APA no período 2009-2013. Ganhou o Prêmio Mom-Baranger em Psicanálise com *A estética da memória, Freud na Acrópole* [*The Aesthetics of memory, Freud at the Acropolis*] e o Prêmio Storni por contribuições conceituais em psicanálise com *Transciência, ou o tempo da beleza* [*Transcience, or the time of beauty*]. Publicou o livro *A experiência estética: escritos sobre psicanálise e arte* em 2005. Em 2013, publicou e editou *Arte em psicanálise* [*Art in Psychoanalysis*] pela IPA-Karnac. É arquiteta e pintora.

Paola Golinelli – Analista didata e supervisora da Sociedade Psicanalítica Italiana. Presidente da Comissão de Ligação da Sociedade Provisória Croata da Associação Psicanalítica Internacional (IPA) até 2017. Consultora do Festival Europeu de Filmes de Psicanálise (EPFF) de 2000 a 2014. Membro da Comissão de Psicanálise na Cultura da IPA. Foi editora do Anuário Annata Psicoanalitica Internazionale do *International Journal of Psychoanalysis*. Coeditora com Andrea Sabbadini e Ilany Kogan do livro *Perspectivas sobre intimidade virtual e comunicação em filmes* [*Psychoanalytic Perspectives on Virtual Intimacy and Communication in Films*] (Routledge, 2019). Autora do livro *Reflexões psicanalíticas sobre escrita, cinema e arte: enfrentando a beleza e a perda* [*Psychoanalytic Reflections on Writing, Cinema and the Art: Facing Beauty and Loss*] (Routledge, 2020).

Jay Greenberg, Ph.D. – Analista didata e supervisor do Instituto William Alanson White; editor do *Psychoanalytic Quarterly*; ex-editor para a América do Norte do *International Journal of Psychoanalysis*; ex-editor de *Contemporary Psychoanalysis*; coautor de *Relações objetais na teoria psicanalítica*; autor de *Édipo e além: uma teoria clínica* [*Oedipus and Beyond: A Clinical Theory*]; recebeu o prêmio Mary S. Sigourney por realização excepcional em psicanálise.

Eike Hinze – Analista didata e supervisor do Instituto Karl--Abraham de Berlim, da Associação Psicanalítica Alemã (DPV). Coordenador da Força-Tarefa para o Aprimoramento Colegiado da Formação (CQET) da Associação Psicanalítica Internacional (IPA) e membro da Associação de Métodos Clínicos Comparados (CCM). Publicou vários artigos sobre formação psicanalítica, prática psicanalítica e terapia psicanalítica de pacientes idosos.

Gohar Homayounpour – Autora; psicanalista e membro da Associação Psicanalítica Internacional (IPA), da Associação Psicanalítica Americana, da Associação Psicanalítica Italiana e da Associação Nacional para o Avanço da Psicanálise. Psicanalista didata e supervisora do Grupo Freudiano de Teerã, do qual é fundadora e ex-diretora. Publicou vários artigos de psicanálise, incluindo no *International Journal of Psychoanalysis* e no *Canadian Journal of Psychoanalysis*. Seu livro, *Fazer psicanálise em Teerã* [*Doing Psychoanalysis in Tehran*], publicado pela MIT Press em agosto de 2012, ganhou o Prêmio Gradiva e foi traduzido em vários idiomas. Membro do Conselho Científico do Museu Freud em Viena e do conselho do grupo Geografias da Psicanálise da IPA.

Daniel Jacobs, M.D. – Analista didata e supervisor da Sociedade e Instituto de Psicanálise de Boston e diretor da Biblioteca Hans Sachs. Diretor do Centro de Estudos Psicanalíticos Avançados (CAPS) em Princeton e Aspen. Entre suas publicações estão *O encontro de supervisão* [*The Supervisory Encounter*] (Yale University Press) e *Grete Bibring: uma biografia culinária* [*Grete Bibring: A Culinary Biography*] (Boston Psychoanalytic). Coeditor de *Psicanálise e a ameaça nuclear* [*Psychoanalysis and the Nuclear Threat*] (Analytic Press) e *Fotografias de Edward Bibring* [*The Photographs of Edward Bibring*] (Psychosocial Verlag). Seu romance *A distância de casa* [*The Distance from Home*] (IP Books) foi publicado em 2018. É autor de mais de 35 publicações.

Theodore Jacobs, M.D. – Professor (emérito) de Psiquiatria Clínica da Faculdade de Medicina Albert Einstein. Analista didata e supervisor do Instituto de Psicanálise de Nova York e da Associação Psicanalítica de Nova York (PANY). Publicou mais de oitenta artigos de literatura psicanalítica, principalmente sobre técnica psicanalítica e uso contratransferencial dos pensamentos e sentimentos do analista. Publicou três livros: *O uso do self: contratransferência e comunicação na situação analítica* [*The Use of The Self: Countertransference and Communication in the Analytic Situation*], *A profissão possível: o processo analítico de mudança* [*The Possible Profession: The Analytic Process of Change*] e *Sobre iniciar uma análise* [*On Beginning an Analysis*] (coeditado com A. Rothstein). Publicou também o romance: *O ano de Durocher* [*The year of Durocher*]. Ganhou recentemente o Prêmio Sigourney.

Otto F. Kernberg, M.D. – Membro da Associação Psicanalítica Americana. Diretor do Instituto de Transtornos de Personalidade do Hospital Presbiteriano de Nova York, Divisão Westchester, e professor de Psiquiatria na Faculdade de Medicina Weill da

Universidade Cornell. Ex-presidente da Associação Psicanalítica International (IPA). Analista didata e supervisor do Centro de Formação Psicanalítica e Pesquisa da Universidade Columbia. Autor de treze livros e coautor de outros doze, incluindo: *Condições borderline e narcisismo patológico* [*Borderline Conditions and Pathological Narcissism*]; *Transtornos graves de personalidade: estratégias psicoterapêuticas*; *Controvérsias contemporâneas acerca da teoria, prática e aplicação psicanalíticas*; *A natureza inseparável do amor e da agressão* [*The Inseparable Nature of Love and Aggression*]; *A educação psicanalítica na encruzilhada* [*Psychoanalytic Education at the Crossroads*]; e, mais recentemente, *Resolução da agressão e recuperação do erotismo* [*Resolution of Aggression and Recovery of Eroticism*].

Jane Kite, Ph.D. – Analista didata e supervisora do Instituto e Sociedade de Psicanálise de Boston e membro do Centro de Psicanálise de São Francisco, onde completou sua formação psicanalítica em 1993. Participante ativa da Associação Psicanalítica Americana (Comitê de Programa) e da Associação Psicanalítica Internacional (IPA) (Cocoordenadora da América do Norte, reunião de 2019 sobre Feminilidade) e editora associada do *Journal of the American Psychoanalytic Association* (JAPA). Tem interesse permanente no conceito de personagem em psicanálise e, mais recentemente, no que realmente entendemos por "ética" em psicanálise. Além de várias resenhas e comentários, seu mais artigo recente é "The Fundamental Ethical Ambiguity of the Analyst as Person" [A ambiguidade ética fundamental do analista como pessoa] (JAPA, 2016).

Arthur Leonoff, Ph.D. – Psicólogo certificado, analista didata e supervisor da Sociedade Psicanalítica Canadense (CPS). Ex-presidente da CPS e ex-representante do Conselho da Associação

Psicanalítica Internacional (IPA). Membro honorário da Associação Psicanalítica Americana e recebeu a Citação de Mérito da CPS. Colaborador ativo da vida institucional da IPA. Tem escrito e apresentado extensamente sobre psicanálise, bem como suas aplicações ao direito de família.

Eric Marcus, M.D. – Professor de Psiquiatria Clínica na Faculdade de Médicos e Cirurgiões da Universidade Columbia, analista didata e supervisor do Centro de Formação e Pesquisa Psicanalítica da Universidade Columbia. Seu último livro é *Psicose e quase psicose: função do ego, estrutura simbólica, tratamento* [*Psychosis and Near Psychosis: Ego Function, Symbol Structure, Treatment*] (Routledge, 2017, 3ª ed. rev.). A primeira edição ganhou o Prêmio Hartmann do Instituto de Psicanálise de Nova York.

Paola Marion, M.D. – Analista didata e supervisora da Sociedade Psicanalítica Italiana e psicanalista de crianças e adolescentes. Ex-coordenadora do Comitê de Divulgação para a Europa da Associação Psicanalítica Internacional (IPA) e atual editora da *Rivista Italiana di Psicoanalisi*. Publicou artigos no *International Journal of Psychoanalysis* e em outras revisões e coleções. Seu livro mais recente, *O desconforto do desejo: sexualidade e procriação em tempos de biotecnologia* [*Il disagio del desiderio. Sessualità e fecondazione al tempo delle biotecnologi*], foi publicado em 2017.

Donald Moss – Membro fundador do Green Gang, um grupo de psicanalistas e cientistas que desenvolve trabalhos sobre a catástrofe climática. Autor de sessenta artigos e quatro livros, sendo os mais recentes: *Em guerra com o óbvio* [*At War with the Obvious*] e *Eu e você* [*I and You*]. Coordenador do Comitê de Programa da Associação Psicanalítica Americana, recebeu o Prêmio Elisabeth Young-Bruehl da Associação Psicanalítica Internacional (IPA) pelo trabalho antipreconceito. Atende em consultório particular em Nova York.

Cecilio Paniagua, M.D., Sc.D. – Reside em sua cidade natal, Madri (Espanha), onde se formou médico e fez doutorado. Formado em Psiquiatria (Faculdade T. Jefferson da Filadélfia) com bolsa de estudos Fulbright. Psiquiatra credenciado pelo Conselho Norte-Americano. Formação psicanalítica no Instituto Baltimore-Washington. Membro do American College of Psychoanalysts. Membro do Grupo de Estudos Freudianos de Londres. Professor honorário da Universidad Autónoma (Madri). Publicou mais de cem artigos na literatura psicanalítica nacional e internacional. Tradutor de quatro livros didáticos de psicanálise. Autor dos livros *Técnica psicanalítica: aportes da psicologia do ego* [*Técnica Psicoanalítica: Aportaciones de la Psicología del Yo*] e *Visões da Espanha: reflexões de um psicanalista* [*Visiones de España: Reflexiones de un Psicoanalista*].

Fredric Perlman, Ph.D. – Membro do Conselho Americano de Psicanálise. Formado no Centro de Pós-Graduação em Saúde Mental e no Instituto de Formação e Pesquisa Psicanalítica (IPTAR). Faz parte do corpo docente do instituto da Associação Psicanalítica de Nova York (afiliada à Faculdade de Medicina de Universidade de Nova York), onde leciona cursos básicos sobre a obra de Sigmund Freud. Anteriormente lecionou teoria psicanalítica no Centro de Pós-Graduação e no IPTAR, onde foi analista didata e supervisor. Ex-presidente do IPTAR, atuou dois mandatos como presidente da Confederação das Sociedades Psicanalíticas (CIPS) e atuou nos órgãos executivos da Associação Psicanalítica Internacional (IPA), da Associação Psicanalítica Americana e da Confederação Psicanalítica Norte-Americana. Editor da série do CIPS de livros sobre os *Limites da Psicanálise.*

Ellen Pinsky – Torna-se psicanalista como segunda profissão, após 25 anos como professora de inglês do Ensino Médio. Sua experiência na sala de aula com crianças de 12 e 13 anos ensinou-lhe a maior parte do que precisava para se tornar profissional em clínica, merecedora de crédito. Sobre seu livro: *Morte e falibilidade no encontro psicanalítico: dons mortais* [*Death and Fallibility in the Psychoanalytic Encounter: Mortal Gifts*] (Routledge, 2017), Thomas Ogden escreve: "*Dons mortais* é um livro necessário – necessário para analistas e necessário para as análises que conduzem. Nele, Ellen Pinsky aborda uma questão há muito negligenciada na prática da psicanálise: o fato de o analista não conseguir incluir na estrutura básica da análise a questão da sua mortalidade". Formada em 2006 pela Sociedade e Instituto de Psicanálise de Boston (BPSI), recebeu o Deutsch Prize da BPSI por seu ensaio "The Olympian Delusion" [Delírio Olímpico] (JAPA, 2011).

Adriana Prengler – Membro da Associação Psicanalítica Internacional (IPA). Formada em Psicologia Clínica e Psicanálise em Caracas, Venezuela, antes de emigrar para os Estados Unidos em 2010. Analista didata e supervisora da Sociedade Psicanalítica de Caracas e da Sociedade e Instituto de Psicanálise Northwestern em Seattle, Washington. Leciona lá e também em Wuhan, na China. Apresentou trabalhos em congressos nacionais e internacionais e escreve artigos sobre questões clínicas e psicanálise aplicada. Presidente fundadora do Comitê de Emigração e Recolocação de Psicanalistas (PERC) da IPA e do Painel de Empréstimo a Candidatos da IPA. Trabalhou em inúmeros comitês administrativos ao longo dos anos tanto na Federação Psicanalítica da América Latina (FEPAL) quanto na IPA. e é vice-presidente eleita da IPA. Atende em consultório particular em Sammamish, perto de Seattle, Washington.

Arnold Richards, M.D. – Analista didata, supervisor e membro do corpo docente de vários institutos de psicanálise. Editor do *Journal of The American Psychoanalytic Association* (JAPA, 1994-2003) e do *The American Psychoanalyst* (TAP, boletim informativo da Associação Psicanalítica Americana por três anos antes disso. É editor do internationalpsychoanalysis.net e da ipbooks.net. Recebeu o Prêmio Mary S. Sigourney (2000) e o Prêmio Hans Loewald do Fórum Internacional de Educação Psicanalítica (IFPE) (2013). Recebeu o Prêmio de Colaborador Emérito da Associação Psicanalítica Americana. Autor de *Conversas controversas: artigos selecionados de Arnold Richards, volume 1* [*Controversial Conversations: Selected papers of Arnold Richards, Volume 1*], publicado pela ipbooks, *Perspectivas sobre pensamentos reunidos: artigos selecionados de Arnold Richards, volume 2* [*Perspectives on Thought Collectives: Selected papers de Arnold Richards, Volume 2*] e inúmeros outros livros e artigos.

Arlene Kramer Richardson – Mãe de três filhos de meia idade. Analista didata e supervisora da Sociedade Freudiana Contemporânea e do Instituto Americano de Psicanálise, membro do Instituto de Formação e Pesquisa Psicanalítica e do Conselho da Associação Psicanalítica Americana, ex-membro do Conselho da Associação Psicanalítica Internacional (IPA), ex-presidente pela América do Norte do Comitê de Mulheres em Psicanálise da IPA, membro atual do Comitê Chinês da IPA, autora de *Escutar para compreender* [*Listening to Understanding*], traduzido para o chinês.

Bent Rosenbaum, MDSci – Especialista em formação em Psiquiatria e analista supervisor, e presidente do Comitê Científico da Sociedade Dinamarquesa de Psicanálise (DPS). Presidente da DPS (2003-2011), copresidente europeu do Comitê para Novos Grupos da Associação Psicanalítica Internacional (IPA)

(2009-2013), Membro do Conselho da IPA (2013-2015). Suas principais áreas de publicação têm sido psicanálise e psicoterapia psicanalítica para pessoas com psicose, trauma grave e risco de suicídio. Professor adjunto do Departamento de Psicologia da Universidade de Copenhague e pesquisador sênior da Clínica de Psicoterapia do Centro Psiquiátrico de Copenhague.

Eva Schmid-Gloor – Psicanalista. Atende em consultório particular em Zurique (Suíça). Membro e analista didata da Sociedade Psicanalítica Suíça (SPS). Ocupou vários cargos na Sociedade Suíça de Psicanálise, na Federação Psicanalítica Europeia (EPF) e na Associação Psicanalítica Internacional (IPA). Foi copresidente do Instituto Freud de Zurique, vice-presidente da SPS e cocoordenadora do Comitê de Formação da SPS (2012-2020). Vice-presidente da EPF. Desde 1996, leciona regularmente no Instituto Freud em Zurique e oferece seminários clínicos na Alemanha, em Berlim, Hamburgo e Hannover.

Cordelia Schmidt-Hellerau, Ph.D. – Analista didata e supervisora da Sociedade e Instituto de Psicanálise de Boston e da Sociedade Psicanalítica Suíça. Coordenadora da Comissão de Cultura da Associação Psicanalítica Internacional (IPA). Publicou mais de quarenta artigos de literatura psicanalítica. Seu último livro, *Impulso de sobrevivência* [*Driven to Survive*], publicado em 2018, foi finalista do Book Prize do Conselho e Academia Americanos de Psicanálise. Seu primeiro livro de literatura, o romance *Rousseaus Traum*, foi publicado em alemão em 2019.

Ellen Sparer, Ph.D. – Analista supervisora e professora da Sociedade Psicanalítica de Paris. Diretora do Instituto de Psicanálise de Paris.

Barbara Stimmel, Ph.D. – Membro do corpo docente da Escola de Medicina Mt. Sinai (MSSM), da Sociedade Freudiana Contemporânea (CFS); analista didata da Associação Psicanalítica Internacional (IPA) e da CFS; ex-presidente da CFS; secretária adjunta da IPA; presidente pela América do Norte do Comitê de Programa do Congresso da IPA em Berlim; presidente/membro de vários comitês da CFS/IPA/MSSM/Associação Psicanalítica Americana; membro fundador da Confederação Psicanalítica Norte-Americana (NAPsaC, atualmente Confederação de Sociedades Psicanalíticas Independentes, CIPS), bem como representante da CFS. Publicações e apresentações nos principais periódicos, simpósios, congressos nacionais e internacionais; "From Nothing to Everything" [Do nada a tudo] (JAPA, 1996) indicado ao prêmio da revista; editora de *Consciousness Redux: despertar, dormir, sonhar e estados intermediários; artigos reunidos de Martin H. Stein* [*Consciousness Redux: Waking, Sleeping, Dreaming, and States In-Between; Collected Papers de Martin H. Stein*].

Alan Sugarman, Ph.D. – Psicanalista didata e supervisor, analista de crianças, adolescentes e adultos no Centro de Psicanálise de San Diego e professor de Psiquiatria Clínica na Universidade da Califórnia, San Diego. Chefe do Departamento de Educação Psicanalítica da Associação Psicanalítica Americana e dos conselhos editoriais do *Journal of the American Psychoanalytic Association*, do *Psychoanalytic Quarterly* e do *Psychoanalytic Psychology*. Publicou mais de quarenta artigos de literatura psicanalítica.

Virginia Ungar, M.D. – Analista didata da Associação Psicanalítica de Buenos Aires (APdeBA). Mora e trabalha em Buenos Aires, Argentina. Especializada em análise de crianças e adolescentes, foi presidente da Comissão de Psicanálise da Criança e do Adolescente (COCAP) e do Comitê de Formação Integrada, ambos da

Associação Psicanalítica Internacional (IPA). Recebeu o Prêmio Platinum Konex de Psicanálise em 2016. Ex-presidente da IPA.

Maj-Britt Winberg – Analista didata e supervisora da Sociedade Dinamarquesa de Psicanálise. Faz parte do Conselho de Especialistas da Fundação Wennborg, que apoia pesquisas e publicações psicanalíticas para disseminação do conhecimento. Editora-chefe da *Scandinavian Psychoanalytic Review*.

Harriet Wolfe, M.D. – Presidente eleita da Associação Psicanalítica Internacional (IPA), professora de Psiquiatria Clínica na Escola de Medicina de São Francisco da Universidade da Califórnia e analista didata e supervisora do Centro de Psicanálise de São Francisco. Seus interesses acadêmicos incluem processos organizacionais, aplicação clínica de pesquisa neurocientífica, desenvolvimento feminino e ação terapêutica. Leciona para analistas em formação, residentes em psiquiatria e professores juniores sobre compreensão psicodinâmica de pacientes graves e o valor da escuta no *setting* clínico. Atende em consultório particular de psicanálise, psicoterapia psicanalítica e terapia de casal e família em São Francisco.